北京师范大学史学探索丛书

满蒙权贵与 20 世纪初的政治生态研究书系

锡良与清末新政

孙燕京 ◎ 主编

连振斌 ◎ 著

华夏出版社

HUAXIA PUBLISHING HOUSE

出版缘起

在北京师范大学的百余年发展历程中，历史学科始终占有重要地位。经过几代人的不懈努力，今天的北师大历史学院业已成为史学研究的重要基地，是国家"211"和"985"工程重点建设单位，首批博士学位一级学科授予权单位。拥有国家重点学科、博士后流动站、教育部人文社会科学重点研究基地等一系列学术平台，综合实力居全国高校历史学科前列，被列入国家一流大学、一流学科建设行列，正在向世界一流学科迈进。在教学方面，历史学院的课程改革、教材编纂、教书育人，都取得了显著的成绩，曾荣获国家教学改革成果一等奖。在科学研究方面，同样取得了令人瞩目的成就，在出版了由白寿彝教授任总主编、被学术界誉为"20世纪中国史学的压轴之作"的多卷本《中国通史》后，一批底蕴深厚、质量高超的学术论著相继问世，如十卷本《中国文化发展史》、二十卷本《中国古代社会与政治研究丛书》、三卷本《清代理学史》、五卷本《历史文化认同与统一多民族国家的发展》、二十三卷本《陈垣全集》以及《历史视野下的中华民族精神》、《上博简〈诗论〉研究》等巨著，这些著作皆声誉卓著，在学界产生较大影响，得到同行普遍好评。

上述著作外，历史学院的教师们潜心学术，以探索精神攻关，又陆续完成了众多具有原创性的成果，在历史学各分支学科的研究上连创佳绩，始终处在学科前沿。为了集中展示历史学院的这些探索性成果，我们组织了这套"北京师范大学史学探索丛书"，希冀在促进北师大历史学科更好发展的同时，为学术界和全社会贡献一批真正立得住的学术力作。这些作品或为专题著作，或为论文结集，但内在的探索精神始终如一。

当然，作为探索丛书，不成熟乃至疏漏之处在所难免，还望学界同仁不吝赐教。

北京师范大学历史学院

北京师范大学史学理论与史学史研究中心

北京师范大学史学探索丛书编辑委员会

清末政治生态与政治史研究的几点思考（代总序）

大时代与好时代

20 世纪，全球化特征日趋凸显。它的第一个十年，资本帝国主义以血以火以资本的形式急速膨胀，被压迫国家、被压迫民族遭遇到不同程度的生存危机，一些继续沉沦，一些幡然奋起，这些变化同时解构着世界。

晚清以来，中华民族遭受了持续的苦难，强敌逼迫，国势凋敝，当权者不得不重新选择道路。走入 20 世纪，国家历史进程演绎出波澜壮阔的画面。我一直以为，晚清不是好时代却是大时代。所谓"好时代"包括"文景之治"、唐宗宋祖等千百年传颂的妖娆，无须更多申说，大时代的意义却往往不同。之于晚清，其"大"特指"三千年未有之变局"，被迫卷入世界市场，走出专制、拥抱共和，成为亚洲第一个共和国。变动之剧，罕与匹敌。久居和平环境的我们，很难体会那种翻覆与动荡。1907 年，因涉嫌"康党"而避祸上海的孙宝瑄感慨："风气至今，可谓大转移。立宪也、议院也，公然不讳，昌言无忌。且屡见诸诏旨，几等口头禅，视为绝不奇异之一名词，诚数年前余等居海上时所梦想不及也。"[1] 如果不是身处其间，很难体会短短七八年，观念、风气、时局所发生的剧变。

解构与重构是复杂多元的裂变过程。至清末，七十年变局造就社会结构的变化，原有结构发生从中心滑落边缘、边缘位移中心的秩序塌陷。经由太平天国运动，中央地方的权力消长致使督抚始而"尾大不掉"继而"分庭抗

---

[1] 《孙宝瑄日记》，中华书局 2015 年版，第 1157 页。

礼"终则"离心离德"。经由新式教育、选拔人才方式的变化，导致旧士人失势、新知识分子崛起，士大夫与皇权"天然联系"的纽带断裂。经由湘淮军、新建陆军，扭转了将不知兵、兵不知将的局面，却反转为"兵为将有"的格局。至于国家财政的窳败、满汉矛盾的潜滋暗长、最高统治集团的内耗，皆导致了统治危局。如何才能"解套"？显然，想维系旧的改革思路是没有指望的。

困顿求生，预备立宪不期而遇。但对它的期许，简直是见仁见智、南辕北辙。革命派要取消君权、立宪派要限制君权、当权派要维护君权，几近各不相让。博弈的过程，就成了清末政治渐次脱离君主专制走向立宪、走向共和的过程。

实际上，清末政治走向有多种可能性。一味地论证王朝最高决策者如何走向失败不过是习惯上的后见之明。在研究中，以历史的结果预设"固定"的进程，会遮蔽历史演化本身的丰富内容和可能进程。历史学一向有解释的功能，我们想解释这些过程，想指出各种可能，想说明结局的偶然与必然。追寻怎样走偏、如何误入歧途以及违背初衷的蛛丝马迹，好似围棋高手的复盘，会有以史为鉴、可知兴替的现实价值与学术意义。

人们常说，堡垒最容易从内部攻破。那么，行进二百多年的清王朝"天命"中的"气数"又是何时"耗尽"，自我朽败又是怎样开始且逐渐加深加速的呢？

清末政治的研究

与清末历史同样丰富多彩的是研究的热闹非凡。就研究范式而言，革命、现代化、从西方中心到中国中心先后登场，相互砥砺；区域社会、国家与社会、中央与地方关系各领风骚，反复切磋；一些固有的热点被冷落，一些貌似不起眼的问题迸发出耀眼的光芒。

　　学界对清末政治的研究可谓硕果累累。例如辛亥革命，经由民国时期的英雄谱系书写、共和国时期的革命叙述，学术层层堆垒，不仅成为高原，简直就是高山巍峨。但不可否认，相当长一段时间里辛亥革命的研究畸轻畸重，轻易地抹去了革命之外丰富的历史侧面。彼时，清王朝统治阶级、精英阶层，甚至态度与立场略显温和的群体都被当作革命的对立面，甚少关注。二十世纪六七十年代，一些港台地区的学者开始把视野投向立宪派、立宪运动；八十年代后，内地研究者也陆续调整了研究视野与方法，突破了简单化、贴标签、泛革命化的框架。此后，晚清政治史至少沿着三条线索——民族民主革命的线索、政治现代化的线索、权力结构与运作的线索，在六个方面——系统化、序列化趋向；从革命史单一向度到多维视界展开、形成多元互动的态势；借鉴相关学科的研究方法与理论框架；大幅推进制度史研究；开拓政治文化史、心态史、权贵研究等新领域；整理出版大量的晚清史资料，为研究的提升奠定了基础。总体而言，近三十年的晚清政治史成果显赫。即便如此，大家都觉得仍有一些待深化、需拓展的空间。

　　具体而言，研究对象仍可进一步细化、深挖。政治史研究与政治人物密不可分，随着史料发掘整理，对那些以往被忽视的清廷统治集团的核心人物、核心群体、满蒙权贵仍然有研究的空间；对清廷政策的调整、立宪认识与实施、解救危机的选择仍然有推敲的余地。甚至，清末新政取自民间的巨额经费，到底给下层人民多大的压力？百姓的"税负痛苦指数"究竟如何？是否可以进一步追索与解释？其实，自 2012 清帝退位百年之时，不少学者已经把视野转向了清廷权贵，试图更合理地解释鼎革之际"原体制内"的变化以及内部的自我侵蚀与消融。

　　卡尔说，历史是历史学家和他的客观事实之间永无休止的对话。我觉得，我们并没有穷尽晚清、清末的话题（可能永远不能穷尽），很多真相还湮没在历史的尘埃中。很长时间以来，谈及 20 世纪初十年这一段历史，人们多把它看作辛亥革命的准备、发动、成功与失败的完整链条，言外之意，楼都塌了，分析楼的主人怎么想、怎么说、怎么做还有什么意义？其实，回到历史本身，辛亥革命只是清末十年的一部分，换一句话，清末历史的多元内容远远不是一场革命所能涵盖的。

政治史是历史研究的脊梁

异彩纷呈的历史由人类写就。很多年里，不少研究者欣喜于社会生活的多姿多彩，欣喜于"宏大叙事"、治乱兴衰之外的丰富故事，致使政治史一定程度被"轻慢"。① 但是，当我们能够回望人类社会进程时，琐碎的边边角角毕竟是海滩上的沙砾。决定历史发展进程的，还是家国大事。所以白寿彝先生才感慨"政治是历史的脊梁"。

制度、人物、治乱兴衰是政治史最基本的观察点。我们立足于这一基本认知而关注清末政治大环境，也就是政治生态。政治生态是相对于自然生态、环境生态、经济秩序而言的一种社会政治状态。关于政治生态，时人早有涉及。1900年，孙中山在致港督卜力书信函中指出，"朝廷要务，决于满臣，紊政弄权，惟以贵选，是谓任私人。文武两途，专以贿进，能员循吏，转在下僚，是谓屈俊杰"。他把矛头指向了朝廷，也就是满蒙权贵把持的国家政权，认为他们是导致清末政治生态失衡的"罪魁祸首"。此后，研究者多承袭革命党人的申说，对清末的政治生态一言以蔽之"窳败"。那么，当权者是否知其"窳败"？是否任其发展而不想办法、不采取措施？这些措施是否全不对症、全然无效？是措施不对还是"运命"不好？换句话说，是否清廷没有一点机会、一点"历史的余地"？在我看来，至少宣统之初，少壮亲贵是有信心的。胡思敬说："载沣初摄政时，兴致甚高，凡批答各省章奏，变'依议'曰'允行'，如史臣记事之体，折尾恭誉套语辄加浓圈。后亦稍稍懈弛，视德宗时尤甚，虽交议交查密旨，或累月经年不复，亦若忘之，无过问者。"② 先是积极进取，继而懈怠疲玩，很快就书写了清末政治的一个"常态"，为什么？这与人们惯习的"扫帚不到，灰尘不会自己跑掉"的认知是不一样的。

我觉得20世纪初的中国，处于政治大转型时代，彼时存在着险中求胜的可能性。本着这一认知，我们重新审视这段历史，重新探讨当时的政治生

---

① 参见拙文《"内轻外重"抑或"内外皆轻"？——评李细珠〈地方督抚与清末新政〉兼论晚清政治史研究》，载于《近代史研究》2014年第2期。

② 胡思敬：《军机不胜撰拟之任》，《国闻备乘》，卷四，上海书店1997年版，第94页。

态，分析不同阶层、不同群体在塑造政治生态中扮演的角色。我们围绕满蒙权贵着手展开 20 世纪初十年的政治生态研究，策划了"满蒙权贵与 20 世纪初的政治生态研究"这一书系。从选题火花到逐渐清晰再到杀青历时十余年（每一种著作出版时间各不相同）。作为书系的主编，我在 20 世纪 80 年代初撰写硕士学位论文时，就特别关注晚清政治史及权贵群体。① 其后，有感于晚清政治史研究远没有穷尽，还有许多工作要做，甚至还需要"创榛辟莽、前驱先路"。心怀这个梦想，我在指导硕博学位论文时，开启了"十年大计"。我们打算从史实出发，力图还原历史的本真面貌，研究当时的权贵集团与政治生态。我们所说的"权贵"，是指统治集团中位高权重、地位显赫的群体；而满蒙权贵则专指清朝统治阶层位于权力核心的满蒙王公贵族、旗籍高官及封疆大吏；有时候范围更小一些，指的是皇族近亲，大凡取这个意思时就称之为"亲贵"。清末，由于政治权力构成的复杂性，权贵群体很难完全排除统治阶级中的汉族高官，故兼及之。研究的重点是清末政治生态的样态、成因、流变；执政的满蒙权贵的政治认同及其变化；对改革的认知、决策、争论以及政改取向；满蒙权贵对宪政理解；改革实施等关键环节，阐发体制内改革的因应及成败得失。

那么，什么样的生态造就了清末的制度变革、人物遭际以及房倒屋塌呢？

书系的构成

我们试图在全球观照下，讨论清王朝最后十年的外部逼迫与内部矛盾、政策调整、改革举措，特别是聚焦于满蒙权贵的际遇、因应、行事风格、所思所想。试图推演清末政治生态以及"危机"对改革成败的影响。

书系包括九种专著，分别是：

---

① 我的硕士学位论文题目是《地方督抚与晚清政局》，于 1984 年完成答辩，此后心猿意马，直到三十年后才再次回到这一领域，真应了那句"三十年河东，三十年河西"的老话。

朱文哲:《王朝与国家：清末满洲贵族的政治认同》

周增光:《宗室王公与清末新政》

杨猛:《最后的家天下：少壮亲贵与宣统政局》

梁山:《清末政治与中日关系》

周福振、庞博:《"铁帽子王"善耆与时代变局》

闫长丽:《新旧之间：端方与清末变局》

连振斌:《锡良与清末新政》

朱淑君:《赵尔巽与清末制度变革》

何思源、程学峰:《新政、新制、新文化：编订名词馆与贵胄学堂》

这些研究包含以满蒙权贵集团各个群体为视角的综合考察，以执掌中央职能部门的显赫亲王以及执政一方的满蒙督抚为中心的个案研究，还包括清末若干新设机构的个案研究。

在我们看来，清末新政乃至预备立宪既是形势所迫，也是自主选择。满蒙权贵先是颟顸不足道，后是走向世界并认识了权力的变通方式（用立宪代替专制）。尽管他们迈出的每一步都处心积虑地维护着皇权，但毕竟不知不觉地拥抱了现代制度文明。就像托克维尔在《旧制度与大革命》一书中揭示的大革命萌生于旧制度所说的那样。即使王朝覆灭以后，清末新政以及立宪的一些措施依旧延续下来，成为中国现代化进程中的一环或者一项制度性奠基。大如现代政治的形成、政治结构日趋专门化、政治职能的扩大和完善、政治组织趋于制度化、国家治理的法制化走向、选举与被选举权利的赋予、人民权利的宪法表达、现代生活观念的生成等，小如街道门牌的编制、衣食住行的变化，追根溯源，无不聚焦在那个时代。因之，考察它的过程、分析它的利弊得失、总结它的经验教训就具有了鉴往知来的意义。

我老是耽误自己。其实早些动手可以更从容地思考。但终日奔竞于日常琐事，每一次都是到交稿"大限"所剩无几才仓皇上阵，于是曾经的思考化为"大脑空白"，只好临时起意，匆匆了事。谨以为序。

孙燕京于朝阳袖手斋

丁酉腊月

目 录

楔子

近代以来，中国社会由于长期的故步自封，逐渐落后于西方文明，受到西方列强坚船利炮的强烈冲击，遭受了近百年的屈辱。但这一强烈冲击在客观上使中国社会奏出了与传统王朝循环不一样的历史变奏。比较典型的东亚社会秩序——以"内华夏、外夷狄"理念为核心的藩邦朝贡体系日渐崩溃，乃至最终瓦解，代之而起的是以民族国家理念为核心的条约体系，这一重大转型使中国失去了长久以来在东亚秩序中的"天朝上国"地位。面对这一转型，处于落后状态的清政府曾试图加以阻止，但在西方列强一次又一次的侵略下，它逐渐认识到这一威胁的严重性，难以阻挡，不得不缓慢地调整自身的政治行为。诚如马克思和恩格斯在《共产党宣言》中所言："资产阶级，由于一切生产工具的迅速改进，由于交通的极其便利，把一切民族甚至最野蛮的民族都卷到文明中来了。它的商品的低廉价格，是它用来摧毁一切万里长城、征服野蛮人最顽强的仇外心理的重炮。它迫使一切民族——如果它们不想灭亡的话——采用资产阶级的生产方式；它迫使它们在自己那里推行所谓的文明，即变成资产者。一句话，它按照自己的面貌为自己创造出一个世界。"帝国主义列强正是用强大的军事力量和西方的商品不断侵蚀中华帝国的文化权力圈，并使这一拥有悠久文化传统的民族遭遇"千年未有之变局"。

自鸦片战争以来，清政府虽然并未有如此清晰的认知，但面对强大西方列强的不断入侵，逐渐调整自身的政治行为并力图与之抗衡，一度出现"同治中兴"。然而，危机只是短暂地缓解，并未完全消失，仍在不断地加深，特别是在中日甲午战争以后，中国社会各阶层的危机意识日渐强烈。而清政府由于内部政争和对西方的不同认知，先后出现了戊戌维新运动和义和团运动两种不同面向的救国路径，最终导致中国陷入了"半殖民地半封建社会的深渊"，被动地卷入西方人建立起的世界体系之中。与此同时，经历漫长的封建社会，进入 19 世纪后，清王朝未能摆脱中国历代王朝衰败的周期规律。民变、自然灾害和农民起义不断增多，一度出现太平天国这样的农民政权，这严重地威胁并动摇了清政府的统治根基。清王朝呈现出日薄西山之势，而西方势力的东来，进一步加剧了这一趋势。在内外交困的局势下，中国社会出现了与以往王朝更迭不同的抉择，面临着两大新的历史任务，即救亡图存与国家社会的现代化。这两大任务往往相互交织、相互影响，使社会各阶级逐渐做出了各自的历史抉择，绘出了近代中国社会波澜壮阔的历史画卷。

在这一大背景下，作为中国历史上最后一个王朝，清政府的政治活动有了不一样的内外环境，即有了不同以往的政治生态。所谓政治生态是相对于自然生态、环境生态、经济秩序而言的一种社会政治状态。"风俗既正，中人以下，皆自勉以为善；风俗一败，中人以上，皆自弃而为恶。"在中国，良好的政治生态往往被概括成"政通人和"。面临严重的统治危机，清政府在统治的最后十年推行新政变革，史称"清末新政"。这一时期，中国社会急剧变动，各阶级前赴后继，改革与政争，民变、改良与革命，传统与现代，各种运动和思潮不断涌现。在这样的社会环境中，良好的政治生态显然难以存在，因为原有的政治形态处在不断变动且被重塑的过程中。

正由于这种变动的社会形态有着丰富的历史活动，清末新政历来是近代史研究的热点之一，尤其是近些年来，随着改革开放不断深入，国人对新政的关注也越来越多，学界有了丰富的研究成果。然而，既有的研究往往从革命史观出发对清政府的作为——特别是对满族权贵的作为——做出一系列评价，形成某种腐朽、堕落的刻板印象。对满族权贵人物则往往给予腐败贪婪、毫无政治智识等评论，以认定清王朝灭亡的必然性。而有些研究则从现代化角度出发，重新实证地探察这一时期清政府的作为，又往往矫枉过正，过高地评价这一时期的政府行为。显然，单一维度的研究并不能客观地评价具有丰富内容且受中外力量交织影响的清政府的行为，无法客观而如实地反映清末政治生态，势必影响国人对晚清历史的理解与认知。

为此，本文以锡良这一人物为切入点，力图从多个维度对他在清末的行政作为进行探察，以了解这一历史变局中清末政治生态的演进。之所以选择锡良这一历史人物，其原因是多方面的。首先，锡良是一位蒙古族的旗人，并且是一位通过科举考试走入仕途的旗人。这在一定程度上可以深化和拓宽对旗人群体的认知。其次，他长期担任地方官员，从最基层的县官开始，历经知州、知府、道员、按察使、布政使、巡抚、总督的升迁过程，直至清亡，前后长达四十年之久，有着非常完整的地方官履历，因此是一位较为典型的地方官僚，且以善于治政著称，故能较为深切地感受到晚清政治生态的变化。正因如此，他能给我们带来更为具体而鲜活的晚清人物画卷，从而直观地感受到这一时期的历史变迁。第三，他在清末十年担任地方督抚的角色，在河南、热河、四川、云贵、东三省等诸多省份任职，其中较多为边疆省份，故而他是清末新政重要的制定者和实施者，也较为直接地面对西方列强蚕食疆土的压力，对清末政治的危机与变革的动因了然于心。在清亡前，他是地方督抚中较为活跃的人物，一度跃升为地方督抚的重要代表人物之一，许多重大历史事件都有他的身影。因此，通过对他的行政事务进行研究，我们能透视清末地方与中央的政治活动状态，了解在内外交困情形下清末官场的真实状态，从而深入地探察清末政治生态的变迁。更为重要的是，他遗留下不少历史文献，这为我们研究锡良在新政时期的行政作为提供了坚实的研究基础。故而，选择这样一位历史人物无疑是恰当并合适的。

第一章　锡良早年的政治生涯

作为一位清末的官吏，锡良的名字相对而言仍是陌生的，即便是专业的历史学者，在看到这一名字时，也或须略加思索，或须检阅相应的人物索引工具才能对上号。这应该与以往的史学研究中过多地从意识形态的角度来看待清政府有关，以致许多清末官吏成为历史研究的配角，甚至背景，更不用说被视为腐朽堕落的满族权贵了。当然，其中也有史料的因素。关于这些人物的史料大多存在专业的档案馆或图书馆内，且多为未整理的原始资料，较为散乱。因此，本章将对锡良的早年政治生活进行初步探察，既让读者了解这一历史人物的过往，也希望借此展现晚清政治生态的某些面向。

第一节　卓著循声的山西官吏

锡良，字清弼，号梦如，晚号止斋，拜岳特氏，蒙古镶蓝旗麟昌佐领下人。他生于 1852 年 3 月 11 日（咸丰二年正月二十一日）。[①]据相应的资料显

---

① 关于锡良的生卒年代问题，学界存在一定的争议。关于生辰问题，关国煊据《清史稿》卒于民国六年（1917），年六十六一条，推算其生于咸丰二年（1852）。（见《民国人物小传》八十八，《传记文学》1982 年第四十卷第四期，第 144 页）目前对于锡良去世的时间，似未有太多的争议，普遍认为其卒于民国六年（1917）。杜春和先生依据中国社会科学院近代史研究所图书馆所藏的《锡文诚公行述》指出，锡良去世时仅六十五岁，其生卒年代当为咸丰三年（1853）至民国六年（1917）。由于该行述为锡良之子斌循所写，故被大多数学者认为是可信的。然依据宓昌墀的说法，锡良当 （转下页）

示，他的家境并不富裕。邓之诚在《滇语》中指出：锡良生长寒素，教授为生。当穷困时，夫人喜吸关东叶烟，每致祝曰："他日登第，但一饱吸，于愿已足。"①他的兄长继良在面见翁同龢之后给翁留下了深刻的印象，翁同龢这样评价道："此人能受辛苦，有志气，可办事。"②显然，"能受辛苦"并非一般富家子弟应有的特质，必然是历经艰辛锤炼而成的。而锡良自身的回忆也在一定程度上印证了这一说法。清亡后，他寓居天津，在一次与同为寓公的荣庆闲聊时提及业师衡定奎，说：衡定奎"幼年奇穷，早赴市担萝卜，归家洗毕即读书，饭后入街巷卖毕，仍读书，学成官至副都统，父卒只余当十钱数竿"。③这在惜字如金的《荣庆日记》中出现，说明他的故事打动了荣庆，也反映了这一家贫而信念坚定的业师成为锡良学习的榜样，并对他的人生产生了重要影响。此后，即便成为官吏，锡良也保持着俭朴的生活习惯。为官山西时，他一度过着"与典史共买一驴"，"磨麦而食"的生活。④即便

（接上页）死于戊午（1918）。（宓在《祭锡清帅文》中有言："帝在京师，岁在戊午"，"今春五日，继慈弃养，呜呼小子，侍疾无状。……一月两丧，惨毒已甚"。其中"一月两丧"之谓，指其母殁于今春五日与锡良逝于正月二十一日。参见宓昌墀《祭锡清帅文》，张明祥编：《东西湖区专志·艺文志》，武汉：武汉出版社，2007年，第367—370页）宓与锡有师生兼同僚之谊，曾同官山西，因在慈禧太后西幸西安时直谏，触怒慈禧，而名噪一时。以此观之，其记载亦近真。据《绍英日记》记载："（民国七年戊午二月）初十日，午后出城拜客，至锡文诚公宅吊唁。"绍英作为民国时期掌管清室内务府的旗族人物，与各地遗老有密切接触，锡良就是著名的遗老之一。案，锡良逝世后，经清室赐谥号为"文诚"。以此则可确定锡良应卒于1918年。据"锡良档案"记录，在1911年锡良六十岁生日时，清皇太后隆裕及监国载沣均有赏赐之谕旨，锡良亦回电谢恩。（《致军机处电》[宣统三年正月十八日]，中国社会科学院近代史图书馆藏：《锡良任东三省总督时京师来电》，档号：甲374-46；《致军机处电》[宣统三年正月廿一日]，《锡良任东三省总督时京师来电》，档号：甲374-46）另据《清代官员履历档案全编》记载，锡良在光绪十八年（1892）时年龄为四十岁。（秦国经主编：《清代官员履历档案全编》第5册，上海：华东师范大学出版社，1997年，第394页）在另一份官方奏折中，刚毅指明，光绪十三年（1887）时锡良为三十五岁。（《奏请锡良补授绛州直隶州知州事》，中国第一历史档案馆藏，录副奏折，档号：03-5230-037）如果以周岁算，锡良当生于咸丰二年正月二十一日，若以虚岁计，则生于咸丰三年正月二十一日。以目前相应书籍的算法来看，笔者认为应以周岁来计，锡良真实的生卒年代应为咸丰二年（1852）至民国七年（1918），享年六十六岁。

① 邓之诚：《滇语》，邓瑞整理：《邓之诚日记》第8册，北京：北京图书馆出版社，2007年，第506页。

② 陈义杰整理：《翁同龢日记》第4册，光绪九年癸未二月十三日（1883年3月21日），北京：中华书局，2006年，第1723—1724页。

③ 谢兴尧整理：《荣庆日记：一个晚清重臣的生活实录》，西安：西北大学出版社，1986年，第247页。

④ 《滇语》，《邓之诚日记》第8册，第506页。

成为一方督抚，他也不改其俭朴之风。与锡良有着多年宦谊且交往密切的于荫霖在河南见到时任河道总督的锡良，见其"雇一敝车，带一仆，跨坐"，不禁叹曰"其俭质，为吾所不及，真可敬佩"。[①] 其任四川总督时之幕僚周询亦曾见锡良所穿着的马褂边幅"已有坏处"，锡良告诉他"此为阳曲知县时所缝，二十余年矣，焉得不坏"。[②] 与锡良之子斌循颇有交往的邓之诚称其"一生清约，习若生成，布衣蔬食，虽贵不改，食不具馔，麻腐豆汁，最所欣喜"。[③] 任东三省总督时，锡良崇尚朴素衣着，一时为官场中人竞相模仿。[④] 可见，锡良生长寒素，并非空穴来风，他平时的生活也是较为朴素的状态。

在家庭和良师的影响下，锡良较早就表现出成熟的特质。在开蒙就学后，他"幼勤学，不好言动"，"少年老成，励志勤学，服膺程朱，以性理道义为归。年十三，应童子试，同治六年入泮，补弟子员，设塾授读，事主父母以孝闻"。[⑤] 经刻苦学习，他在二十岁（1872）时，由廪生考取吏部笔帖式中式，成为同治癸酉科顺天乡试举人。同治十三年（1873），他应甲戌科会试，中式第七十名，殿试三甲第七十名，朝考三等第六十八名。是年五月初七日由吏部带领引见，奉旨以知县即用，签掣山西。自此，锡良开启了近四十年的外官生涯。

锡良是在 1873 年 9 月到达山西的。他虽然以即用知县分发该省，但如同当时其他官吏一样，需要经过严格的候补制度，按序递补，于光绪元年（1874）方获得任职的机会，担任山西省乙亥恩科乡试同考官。正是这次委任，他的能力得到了初步的展示，逐渐获得了诸多任职机会。具体可见下表：

---

① 于荫霖：《悚斋日记》，光绪二十七年九月十二日，1923 年都门刻本，卷六，第 42 页。

② 周询：《蜀海丛谈》，沈云龙主编：《近代中国史料丛刊》第 7 册，台北：文海出版社，1966 年，第 511—513 页。

③ 《滇语》，《邓之诚日记》第 8 册，第 506 页。

④ 《风气盖犹转丸然》，《盛京时报》宣统元年四月十二日，"东三省新闻·奉天"。

⑤ 斌循：《锡文诚公行述》，中国社会科学院近代史研究所图书馆藏，转引自杜春和《锡良》，清史编委会编：《清代人物传稿》下编第七卷，沈阳：辽宁人民出版社，1993 年，第 146 页；邓之诚：《锡良与东三省》，http://auction.artxun.com/paimai-14-69928.shtml。

职务	起	止	奖罚
山西省乙亥恩科乡试同考官	光绪元年八月间		获得一次委署
管解京饷	光绪元年十一月十三日	光绪元年十二月交兑清楚	管解京饷十万两赴都，叙加一级
代理孝义县	光绪二年七月初六日到任	光绪二年十月初一日交卸	
山西交代局委员	光绪二年十一月二十日	光绪三年五月前后交卸	
凤台县拦车镇抽厘委员	光绪三年五月十七日奉委，光绪四年正月二十二日兼办凤台县赈务	光绪四年八月赈务毕，八月间交卸	
代理高平县	光绪四年八月二十四日到任	光绪四年十二月初二日交卸	经山西巡抚曾国荃在办赈尤为出力案内奏保同知衔，嗣因历年办赈出力，复经保加随带二级
汾西县任	光绪四年四月题补，光绪六年三月初九日到任	光绪六年七月间卸任	
平遥县知县	光绪六年六月二十八日调署，光绪七年四月初六日奉准调补	光绪八年二月初九日交卸	
阳曲县知县	光绪八年二月二十二日到任	光绪十年正月前后卸任	经山西巡抚张之洞奏保循良，奉旨嘉奖。光绪九年因递解秋审人犯，并不慎选妥役小心防范，致要犯中途脱逃，殊属疏忽，受到交部照例议处之罚
代州直隶州知州	光绪十年正月廿四日调署到任，二月初十日升补	光绪十年四月二十六日交卸	

职务	起	止	奖罚
山西部院文案副总办	光绪十年八月十三日委派	光绪十一年前后卸任	经署理山西抚台奎斌保荐循良，奉旨交军机处存记
办理大同府属赈务	光绪十一年正月委办	光绪十一年二月十九日交卸（丁母忧，未及交代即赴京回旗）	丁忧一年。光绪十二年五月十一日到省，八月十二日准吏部咨准其起复
会办汾西工赈	光绪十二年七月初三日札委		
赈恤局会办	光绪十二年六月廿六日札委		
营务处事务	光绪十二年七月初一日派委帮办，十一月廿八日兼办军装局事务		
监修太原省城城工	光绪十三年二月廿日奉委		因办理汾河河工，锡良受奖：候补直隶州知州，给予酌委署理本班繁缺一次
署平定州直隶知州	光绪十三年	未详	
绛州直隶州知州	光绪十四年六月十一日到任	光绪十六年十二月二十一日交卸（丁本生父忧）	光绪十五年于苏皖赈捐案内蒙奖花翎；因修理汾河出力，经原任山西巡抚豫山奏保，奉旨以知府在任候补
清源局总办	光绪十八年四月十四日		
总办口外七厅抚恤事宜	光绪十八年四月奉委		
兼赈捐局总办、太原府发审局提调	光绪十八年九月奉委		
总办口外七厅春抚事宜	光绪十八年十二月奉委	光绪十九年七月办竣	

续表

职务	起	止	奖罚
癸巳山西恩科乡试内帘监视官			因催科勤奋，经山西抚宪奏保优奖三品升衔并加六级；又因劝办苏浙赈捐出力，经两江总督刘坤一奏保俟补知府后，以道员用
署平阳府知府	光绪十九年十月二十五日到任	后于光绪二十年为山东巡抚李秉衡奏调至鲁	

资料来源：秦国经主编：《清代官员履历档案全编》第 5 册，上海：华东师范大学出版社，1997 年，第 394—395 页；《锡良任山西县府地方官时文件》，中国社会科学院近代史研究所图书馆藏，档号：374–188。

从上表可看出，锡良在山西的任职经历非常丰富，足迹遍布山西各地。在近二十年的山西州县生涯中，他先后担任了二十三种不同的职务，其中还有两次丁忧的经历，可知其任职调动之频繁。他既做过州县府代理、署任，也做过赈恤局会办、营务处事务、文案副总办、清源局总办等专门性工作。因而，他已非常熟悉地方政治。与他共事多年的张汝梅曾这样评价道："锡良赋性忠诚，识量闳达，才长心细，艰巨克胜，事虽繁重，一经亲划，无不条理毕陈，其前在山西牧令时所至皆有政声。"[1] 后来《清史稿》也称其"历任州县皆有惠政"。可知，经过多年的地方行政的磨炼，锡良已能独当一面。也正因如此，历任山西巡抚对他交口称赞，力为荐举。护理巡抚奎斌向清廷表示，锡良"悃愊无华，风操端谨，为政简惠"，深得士民之心，为此，锡良受到"军机处存记"的奖励。[2] 巡抚松椿亦在奏章中称其"才识明敏，尽

---

[1] 《护理陕西巡抚张汝梅奏为保荐新授山东沂州府知府锡良广西候补道何昭然事》（光绪二十一年六月二十二日），中国第一历史档案馆藏，录副奏折，档号：03-5326-105。

[2] 《遵保循良以备任用折，单一件》，奎斌撰：《杭阿坦都统奏议》，沈云龙主编：《近代中国史料丛刊三编》第 314 册，台北：文海出版社，1987 年，第 171 页；《清实录》第 54 册，《德宗景皇帝实录（三）》卷 198，光绪十年十一月庚申，北京：中华书局，1987 年，第 814 页。

心民事"。① 刚毅也称其"洁己爱民,实心任事",② 等等。当然,这些评论均来自山西当道之口,难免有所偏颇,但可以确信的是锡良已颇谙为官之道,且能实心任事。③ 他通过办理各种地方事务,逐渐成为一名"以才识迈众足备任使"④ 的官吏。张之洞不禁大加赞赏,称其为循吏第一,以至远在北京的"帝师"翁同龢亦知其名。⑤

从表中亦可知他的工作仍多以传统为范畴,并没有太多西方新政的内容。他的升迁既有其勤奋的原因,如办理科举考试、催科、办理赈灾等,也有靠捐纳等途径受到的嘉奖。这表明晚清官吏升迁制度虽仍较严格,但也有所松动,已有新的资本因素介入官场。而在他的仕途中起阻碍作用的因素为失察刑事问题和父母去世丁忧,可知晚清山西官场的秩序仍处于传统的状态。

在其参与的众多事务中,锡良在赈灾方面的作为尤为突出。《清史稿》称其"历办赈务,户必清查,款必实放,民皆德之"。事实上,他在任州县等官时先后办理了两次大的赈务,一次是丁戊奇荒,一次为光绪十八年的口外灾荒。

自光绪二年(1876)至光绪五年(1879),北方地区发生严重的旱灾,整整持续了四年,覆盖面特广,几乎囊括了山西、河南、陕西、直隶、山东等北方五省,并波及苏北、皖北、陇东和川北等地区。它造成的后果更属奇重,仅饿殍就达一千万以上,以致当时的官员每每称之为有清一代

---

① 《山西巡抚松椿奏请锡良调补平遥县知县事》(光绪六年十二月二十三日),中国第一历史档案馆藏,录副奏折,档号:03-5154-147。

② 《奏请锡良补授绛州直隶州知州事》(光绪十三年十二月初四日),中国第一历史档案馆藏,录副奏折,档号:03-5230-037。

③ 自光绪元年至光绪二十年,即从锡良分发山西至调任山东,山西地区前后共有十二任巡抚,分别为鲍源深(光绪元年八月免)、曾国荃(光绪元年八月至光绪七年二月,其间布政使卫荣光曾护理约三个月)、卫荣光(前后护理八个月)、张之洞(光绪七年十一月至光绪十年三月)、奎斌(光绪十年三月至光绪十一年二月)、刚毅(光绪十一年二月至光绪十四年十月)、卫荣光(光绪十四年十月至光绪十五年十月)、豫山(光绪十五年十月至光绪十六年闰二月)、刘瑞祺(光绪十六年闰二月至光绪十七年十月)、奎俊(光绪十七年十月至光绪十八年四月)、阿克达春(光绪十八年四月至闰六月)、张煦(光绪十八年闰六月至光绪二十一年)。(参见钱实甫《清季重要职官年表》,北京:中华书局,1959年,第195—206页)其中有九位巡抚对锡良进行了保奖,而未对锡良进行保奖的巡抚多任职过短,由此也可知,锡良深受山西当道之赏识,或者亦可谓其长于为官之道。

④ 《清实录》第55册,《德宗景皇帝实录(四)》卷279,光绪十五年十二月乙亥,第728页。

⑤ 《翁同龢日记》第4册,光绪九年癸未二月十三日(1883年3月21日),第1723—1724页。

"二百三十余年来未见之惨凄、未闻之悲痛"，甚至说它是古所仅见的大祲奇灾，史称"丁戊奇荒"。其中又因河南、山西受害最重，又名晋豫奇荒或晋豫大饥等。[①] 时任山西巡抚曾国荃更称"是赤地千有余里，饥民至五六百万口之多，大祲奇灾，古所未见"。[②] 在山西，越来越多的村庄和家庭被毁灭了。有时，"全家饿民死于屋内，日久无人埋葬，或赤身弃于村外者，或掷于沟壑者，人食狼吞，惨不忍见"；困极无奈的灾民因无力养育子女，往往含泪把他们投到河井、沟壑之中，甚至"有母子偕投井者，有母没于路中，其婴尚生卧于死母怀中者"。[③] 在如此严重的灾情下，社会上已出现"或父子而相食，或骨肉以析骸""食人之肉视为常事"的现象，以致阎敬铭和曾国荃在向朝廷联名上奏时称之为"人伦之大变"。[④]

　　参与了此次山西赈务的李提摩太就记录了他所见到的山西百姓每天面对死亡威胁的情景，其境况颇为惨烈。[⑤] 对于山西的官员而言，这项工作更为繁重，有时还会因办理不善而面临惩处，甚至有丧命之虞。因此，颇多官员就有意逃脱这一工作。时任山西巡抚曾国荃如此描述当时的山西官场：

　　　　自赈务既兴，在事各员疲于奔命，积劳物故者指不胜屈，死丧之酷，人人寒心。且事关民命，偶或办理不善，获咎极重；而奖叙不过寻常劳绩，既无越级之赏，反有蹈刑之惧。以是人皆退缩，视为畏途。近来各局委员有屡禀求代者，有因病推诿者，外省捐输亦觉批解寥寥。[⑥]

　　可知，在这次灾赈中，有较多官员因赈务过于繁重而退缩，并通过各种形式来躲避这一差使。当然，这种情况的出现，在某种程度上给锡良这样的

---

① 李文海等：《中国近代十大灾荒》，上海：上海人民出版社，1994 年，第 80—81 页。

② 《办赈难拘定例请变通赈济疏》（光绪三年十二月二十一日），梁小进整理：《曾国荃全集》第 1 册，长沙：岳麓书社，2008 年，第 269 页。

③ 《绛州城内传教士王玛窦致李提摩太论灾书》，《申报》1878 年 4 月 1 日；［英］李提摩太：《亲历晚清四十五年——李提摩太在华回忆录》，李宪堂等译，天津：天津人民出版社，2005 年，第 109—112 页。

④ 曾国荃等编纂：《荒政记》，《山西通志》卷 82，山西省署光绪十八年（1892）线装本，第 15 页。

⑤ 《亲历晚清四十五年——李提摩太在华回忆录》，第 112 页。

⑥ 《请将办赈各员照海运河工例请奖疏》（光绪四年十月十四日），《曾国荃全集》第 1 册，第 372 页。

新进官吏提供了机会。

当时，锡良正担任拦车镇厘卡委员，他因任职期间办事认真而为负责蒲州等地赈务的吴大澂所看重。光绪三年（1877）十二月，吴大澂以锡良办事"谨慎周详"而让其兼办赈济事宜。最初，锡良是辅助吴大澂经理拦车镇馍厂，以便养活饥民。① 这是一项考验人的心智和耐力的工作。当时凤台县，"饥民流离满道，皆奄奄一息，垂毙之人"，② 与锡良一起办理该处赈务的吴大澂在其诗中如此描述当时救灾的情况：

> 挽粟飞刍腊正残，区区何以慰饥寒。（所运高粱七十石，不敷两月之赈。）野多枯骨生人少，树不留皮粒食难。救火情悯循吏苦，望梅心喜圣恩宽。万家性命存呼吸，吾辈盘飧愧未安。③

可见，当时的景象颇为荒凉，"饥寒""枯骨""树不留皮粒食难"等词句均反映了当时灾民缺衣少食的生存状况，因此亟须官方的赈济。就是在如此艰难的情况下，锡良接办拦车镇赈务。此后，他即亲自到拦车镇附近调查人数及各村庄灾荒实情，做到"户必清查，款必实放"。④ 这样做能尽量保证灾民的基本生活，大幅提高灾民生存的概率。得到锡良等人的辅助后，吴大澂于光绪四年正月中旬，"即由泽州进省，谒见曾沅圃宫保，面陈南路灾民困苦情形"。⑤ 由此亦可知，锡良已然能独立承担拦车镇的赈务，其工作势必卓有成效。后来，山西巡抚奎斌谈及锡良此一时期的活动，亦称"诸资赞益，全活甚多"。⑥

此后，锡良又参与了永济县和凤台县的荒地清查等工作。对此，巡抚曾

---

① 《锡良办山西拦车镇厘卡时文件》，"札即用知县锡良"，光绪三年十二月廿八日，《锡良任山西县府地方官时文件》，档号：甲374-188。

② ［清］吴大澂：《愙斋自订年谱》，《愙斋诗存》，附录三，上海：华东师范大学出版社，2009年，第205页。

③ 《愙斋自订年谱》，《愙斋诗存》，附录三，第205页。

④ 赵尔巽等撰：《清史稿》卷449，北京：中华书局，1977年，第12531页。

⑤ 《愙斋自订年谱》，《愙斋诗存》，附录三，第205页。

⑥ 《遵保循良以备任使折，单一件》，《杭阿坦都统奏议》，《近代中国史料丛刊三编》第314册，第178—179页。

国荃的评价非常高。在奏折中他谈及锡良办理赈务，称其"招抚流亡、清查荒地各事"，颇能体察"实非寻常差事"。①因此，他对锡良非常器重。不久，锡良即因办赈出力，经曾国荃在办赈出力案内奏报而获得嘉奖，奉旨"加同知衔随带二级"。曾氏还试图将锡良"量移繁剧"，出任更为重要的永济县知县。②永济县为"冲、繁、难"三字要缺。③此前锡良仅代理过孝义县（为"繁"一字简缺）、高平县（"冲、繁"二字中缺）等县事。因这一调令有越级升迁之嫌，势必打破官吏正常升迁的制度，曾氏的提议难以为清廷接受。虽然如此，却也显示出曾氏对锡良的赏识，亦可知锡良在赈灾过程中的表现确为优异。此后，锡良回到了其本职山西汾西县令任上。

这时，山西各地延续多年的灾荒已渐近尾声，但对于山西的官吏而言，这场灾荒的影响仍在持续。汾西县一直是这次灾荒中受灾最重的地区之一，加以该地"民贫地瘠"，因而，治理颇为不易。光绪六年（1880）三月初九日，锡良到任。此时汾西县"邨落成墟，蒿莱满目"，他即向曾国荃提出"除弊蠲苛，与民休息"的政策，④经曾氏"据情入告"，获得清廷的允准。于是，他在汾西县推行"蠲赋弛征，移粟拨帑，解衣推食，瘗死恤生，购牛具发籽种"等政策，以便"赈恤而招抚"。⑤

此后，锡良调署平遥县，以创办社仓、丰备仓为其重要职责。所谓社仓，即由各村庄买谷加以储存，而丰备仓则是从各村每亩地中抽取谷一升加以储备。此二者皆为备荒而设。锡良认为，"三晋民间素鲜盖藏，岁一不登，

---

① 《山西巡抚曾国荃奏请准补汾西县知县锡良调补永济县知县事》（光绪五年四月十六日），中国第一历史档案馆藏，录副奏折，档号：03-5138-098。

② 《山西巡抚曾国荃奏请准补汾西县知县锡良调补永济县知县事》（光绪五年四月十六日），中国第一历史档案馆藏，录副奏折，档号：03-5138-098；《山西巡抚曾国荃请仍以准补汾西县知县锡良调补永济县知县事》（光绪五年八月二十二日），中国第一历史档案馆藏，录副奏折，档号：03-5141-086。

③ 《附一：全国各省府州县官缺一览表》，刘子扬：《清代地方官制考》，北京：紫禁城出版社，1988年，第478页。

④ 《遵保循良以备任使折，单一件》，《杭阿坦都统奏议》，《近代中国史料丛刊三编》第314册，第178—179页。

⑤ 《重修汾西县志发凡》，锡良、贾执钧、周凤翔等纂修：《续修汾西县志》，汾西县署光绪八年刻本。

民有饥色",为此,他还制定了丰备、社仓章程,"劝令储谷"。① 此后,他"轻骑简从,下乡新查",饬令士绅参与买补社谷之事。在其经营下,平遥县境储谷的成效颇为显著,仓谷愈积愈多,需"派仓长二人经管,纠首、乡保、主持一并看守"。②

光绪十八年(1892)春,山西口外七厅(即归绥地方)大旱,秋陨霜冻禾,涉及范围有千余里之广。是年五月,山西巡抚派锡良至口外设局,抚恤灾民。到任之后,锡良对赈抚之事筹划精详,"办赈重审户,散放颇核实",使灾民均能沾到实惠。③ 在此过程中,他"奔走救死,经营劳瘁,多人所不能堪,因得全活无算",这使他受到本省官民交相称扬,邻省"咸争道弗衰"。④ 远道而来的直隶、浙江等地义赈士绅对锡良的作为"无不同声敬佩"。⑤

由上可知,锡良在出任山西州县后,特别是在办理赈务过程中展露了其干练之吏的品质,贤声亦随之远播。曾国荃称其为"年强才敏,有守有为",为"州县中才能出众不可多得之员",可知锡良深受曾氏赏识。其声名亦在山西官场中流传,出任山西巡抚的张之洞称"自其候补时,抽厘办赈,早著贤声",⑥ 即是一明证。

总之,在山西二十年的州县生涯中,锡良以其实心任事、能办理"惠政"而声名鹊起,受到历任山西巡抚的交口称扬和力荐。

---

① 《上山西藩台绍复陈地方情形禀》,《锡良任平遥等县知县时公牍》,中国社会科学院近代史研究所图书馆藏,档号:甲 374-105。
② 《社仓丰备仓记》,张正明、科大卫编:《明清山西碑刻资料选》,太原:山西人民出版社,2005 年,第 668 页。需要指出的是,该碑刻中锡良的旗籍为汉军旗人进士,这显然是错误的。
③ 郑植昌、郑裕孚编修:《归绥县志》,民国二十三年(1934)线装本,经政志,赒恤,第 21 页。
④ 李秉衡:《奏保山西候补知府锡良片》,戚其章辑校:《李秉衡集》,北京:中华书局,2013 年,第 361 页。
⑤ 《护理陕西巡抚张汝梅奏为保荐新授山东沂州府知府锡良广西候补道何昭然事》(光绪二十一年六月二十二日),中国第一历史档案馆藏,录副奏折,档号:03-5326-105。
⑥ 《请阳曲县知县锡良升补代州直隶州知州事》(光绪九年十一月十七日),中国第一历史档案馆藏,录副奏折,档号:03-5185-097。

第二节 时局动荡中的山东官吏

随着声誉渐起，锡良逐渐受到清政府高层的关注，李秉衡即是其中之一。除了耳闻之外，李秉衡曾在山西担任布政使，与锡良有过直接的接触和近距离的观察。通过这些观察，锡良给他留下了良好的印象，其中不乏共同品质相吸引之故。李秉衡以清操自励，颇有俭德闻名于世，而锡良也能俭朴刻苦，以廉谨闻。① 正因如此，为后来成为一方疆臣的李秉衡奏调锡良埋下了伏笔。

光绪二十年中日甲午战争爆发后，中国军队在战场上节节败退，奉、直、鲁同时告急。作为山东巡抚，李秉衡负责山东区域的军事防务，压力非常大。为了有效地抵御日军的入侵，他从各地奏调干练官吏协助办理山东防务，锡良就是其中一员。李秉衡对锡良评价较高，认为锡良"廉明干练，勇于任事"，他的到来"必能调和将领，辑睦军心"，对处于危机中的山东防御颇有助益。② 经清廷允准后，锡良于是年十一月二十六日行抵烟台，总管烟台行营营务处事务。需指出的是，这一时期官员的升调须清廷特旨允准方可，否则终身不出本省。③

此时的烟台是山东防御的重要防线，北洋水师总部刘公岛就在附近。当时日军已占据该岛，因此烟台无疑就是中日战争的前线，特别是在当时中日议和谈判的情况下，其重要程度不言而喻。此后，日军先后占领威海、荣成、文登、宁海等地，大有西趋烟台之势。特别是距烟台仅有三十公里的宁海失守后，烟台的防务一度紧急万分。在这种情况下，锡良到任后即实地探察，精心布置和认真办理防务，使日军无隙可乘。随后，清军迅速收复宁海、文登、荣成等地，烟台在这次战争中得以转危为安。李秉衡对锡良的工作非常满意，认为他到任后"实心任事，罔恤险危"，于"地方、军务均有

---

① 参见胡思敬《国闻备乘》，"督抚奢俭""琐记"条，北京：中华书局，2007 年，第 55、151 页。

② 《奏调朱采等来东片》《奏调山西候补知府锡良来东片》，《李秉衡集》，第 218、253 页。

③ 参见《国闻备乘》，"疆吏调员"条，第 60 页。

实济"。^①此后，虽然中日签订了和约，但为了继续防备日军对山东沿海发动进攻，李秉衡认为锡良"堪任监司"，应请他继续综理一切沿海防务。^②未久，他即专折向清廷奏调锡良到山东任职，得到允准。掌管烟台营务处事务，锡良虽承受了巨大压力，但颇为满足，因为他在与友人聊天时"恒以未谙军旅为恨"。经过此番历练，锡良的任职履历进一步完备，成为"不易得之真才"，^③这为其升迁奠定了坚实的基础。通过这次历练，他对中国时局及世界形势有了更深入的感知，势必在一定程度上重塑他的世界观。

光绪二十二年四月间，锡良即由沂州府知府升任山东兖沂曹济道。兖沂曹济道是管理运河事务和兖州、曹州、沂州等府事务的职缺，以疲、繁、难著称。曹州、单县毗连江苏、直隶、河南，这一时期，曹州等地民教冲突严重，会党活动频繁，治理异常困难，"本系盗贼之薮"。到任未久，锡良就遇上曹州、单县等地的民教冲突事件。光绪二十二年五月间，邻省砀山县庞姓富户因麦子被教民恃势强割，彼此争殴，"贼匪乘机冒充大刀会，借端生事"，拆毁教堂，冲突蔓延至单县等地，多处教民房屋、教堂遭拆毁，并有民众死伤。^④若单以武力镇压，势必造成匪党铤而走险，酿成巨案。锡良以解散匪众为第一要义，立即会同当地文武官员迅速介入，进行武力镇压。同时，他亲自到各县宣传开导，采取"张示谕众，只擒首要，搜获蒙单，当众焚之"，对于辅从"但能悔罪出会，准其自新"的策略。这一策略很快奏效，"其愚民之误入刀会者，见首恶伏诛，皆悔过自新"，地方社会秩序很快安定下来。^⑤

但是，当地社会民教冲突的深层次原因仍未得到解决。时任巡抚李秉衡道出了当地爆发民教冲突的缘由：

> 臣查此次会匪滋事固由庞三杰因教民刘苌臣抢麦起衅，而民教之所

---

① 《奏保山西候补知府锡良片》《奏保举人才折》，《李秉衡集》，第361、422页。

② 《奏锡良暂缓赴沂州府知府任片》，《李秉衡集》，第372页。

③ 《护理陕西巡抚张汝梅奏为保荐新授山东沂州府知府锡良广西候补道何昭然事》（光绪二十一年六月二十二日），中国第一历史档案馆藏，录副奏折，档号：03-5326-105。

④ 《锡良任兖沂曹济道时往来函电》，光绪二十二年五月廿四日电、光绪二十二年五月十七日夜电，中国社会科学院近代史研究所图书馆藏，档号：甲374-159。

⑤ 《清史稿》卷449，第12531页；《奏办理曹单等处会匪情形折》，《李秉衡集》，第536—538页。

以积不相能者，则以平日教民欺压平民、教士袒护教民，积怨太深，遂致一发而不可制，其酿乱之由，有不可不亟图挽救者。自西教传入中国，习其教者率皆无业莠民，借洋教为护符，包揽词讼，凌轹乡里，又或犯案惧罪借为逋逃之薮，而教士则倚为心腹，恃作爪牙。凡遇民教控案到官，教士必为之关说，甚至多方恫吓，地方官恐以开衅取戾，每多迁就了结，曲直未能胥得其平，平民饮恨吞声，教民愈志得意满。久之，民气遏抑太甚，积不能忍，以为官府不足恃，惟私斗尚可泄忿。于是有聚众寻衅、焚拆教堂之事，虽致身罹法网，罪应骈诛而不暇恤。是愚民之敢于为乱，不啻教民有以驱之也。[①]

由上可知，当地百姓因平日受到教士、教民欺压过甚，而地方官又屈服于外国势力，不敢公平公正地处理民教冲突，颇有息事宁人之意。百姓们因为无法得到公正对待，不再相信官府能保障他们的安全，于是自发地起来反抗。无怪李秉衡称之为"教民有以驱之"。他试图请清廷与各国领事商议，"嗣后遇有民教案件，由地方官秉公讯断，教士毋许干预"，以便消弭后患。显然，这一提议无法获得列强们的支持。

除了民教冲突，大刀会还参与地方社会事务。如曹州府属观城县两月之内三次闹漕，"枪械攻城，对官开炮，传单明言犯上，复敢谋勾盗匪抢劫"。这些盗匪即指大刀会。锡良以为该县近年屡屡闹漕，是因为"官多姑息"，"所以恶胆愈炽"，[②]因而他主张对这些人进行重惩，严惩首要，以免长刁风。[③]但大刀会在山东由来已久，虽屡遭清政府打击，仍能存在。显然，这并不是锡良一时所能解决的。中日甲午战争之后，大刀会因宣称可以避免枪炮，所以民间"传习愈多，几于无处不有"，"渐至聚众滋事"。[④]因而大刀会的存在对清政府的统治来说无疑是一个潜在的威胁。

① 《奏民教相仇情形请旨饬议豫弭后患片》，《李秉衡集》，第540—541页。
② 《锡良任山东兖沂曹济道时禀稿》（光绪二十二年十二月十五日），中国社会科学院近代史研究所图书馆藏，档号：甲374-114，第33—36页。
③ 《锡良任山东兖沂曹济道时禀稿》（光绪二十二年十二月初一日），档号：甲374-114，第37—38页。
④ 《奏办理曹单等处会匪情形折》，《李秉衡集》，第536—538页。

　　为了打击大刀会的势力和扭转"曹属盗贼繁滋，积习成风"的局面，锡良极力推行团练，并令州县防营与其协防，再议定联络会巡之法，"使匪无可乘之机"。①针对逃往外地暂时避匿的"首要各犯"，锡良则详列名单，请李秉衡进行全省或全国性通缉。另外，鉴于曹属与江南交界，他又联络江苏方面官员，"彼此协缉，并会衔印票照交地方营县手执为凭"，力图维护地方社会的安定。这些举措得到了李秉衡"无不照办"的答复。②

　　尽管如此认真地防范，奈盗匪与平民结合颇为紧密，"分析实属不易"，③锡良亦是回天乏术。不久，曹州就发生了近代史上著名的"曹州教案"（又称"巨野教案"）。

　　据已有的研究显示，曹州教案的发生是因曹州府巨野县盗贼进入教堂偷窃，教士惊醒后即开枪击毙一名盗贼，但回过神的盗贼又杀死了教士。这原是一件非常普通的刑事案件。德国人却对此做出了非常激烈的回应，占据了胶州湾。原来，德国人早就有企图占领我国领土作为其租借地，曹州教案给了他们一个非常好的借口。对此，清廷颇为震动，但又不敢采取军事措施，把希望寄托在谈判和外国干涉上，这给了德国人充分的时间。

　　当时，锡良在李秉衡的饬令下随同臬司毓贤驰赴巨野，彻底查勘这一案件。④光绪二十三年十月二十二日，锡良等人饬令当地官员"赶紧取赃，速拿逸犯"。⑤到了十月二十三日，巨野地方官再次拿获四名犯人，追得"真赃八件"，事主亦认明。⑥可知该事件确为平常之刑事案件。

　　但是，这时德国已确定要在远东建立据点，拓展其利益，强硬地派出舰队前来山东，孱弱的清政府对德方的作为无可奈何，不得已只得答应了德国人的条件，其中就包括惩处锡良。德国人将锡良列为曹州教案"应请革职，

① 《锡良任山东兖沂曹济道时禀稿》（光绪二十三年二月二十八日），档号：甲 374-114，第 43—46 页。
② 《锡良任山东兖沂曹济道时禀稿》（光绪二十三年二月二十八日），档号：甲 374-114，第 47 页。
③ 《锡良任山东兖沂曹济道时禀稿》（光绪二十三年六月二十八日），档号：甲 374-114，第 74—76 页。
④ 《山东巡抚李秉衡致总署电》，中国第一历史档案馆、青岛博物馆、青岛市社会科学研究所编：《德国侵占胶州湾史料选编，1897—1898》，济南：山东人民出版社，1987 年，第 128 页。
⑤ 《臬司毓贤等致山东巡抚李秉衡电》，《德国侵占胶州湾史料选编，1897—1898》，第 131 页。
⑥ 《臬司毓贤、兖沂曹济道锡良致山东巡抚李秉衡电》，《德国侵占胶州湾史料选编，1897—1898》，第 132 页。

不准留任"的官员，锡良因此受到了清廷的惩处。清廷先是对锡良给以交部议处的处分，[①]之后，又给以"革职留任"的处分。[②]对于清政府屈服于德方无理要求的做法，锡良感到难以接受，他曾以"外交事件多棘手"为由，向巡抚张汝梅请求引退。张汝梅复函挽留说："公义私情，断无任执事远引之理"，劝其"勿遽萌高蹈之见"。[③]此后，锡良仍有回函请辞，但均未能如愿。

在曹州教案发生后的较长时间内，锡良的心境颇为抑郁。这不仅是因为其个人受到了严厉的惩处，还因为深受其敬重的李秉衡也因此事而受到了开缺处分。锡良与李秉衡的关系是锡良到山东省之后逐渐亲密起来的。对于李秉衡这一上司，锡良颇为敬佩，这从其与李秉衡的通信里就能看出。他写道：

> 初五日奉到初一日手谕，敬悉。赵工吕工均已合龙闭气，西韩家亦将堵合，陈庄引河勒限挖通。宪台乘一叶扁舟，于洪涛巨浪中风餐露宿，将及两月，督饬兴作，用能克日完工，拯民水火。然已劬劳太甚，请早日命驾旋省为盼。职道回署料理积牍，七八日衙斋静坐，遥想宪台亲冒海天风雪，踌躇不安。[④]

李秉衡勤勉干练的形象在锡良的心中留下了深刻的印象。当然，锡良也深受李秉衡敬重，李倚其为重要的助手，重要的问题都与其探讨。锡良认为，李为其生平难逢之知音，二人已然超越了同僚关系。[⑤]此后，锡良在李秉衡调任四川总督后，即向李表明心迹，表示愿随其赴川任职。[⑥]然而，在曹州教案中，李秉衡却因德国方面的无理要求而遭罢官，锡良亦因该教案遭到处分，这使其颇为愤懑。听闻李秉衡请求引退，他立即写信给李秉衡，谓：

> 窃以为今日时势而论，不惟我宪台引退为宜，即职道年力正强亦

[①] 《清实录》第 57 册，《德宗景皇帝实录（六）》卷 413，光绪二十三年十二月戊寅，第 401—402 页。
[②] 《清实录》第 57 册，《德宗景皇帝实录（六）》卷 414，光绪二十四年正月乙未，第 414 页。
[③] 刘薇：《"曹州教案"新议》，《辽宁师范大学学报（社会科学版）》2001 年第 5 期。
[④] 《锡良任山东兖沂曹济道时禀稿》（光绪二十二年十二月初六日），档号：甲 374–114，第 30—33 页。
[⑤] 《锡良任山东兖沂曹济道时禀稿》（光绪二十三年九月初七日），档号：甲 374–114，第 85—89 页。
[⑥] 《锡良任山东兖沂曹济道时禀稿》（光绪二十三年九月二十八日），档号：甲 374–114，第 91—94 页。

亟思罢斥，盖劳苦固所不辞，而挫辱实所不堪。况官愈大，辱愈甚，任愈久，辱愈多，有何足恋，进不如退，退不如早之为得也。惟念宪台一身，为两间正气所钟，一身之隐见、正气之屈伸系焉，君子小人之消长系焉。汲黯在朝，淮南生忌，司马入相，敌人守盟，贤人去留关乎天下轻重，宇内喁喁仰望，德辉炳耀，诚非浅鲜矣。东海夷氛愈让愈炽，不知何所底止，而备御毫无，祸患更不堪设想，时艰日迫，忧愤填胸，何时训诲，重亲思之神往。冬风凛冽，为国珍重，临禀依依，不知所云。①

从上可知，锡良与李秉衡情谊之浓烈。看到李秉衡请退，锡良亦因不堪挫辱而萌生了"退意"，颇有与李秉衡共进退之意。当李秉衡确实遭到清廷开缺的消息传来时，锡良感到长城顿失，"时事真不可为矣"。他对前途是非常迷茫的，"海内茫茫，何处是乐土，以辞爵禄为荣，尤以离人世为快也"。②此后，他又向李秉衡表示：

> 至于时局日益离奇，无人不为愤恨。自读十一月十八日邸钞，益觉心灰意索，浩然长叹。只以在任一日，不得不强作精神，勉力办理。巨野之案至今仍无发落，余更消息杳然，令人闷闷，东事亦无可道者。③

可见，曹州教案对锡良的打击是非常巨大的，其抑郁的心境中含有对清廷外交失败的愤恨，他一度对国家的前途及方向充满迷茫和怀疑之情。不可否认，作为僚属，锡良与李秉衡如此坦诚地交流显然应有某种政治诉求或政治利益的因素。多年后，时任东三省总督的锡良与僚属谈起日渐颓败的时局，说："我庚子年在湖南带兵勤王，与李鉴帅同行。他好福命，就死了。我到今日受罪，你们只当我是个疯子。"④显然，锡良一直未能忘记李秉衡，李氏已成为他某种精神层面上的政治图腾。

---

① 《锡良任山东兖沂曹济道时禀稿》（光绪二十三年十一月十九日），档号：甲374-114，第95—97页。
② 《锡良任山东兖沂曹济道时禀稿》（光绪二十三年十一月十九日），档号：甲374-114，第95—97页。
③ 《锡良任山东兖沂曹济道时禀稿》（光绪二十三年十二月初三日），档号：甲374-114，第100—101页。
④ 《黑龙江提学使张愉谷致张亮清家书》（宣统元年六月初十日），中国社会科学院近代史研究所图书馆藏，档号：户101。

第三节　意志坚定的"后党"

光绪二十四年三月十三日，到达山西之后锡良即被委以重任，署理山西布政使一职。[①] 是年八月二十二日，他就升任为山西按察使。[②] 升任之后，锡良即请入都陛见，[③] 受到慈禧的准许。进入京师，锡良受到召见三次，"训诲周详，无微不至"。[④] 锡良再次回到山西是在该年十一月二十六日，因曹州教案而受到的处分在这时得以销除。[⑤] 不久，他就被调往湖南任按察使，但很快即升任湖南布政使。[⑥] 这一切对锡良来说亦有出乎意料的感觉。他在到任湖南布政使折内写道："伏念奴才甫调冀方，旋陈臬事，曾涓埃之未效，乃迁擢之频膺，固深感恩图报之忱，益增任重材轻之惧。"[⑦] 这虽然是清朝各省疆吏谢恩奏折应有的格式，但从锡良的状况来讲，似乎是实情。颇值得注意的是，锡良这一系列升迁均发生在光绪二十四年。这一年正是光绪帝锐意推行维新，实行戊戌变法之时，也是帝后党争最激烈的一段时间，锡良的升迁必然与戊戌维新有着莫大的关系。这一时期，锡良对维新变法是怎样的态度呢？

一、戊戌维新时期的"后党"

事实上，还在山东任职时锡良就曾对清廷的某些改革发表过自己的见

---

① 《接署晋藩谢恩折》，《锡良遗稿：奏稿》，第1页。

② 《清实录》第57册，《德宗景皇帝实录（六）》卷428，光绪二十四年八月癸卯，第617页。

③ 《补授晋臬谢恩折》，《锡良遗稿：奏稿》，第2页。

④ 《晋臬到任谢恩折》，《锡良遗稿：奏稿》，第2页。

⑤ 《山西按察使锡良奏为奉懿旨开复处分谢恩事》（光绪二十五年正月初六日），中国第一历史档案馆藏，朱批，档号：04-01-12-0588-060。

⑥ 《补授湘藩谢恩折》，《锡良遗稿：奏稿》，第3—4页。

⑦ 《湘藩到任谢恩折》，《锡良遗稿：奏稿》，第4页。

解。当时清廷正有意接受赫德所提出的改革土药税以增加税收之事，对此，锡良表现出强烈反对的意向，其理由就是外国人可能通过财政扰乱中国社会秩序。其言曰：

> 窃思本朝圣圣相承，深仁厚泽，虽咸同间发捻蹂躏半天下，度支告匮，朝不谋夕，而未尝发令括财，行一扰民之政。所以人心固结，卒能易乱为治。自马关定约以来，已觉气颓体解，民为邦本，岂可再有动摇。部中听何人言岁加土药二千万税银，是必奸夷惟恐中国乱之不速，生此毒计，而愦愦者流惟命是听，真可痛哭流涕者也。①

可知，锡良对中日甲午战争后"气颓体解"的状况已有所了解，认为此时并不应推行改革土药税收这一扰民之政，对赫德这一外国人所提议改革之事存有强烈的敌意，认为是"奸夷惟恐中国乱之不速，生此毒计"，扰乱中国社会。② 由此可知，锡良对于改革，特别是由外国人提议的改革存在着深深的敌意，这无疑在某种程度上表现出他保守的一面。而光绪帝推行的维新变法，急速地推行西式的政治体制，显然难以获得锡良的认同。

关于锡良对维新变法的态度，在其日记中有所体现。谓：

> 光绪二十四年四月廿八日，刘幼堂学使拜会，谈及召见康长素、张元济等人，恐从此开门户之见，甚不以《时务报》为然，谓梁起〔启〕超诸人才策诚有，如真抱忠爱之忱，何忍目无君长，肆无忌惮。洵笃论也。
>
> （光绪二十四年六月）十四日，晴，刘幼云学使来谈，张香帅所著《劝学篇》议论正大，足以正人心息邪说云云。……

---

① 《锡良任山东兖沂曹济道时禀稿》（光绪二十三年六月廿八日），档号：甲374-114，第74—76页。
② 美国学者 Roger V. Des Forges 在其书《锡良与辛亥革命》中提出锡良是因曹州教案而对西方的美好看法破碎的。（参见 Roger V. Des Forges, *Hsi-Liang and the Chinese National Revolution*, New Haven and London Yale University Press, 1973, p.8）可见，锡良甲午中日战争之后就对外国人存有戒心。

（六月）十五日上院，请将京发《劝学篇》迅速刊刻，广为散放，蕲帅亦以为然。……

（六月）十六日奉发《劝学篇》，饬令刊刻。其书内篇九以正人心，外篇十以开风气，与《时务》诸报专意变洋忘本迥别，遂交李葆生觅匠刊刻。①

其日记中所谓"邪说"，无疑是指康有为等人的维新变法思想。此时，锡良虽未直接发表见解，但对同僚所谈反对康有为存有"门户之见""目无尊长"等言辞，颇为认同，认为是"笃论"。此后，他又向巡抚胡聘之建议，颁发"足以正人心息邪说"的《劝学篇》，予以抵制。而且，他的动作甚为迅速，不到三天即刊发该书。由此可见，锡良并不认同康梁等人的主张，且有抵制维新变法之意。所以，在得知慈禧重新垂帘之后，锡良的心情显得格外轻松。他在日记里写道："（八月）十五日……接平字十一号云，皇太后垂帘之日，天气晴朗，人心大定。"细绎"天气晴朗，人心大定"八字，以政治意涵而言，其味深长，既表明慈禧太后的垂帘深得人心，也反映出锡良对慈禧所推行政策的赞同。

或许正是这一政治态度，使锡良在这一时期获得了迅速升迁。八月二十二日，清廷发布上谕，令锡良接任山西按察使一职。众所周知，慈禧发动戊戌政变后，于八月初六日重新训政，再度掌握大权。因此，锡良的调动显然是慈禧在政变后重新调整人事布局的一环。随后，锡良即获得晋京面见慈禧的机会，循例受到了三次召见，"训诲周详，无微不至"。②未久，锡良又接获清廷电谕，令其出任湖南按察使。当时湖南是推行新政最为有力的省份，而湖南巡抚陈宝箴等官员因支持光绪的新政措施而为慈禧所撤换。所以，让锡良出任湖南按察使，必然有慈禧意图整顿湖南政治生态的考虑。慈禧希望借此调派值得信任的官吏填补该省之权力真空，以便重新掌握政局。

① 《晋垣随笔》，《锡良手稿》（1898—1907），中国社会科学院近代史研究所图书馆藏，档号：甲374-96.〔〕内之字，乃笔者修正。以下皆同，兹不赘述。

② 《晋臬到任谢恩折》，《锡良遗稿：奏稿》，第2页。

旋即，清廷诏令锡良出任湖南布政使。[①] 颇值一提的是，戊戌政变后，慈禧一度有意让保守的毓贤出任湖南布政使，[②] 不知何故，毓贤调往他省，于是，锡良调任湖南布政使。显然，在慈禧看来，锡良具有与毓贤相等的作用。值得注意的是，毓贤亦是旗人。[③] 可知，锡良保守的政治态度和旗人的身份帮其赢得了慈禧的信任，这或是他得以迅速升迁的重要原因。

此后，升任湖南布政使的锡良再次入都觐见。在这次觐见中，慈禧直接表示："教你来，为听几句真话。"[④] 这说明锡良以"敢言"而深得慈禧之心，但未知他说了哪些"真话"。在这次谈话中，锡良向慈禧表达了对她安危的担忧。他直言反对慈禧驻跸颐和园，认为那样会使"京外人心不安"，请慈禧此后能常驻都城，"无游园亭，停工作"。[⑤] 对此慈禧表示接受，但并未履行承诺。此后，锡良又以奏折的形式对慈禧驻跸颐和园的举动进行劝诫。他认为当时中国的祸患并不单单在于外国，而是"每伏于隐微"。国中"顺夷逆党者，到处恐所不免"，要避免这些祸患，"要在强固根本，周密防闲，庶几化险为夷，可免危生意外"。在他眼中，所谓根本显然是慈禧。他随后指出，"颐和园风景虽佳，而园外即同旷野，墙垣非峻，宫闱庭宇亦不邃深，少派兵不足以资拱卫，多派兵适足以示弱，为外人所轻。况咫尺禁御，设或有万分之一，虽百万貔貅，亦不能施其力于分寸之地、俄顷之间，言之至为心悸"。因此表示"无不为忧虑，咨嗟叹息"，劝慈禧"早赐回銮，人心安定，大局幸甚"。[⑥] 通过这些言论，锡良向慈禧表明了自己的忠心，在当时无疑为"后党"一员。

---

① 《补授湘藩谢恩折》，《锡良遗稿：奏稿》，第 3—4 页。

② 《锡良手稿》，光绪二十四年八月廿二日，档号：甲 374-96。

③ 毓贤为清末汉军正黄旗人。参见陈旭麓等编《中国近代史词典》，上海：上海辞书出版社，1982 年，第 733 页。

④ 《锡良手稿》，光绪二十五年三月初四日，档号：甲 374-96。

⑤ 《恪斋日记》，光绪二十五年四月十五日，卷五，第 44 页。此处的"停工作"，应指锡良希望慈禧能停止兴修颐和园等工程。

⑥ 《密请早赐回銮折》，《锡良遗稿：奏稿》，第 31—32 页。

二、东南和局下的勤王统帅

然而，他的这份忠心在庚子勤王中似乎有所弱化。在庚子勤王中，锡良作为两湖勤王军的统帅，率军北上，然迟延徘徊于战局之外。之所以出现这种情况，其中充满了张之洞等人的政治筹算和时局变动带来的不确定性等因素的影响。

光绪二十六年，义和团进入京津地区，势力大张。帝国主义者颇为不安，要求清政府镇压义和团运动。1900 年 4 月初，美、英、法、德四国公使联合照会清政府，限"两月以内，悉将义和团一律剿除，否则将派水陆各军驰入山东、直隶两省，代为剿平"。12 日，俄、英、美、法等国舰队齐聚大沽口，再次照会清政府，"若于两月以内不能镇抚，则各国联合以兵力伐之"。① 此时，以端王载漪为首的顽固排外势力在清政府内部占据上风，他们主张利用义和团来对抗外国势力。各国公使眼看形势已朝着对他们不利的方向发展，便策划直接出兵干涉。四、五月间，帝国主义各国组成八国联军开始向京津地区进发。

为了应对八国联军的侵略，清廷以"因民教寻仇，匪徒乘机烧抢，京师内外扰乱已极"为由，用六百里加紧谕旨，要求各省总督及巡抚派遣"得力将弁，统带数营，星夜驰赴京师"勤王。② 接到谕旨之后，两湖督抚即做出了不同的反应。湖北巡抚于荫霖认为，两宫忧危，"为臣子者惟有竭心尽力，以期上报国家"，③ "若再迟迟其行，不但于心不安，吾等将受天下之责矣"，因此，他一再催促张之洞迅速派兵，④ 并主动提出带兵入卫。张之洞则认为已有和局将定的传言，即便派遣勤王军到达北京，大局安危已定。但为了体现"臣子之义"，张之洞又表示"此军断不可不派"，但其作用仅限于"万一

---

① ［日］佐原笃介：《八国联军志》，中国史学会主编：《义和团》（三），上海：上海人民出版社、上海书店出版社，2000 年，169 页。

② 《清实录》第 58 册，《德宗景皇帝实录（七）》卷 464，第 76 页。

③ 《悚斋日记》，光绪二十六年六月初二日，卷五，第 9—10 页。

④ 参见《悚斋日记》，光绪二十六年五月二十四、二十九日，六月初七日，卷五，第 8—10 页。

不幸，便扈卫两宫圣驾"。^①显然，张之洞并不赞成迅速北上入卫，而是主张静待大局明朗，再有所行动。

事实上，张之洞并不赞同清廷借助义和团对抗各列强的政策，他联合了刘坤一等督抚与列强谈判，进行东南互保的活动，然而，他又不想承担违抗清廷旨意的责任，需要派遣军队勤王，以显示其忠诚。这就需要选择一个既懂得维持与列强的和平、又能体现对清廷的忠心的人物来统领这一军队。可见，如何控制勤王军的走向是张之洞面临的重大难题。而张之洞作为湖广总督，名义上管辖着两湖地区，因此他须对两湖勤王军负责。素来迂腐^②的于荫霖出任勤王军统帅，亦非张所乐见。当然，两湖勤王军的统帅并非张之洞一人所能决定，仍需要与于荫霖等人协调立场方能确定。

时任湖南藩司锡良成为这一人物的合理选择。首先，锡良与于荫霖的私交颇笃。对于这一点，于荫霖的日记可以佐证，谓：

> （光绪二十一年）十一月初十日，沂州府尖，晤锡太守良清弼……清弼笃正而机警，所言多可行，办事材也。
>
> （光绪二十五年）四月十五日，湘藩锡清弼良同年到，得畅谈。清弼劝太后无游园亭、停工作，太后纳之。太后圣德可钦，清弼忠爱可敬，闻之心感。
>
> （光绪二十五年）二月十六日，约清弼、晓帆吃饭，雨亭作陪，到此第一番招客也。是日畅谈。
>
> （光绪二十五年）二月十九日，清弼来辞行，留共便饭，与星海共三人，谈尤快。
>
> （光绪二十七年）九月初八日……清弼来拜，陆凤石亦来。
>
> （光绪二十七年）九月初十日，偕清弼同到府瞻仰行宫。
>
> （光绪二十七年）九月十二日，约清弼来谈，便饭。雇一敝车，带一仆，跨坐。其俭质，为吾所不及，真可敬佩。

---

① 《致长沙俞抚台、锡藩台》（光绪二十六年五月二十七日），赵德馨等编《张之洞全集》第10册，武汉：武汉出版社，2008年，第8024页。

② 《清史稿》卷448，第12523页。

（光绪二十七年）九月十九日，偕清弼赴西关，谒周公庙，二程子、邵子祠。[①]

……

从材料中可以看出，于荫霖最初接触锡良是在山东沂州府，锡良给于荫霖留下了较好的印象。此后，时任湖北巡抚的于荫霖又一次见到赴湖南布政使任的锡良，与他"畅谈""谈尤快"，"第一番招客"也是为了锡良。凡此种种行为，均可见锡良与于荫霖关系之融洽。这一融洽的背后不乏李秉衡对锡良极力赞誉之功，锡良个人特有的魅力也发挥了极大作用，如锡良劝谏太后"无游园亭、停工作"，令于"闻之心感"；对于锡良平素的简朴生活，于称其"真可敬佩"。二人还共"谒周公庙，二程子、邵子祠"，显示出双方有共同的理想追求。显然，张之洞也了解锡良与于荫霖的友谊。

其次，张之洞判定锡良不会支持义和团。在张之洞的心目中，锡良"是一个性格很不相同的人物，他没有名气，但却很想维护秩序和履行条约的义务"。[②]锡良与张之洞的关系亦颇好。锡良在赴任途中经过武昌时即受到了张之洞的热情款待。对此，锡良在其日记中有所记载：

（四月）十五日……禀谒张香涛、于次棠中丞，均极亲近。

十九日辰刻，香帅携酒饭来会馆，谈三时许，激昂忧愤，沉痛之极。[③]

虽然不清楚张之洞与锡良交好背后有何因素，但从二人谈话能达到"激昂忧愤、沉痛之极"的境界来看，二人的私交显然亦颇好。由此可知，锡良是一个能游走于张之洞与于荫霖之间的官员，所以，在政治妥协的情况下，锡良似乎成了张之洞和于荫霖都认可的统帅人选。

于是，张之洞以两湖军队派兵不多、"不成大队，声威不壮"为由，致电湖南巡抚俞廉三、藩司锡良，筹议由湖南派大员统率湖南、湖北军队入

[①] 参见《悚斋日记》，卷三，第52页；卷五，第44页；卷六，第42—43、48页。

[②] 胡滨译：《英国蓝皮书有关义和团运动资料选译》，北京：中华书局，1980年，第360页。

[③] 《锡良手稿》，光绪二十五年四月十五、十九日，档号：甲374-96。

卫。原本湖北方面于荫霖拟亲率湖北勤王军北上，张之洞以其"病未大愈，军旅似不甚便"为由，拒绝了他的要求。同时，参考陕西派按察使升允统率马步八旗赴援之例，他认为若由"坚强而又精细"的湖南布政使锡良总统该军，"最为郑重得体"。^①隔日，湖南方面即回电，称"商派锡良统兵北上，论湘事万难离开，然入卫事重，两省合军，断不容辞"。^②随后，张之洞与于荫霖联合上奏，"遵旨会派湖南布政使锡良带兵北上"，"较之更易生手，似觉稳妥"。^③事实上，对于这一结果，于荫霖仍不满意，他认为"南北两军成行，尚未有日，此事真令人愧憾"。^④可知，于荫霖对时局非常焦急，希望能早日勤王北上，但这并非反对锡良出任勤王军之统帅。于荫霖曾以李秉衡的名义向锡良表示"盼公速行"，并询问他何日起程。^⑤锡良也明了于荫霖焦急的心情，向他表示"鄂军请先行"。^⑥此后，于又有意亲自率队入卫，但最终不了了之。^⑦由此观之，当时两湖督抚诸人对如何执行清廷的命令仍存在着不同的意见。虽然二者争论的意图不明，但可以肯定的是，于荫霖显然坚持督抚为清廷在地方的利益代表的原则，表达忠君的理念，而张之洞则在某种程度上有转向督抚为地方群体利益代表的趋向。对此，锡良又是如何抉择的呢？

收到出任勤王军统帅的命令后，锡良即与张之洞等人交涉，要求增加两湖勤王军人数。原本在张之洞等人的规划中，湘鄂两军合为一军，大约人数在三千。但锡良主张要多带兵北上勤王，俞廉三则以"湘力已竭，且非剿夷，营多无益"为由，认为锡良"不知行军转饷之难"。^⑧最终协商，两湖勤王军总数在五千人。这不能不令人怀疑，锡良是否亦与于荫霖的主张相

① 《致长沙俞抚台、锡藩台》（光绪二十六年五月二十七日），《张之洞全集》第10册，第8024页。

② 《俞抚台、锡藩台来电》（光绪二十六年五月二十八日），《张之洞全集》第10册，第8024—8025页。

③ 《清实录》第58册，《德宗景皇帝实录（七）》卷464，光绪二十六年五月辛酉，第76页；《会派藩司统军北上折》（光绪二十六年六月二十五日），《张之洞全集》第3册，第563页。

④ 《悚斋日记》，光绪二十六年六月初五日，卷五，第10页。

⑤ 《锡良手稿》，光绪二十六年六月初八日，档号：甲374-96。

⑥ 《锡良手稿》，光绪二十六年六月初九日，档号：甲374-96。

⑦ 光绪二十六年六月初十日，于荫霖电致锡良云："台旆十二三启行，甚盼。鄂五营非初十后不能齐，霖因虑洋枪子药不足，现正赶造抬枪，招募两营，拟请自带北上，尚未能即日成军。并闻。"（《锡良手稿》，档号：甲374-96）可知于荫霖勤王之急切。

⑧ 《俞抚台来电》（光绪二十六年五月二十八日），《张之洞全集》第10册，第8025页。

同。张之洞再一次向锡良等人表示，"京津各处拳会太炽"，"两宫不免为所挟制"，^①希望锡良能体察其苦心。

　　或正因如此，张之洞并未将两湖勤王军的控制权完全交予锡良。为了控制两湖勤王军的走向，张之洞向锡良表示，"清江浦刘岘帅电阻行走，信阳州正修铁路，亦属不宜"，^②一度还希望锡良能走路线复杂而难行的襄阳一线北上，但遭到了锡良、俞廉三等人的抵制，最终同意锡良经由信阳北上勤王。只是线路与原来略不同，使其行军时间由七日延长至九日。锡良到了武汉后仍有意取道清江浦，北上勤王，并通过张之洞向刘坤一表达了这一意思。但刘坤一回电仍力阻该北上路线，这使锡良颇为愤懑，在日记中骂刘"不知是何肺肠"。^③可知，锡良有意迅速北上。与此同时，张之洞精心挑选勤王军将领，选派在湘军营官中资望颇深的方友升出任鄂军统领，^④显然他希望通过方友升在一定程度上牵制锡良的行动。此外，他还将解送京饷的任务交给了这支勤王队伍。张之洞还通过电报等手段，控制着行军的步调，如在锡良所率湖南劲字营快速前进时，他就命令方友升挑选精健部队赶上锡良，以便两军合军齐进。^⑤需要指出的是，张之洞的这些措施，并非其个人行为，而是以张之洞、刘坤一为代表的东南互保督抚所采取的联合行动。

　　出任两湖勤王军统帅之后，锡良迅即于六月初一日接统劲字营。^⑥十三日他率劲字营启程北上，十五日到武昌。其间，锡良曾邀请赵尔丰等心腹同僚同赴京师勤王，可知他确有意于迅速入卫京师。由于张之洞的刻意延缓和锡良本人生病等因素，迟至廿七日，锡良方从武昌启程北上。途经滠口、黄陂县、杨店、孝感县、云梦、德安府、应山、平靖关，七月初七日抵达信阳

---

① 《致长沙俞抚台、锡藩台，岳州颜道台》(光绪二十六年六月初六日)，《张之洞全集》第 10 册，第 8070—8071 页。

② 《湘水双鱼》，光绪二十六年六月廿六日，《锡良手稿》，档号：甲 374-96；《致长沙俞抚台、锡藩台》(光绪二十六年六月十三日)，《张之洞全集》第 10 册，第 8104 页。

③ 《锡良手稿》，光绪二十六年六月廿七日，档号：甲 374-96。

④ 《致长沙俞抚台、锡藩台》(光绪二十六年六月初七日)，《张之洞全集》第 10 册，第 8075 页。

⑤ 《致信阳朱道台转统领武功军方镇台友升》(光绪二十六年七月十四日)，《张之洞全集》第 10 册，第 8212 页。

⑥ 《俞抚台来电》(光绪二十六年六月初一日)，《张之洞全集》第 10 册，第 8056—8057 页。

州，这与张之洞为其设计的路线略有不同。[①] 曾有传闻锡良自带军队沿京汉铁道北上时，遭到张之洞所派军队的截留。[②] 根据张之洞前后所主张，可知此并非空穴来风。到达信阳后，锡良重新规划了行军事宜，由其所率湘军劲字营迅速进军北上，鄂军武功营则在后押解京饷等物缓慢行走。[③] 然而，各营子药沉重，车少，半滞中途，士卒亦多疾病。[④] 而遭到清廷两次发布"六百里加急"严旨催促[⑤] 的张之洞，一度希望锡良能等待方友升营赶上，齐头并进。[⑥] 这些因素致使锡良的军队行军较为缓慢，每日大约前进六七十里。这并不是锡良所期望的。锡良在得知李秉衡的死讯后，所上挽联中有"恨迂回遵陆"之句。可知，锡良对张之洞等人的路线是存在抵触情绪的。值得注意的是，即便在得知慈禧等人西幸晋省的消息后，锡良所部日行军速度亦只在四十里至七十五里之间，并未比以前快多少，可知"武功五营，因辎重稍多，兼之护解京饷及神机虎营各营子药，沿途车辆缺乏"[⑦] 等因素确实影响行军速度。当然，也不能否认其中有锡良等人观望缓行、以遥应京师的因素。[⑧]

至于为何锡良会观望迟延，其原因颇为复杂，笔者认为主要有两个原因：一是从这次勤王军的组织过程来看，勤王军在某种程度上代表了地方督抚的利益。根据当时的舆论，清廷发布各省征集勤王军入援的命令后，"鹿传霖、锡良等遥应之，而南方督抚皆不奉诏"。[⑨] 正因如此，张之洞通过人事的精巧

---

① 张之洞所设计的路线为由黄陂、孝武、云梦、安陆、应山、平靖关，至信阳，共九日。而锡良所走路线与此略有不同，由滠口双庙、杨店小河溪、广水驿、观音河一路行走，至信阳七日。(《锡良手稿》，光绪二十六年六月十七、廿八、廿九日，七月初一、初二、初三、初四、初五、初六、初七日，档号：甲374-96)

② 黄濬：《花随人圣庵摭忆》中册，"赵凤昌与东南互保"条，北京：中华书局，2008年，第459—460页。

③ 《锡良手稿》，光绪二十六年六月廿三日，档号：甲374-96。该日锡良得到方友升信函云："十六日已到信阳，又奉督抚堂文，催速行焉。"可知锡良所带劲字营先于方友升所带鄂军武功营七日，已处于前方。

④ 《锡良手稿》，光绪二十六年六月十一日、廿三日，档号：甲374-96。

⑤ 金家瑞、林树惠编：《有关义和团上谕》，七月癸丑（十四）、戊午（十九），《义和团》（四），第36—37页。

⑥ 《致信阳朱道台、总统湖南湖北各军锡方伯、统带武功营方镇台（朱道台飞递）》（光绪二十六年七月二十一日），《张之洞全集》第10册，第8227页。

⑦ 《鄂湘两军留驻晋省以资守御折》，《锡良遗稿·奏稿》，第36页。

⑧ 黄鸿寿：《清史纪事本末》，上海：上海书店，1986年，第498—499页。

⑨ 《清史纪事本末》，第498页。

安排、路线的明确规定等各种举措来掌控勤王军的走向，这使锡良在指挥勤王军行动时受到颇多掣肘。其二则是锡良对时局的认识。在北上勤王过程中，锡良已然认识到"时局奇危"，①八国联军势不可当，这无疑让他颇为踌躇。他向河南布政使景星表达了要迅速北上的意向，但景星的回信再三嘱以"多磕头，少说话"。②可知，危乱而复杂的局势使地方官员不得不审慎地做出抉择。

锡良的延缓行动已然为舆论所注意，这似乎为其仕途蒙上了一层阴影。幸而，处于观望状态的勤王军并非只有锡良一人。清廷在谕旨中承认，"各省援兵到者不多"。③即便是在义和团运动中坚决地执行清政府命令的毓贤，他所属的勤王军也未能如期到达北京。

听闻慈禧西巡的锡良，并未如同以往史家所云立即前赴山西，因为直至七月二十九日，他仍对慈禧等人西幸"究系如何，尚未确实"。④可知，当时缺乏对慈禧等人的具体消息在一定程度上迟滞了他北上的步伐。七月卅日后，锡良奉到荣禄等人札文，命令他驻扎正定，收集溃勇。⑤八月初一日，锡良向荣禄等人禀请，由他自带卫队随扈入晋，得到许可后，再次启行。是月十三日他到达太原，十六日到黄土寨迎接慈禧等人，"蒙谕随扈"，⑥十七日随慈禧等人回到太原。

见到慈禧等人后，锡良并未受到任何惩处，按照《清史稿》所言，乃是"迎驾山西，立授巡抚"。⑦细绎《清史稿》之意，应指锡良护驾有功，从而抵消了他迟延之过。事实上，颇多西来护驾之人得到升迁，其中著名者有鹿传霖、瞿鸿禨等人。案之当时情势，大局糜烂，作为各地方督抚的代理人，各勤王统帅虽有所迟缓，但终究到达了慈禧等人身边，因此慈禧对诸人示以宽大并予以奖赏，显然有收买人心和团结各方势力的因素。此外，需要指出

---

① 《锡良手稿》，光绪二十六年七月廿六日，档号：甲374-96。

② 《锡良手稿》，光绪二十六年七月廿三日，档号：甲374-96。

③ 中国第一历史档案馆编：《光绪宣统两朝上谕档》第26册，桂林：广西师范大学出版社，1996年，第263页。

④ 《锡良手稿》，光绪二十六年七月廿九日，档号：甲374-96。

⑤ 《锡良手稿》，光绪二十六年七月卅日，档号：甲374-96。

⑥ 《锡藩司来电》(光绪二十六年闰八月初二日)，《张之洞全集》第10册，第8290页。

⑦ 《清史稿》卷449，第12531—12532页。

的是，慈禧等人西幸，走的是怀来、宣化、大同一线。这些区域当时属于察哈尔都统、绥远都统、归化将军管辖，这些人均为旗人身份。由此可知，此时慈禧太后显然更认同旗人身份的官员。无论如何，通过上述分析可知，锡良在庚子勤王中之所以迟缓，因素诸多，并不是他不愿急速北上。他的内心和行动，仍积极地与慈禧保持着一致，这显然得到了慈禧的肯定，这从此后他在西方列强极力打压的情况下仍能逐步升任可见一斑。

第四节　晋省防御战的主持者

一、议和大局下之晋东防御

光绪二十六年八月十七日，慈禧等人到达山西太原。锡良在此之前即已到达，不久即奉命出任山西巡抚一职。由于担心山西防御不能稳固，慈禧决定西幸西安。[1]临行前，慈禧召见了锡良，向其指出"晋省系属陕西后路，毗连直境，防守宜严"。[2]锡良奏对"欲守秦先保晋，欲保晋先防直，居庸、宣化、保定、正定、顺德希置重兵，直固晋安，陕亦稳如太山矣"。慈禧等"意甚以为然"。[3]为此，清廷留下富有军旅经验的四川提督宋庆、浙江提督马玉昆与锡良一起主持山西防务。然而，锡良的压力并未因此减小，反而因宋庆等人的怯战，不得已担负起防御八国联军西侵的重任。

最初，锡良以为"在境内不如守之境外"，提出"非扼守正定，不足固直南豫北藩篱而严晋东门户"的主张，并向宋、马调数营与湘鄂勤王军新旅

---

① 岳超：《庚子随行简记》，庄建平编：《近代史资料文库》第 6 卷，上海：上海书店出版社，2009 年，第 445 页。

② 《山西巡抚锡良折》（光绪二十六年闰八月十二日），故宫博物院明清档案部编：《义和团档案史料》北京：中华书局，1959 年，第 677 页。

③ 《致湖南抚臣俞》，《锡良任晋抚时函稿》，中国社会科学院近代史研究所图书馆藏，档号：甲 374-131。

进驻，对此，"宋、马均以为然"，他们已议定正定防御由守将董履高接办。待到八国联军至保定，宋、马顿翻前议，称"不可担此重任"。① 而新任直隶总督兼议和全权大臣李鸿章"密函令各官迎迓，勿抵拒"②的命令，更使宋、马有恃无恐。对此，锡良不禁感叹"此等怯将，尚拥多兵，焉得不见贼而溃乎，可恨"。③ 他后来回忆道："庚子之役，有兵不能一战，且反滋扰害。"④ 可知他的无可奈何，这加深了他对旧式军队的认知。

此后，锡良又与宋、马议定布防获鹿，但宋、马以其奉命防守太原，只负责布防平定州等晋省腹地为由，"竟不拨兵"，让锡良命原本驻防获鹿的毅军接统固关。这实际上表明宋、马不赞成锡良的提议。锡良深知获鹿为入山西之门户，"获鹿动摇，太原亦将震惊"，"是非添派重兵扼守获鹿，不能固晋东门户"。⑤ 不得已，他提出"把守关门，地方官应办之事，不敢撤换"。鉴于宋、马等人不愿提供将领，锡良不惜亲自前往该关督兵。后在山西司道官员及将领张成基表示愿往的情况下，锡良才放弃了这一行动。⑥ 与此同时，锡良向清廷指明获鹿固关之重要，上报清廷，请其定夺。清廷很快回函，云："洋兵西犯，防务紧要，正定洋人以带护教士为词难拒。晋省门户总以获鹿、固关为要，如何布置，务商宋马，联络各军严守。"⑦ 这实际上是肯定了锡良的策略。于是他再次与宋庆、马玉昆筹商，派所部各军进扎获鹿，但宋庆等人随即向清廷表示"维持和局，应归地方官接待"。⑧ 如此，造成了

---

① 《湘水双鱼》，光绪二十六年闰八月廿三日，《锡良手稿》，档号：甲 374-96；《致湖南抚臣俞》，《锡良任晋抚时函稿》，档号：甲 374-131。

② 《湘水双鱼》，光绪二十六年闰八月廿五日，《锡良手稿》，档号：甲 374-96。

③ 《湘水双鱼》，光绪二十六年闰八月廿七日，《锡良手稿》，档号：甲 374-96。据该月日记，有两个"廿七日"，当为锡良手误所致。此处所指为第一个"廿七日"。

④ 《密陈东省陆危恐牵全局亟宜练兵准备借以图存折》，《锡良遗稿·奏稿》，第 1233 页。

⑤ 《拟统武威等军驻扎获鹿折》，《锡良遗稿·奏稿》，第 41 页。

⑥ 《湘水双鱼》，光绪二十六年闰八月廿七日、廿八日，《锡良手稿》，档号：甲 374-96。此为第二个廿七日。张成基，字养田，与锡良交情颇深厚，此时为随锡良北上勤王之湖南将领。其后，他因带病赴关，在巡防中受寒，于光绪二十六年九月二十八日病故。对此，锡良亦颇顾念，奏请从优议恤并为其操办后事，还为其子嗣筹划生计问题。参见《锡良手稿》（档号：甲 374-96）及《锡良任湖南布政使及山西河南巡抚时文件》（中国社会科学院近代史研究所图书馆藏，档号：甲 374-196）。

⑦ 《湘水双鱼》，光绪二十六年九月初一日，《锡良手稿》，档号：甲 374-96。

⑧ 《宋庆马玉昆电》（光绪二十六年九月初七日），《义和团》（四），第 281 页。

"宋、马各军高会省垣，井陉、紫荆各关隘，皆系新集之军"的局面，虽然不久锡良获得马玉昆"毅然以战事自任"的承诺，[①]但马仅负责固关等关卡后路策应事宜，所以防御八国联军西侵的重任事实上是由锡良承担的，出现"大厦独支"之态。[②]

锡良亦知单一依靠其所带新军，并不足以抵御八国联军的西侵。他通过鹿传霖已知清廷求和之切。鹿传霖曾向其指出，山西因毓贤惨杀教士教民，已为洋兵"借口西犯，早为之所"，"如有犯晋，委近劝止，一面飞章入告。若遽接仗，军不足必搅和局"。[③]这样，锡良的防御就需要做到既能应对八国联军的侵扰，以保护清廷的后路，又能执行清政府维持和局的政策，维持"衅不自我开"的和平局面，即所谓"不战不得谓之守，以战为开衅，惟有拱手奉让耳"，时人更发出"大事去矣"的哀号。[④]此时，山西"风声鹤唳，候补人员半无固志"。[⑤]护理直隶总督廷雍更是向锡良表达了"战守和三字无一可筹"之困境。[⑥]对此，李鸿章则要求直隶地方官员大开城门，对经过之八国联军须出城迎接，以牛酒犒师。锡良显然并不认同，他认为"保守晋疆，即所以扈卫行在，不敢不用全力争之"。[⑦]他向清廷奏称："我处今日，虽不敢主战以重敌人之怒，断不可撤防以受敌人之欺"，"然我苟一无可战之具，卑辞厚礼，乞哀于人，则彼所以为和者，必将予我以不能自主、不能复振之势"。[⑧]其间，以牛酒犒师的廷雍被八国联军杀害后，锡良向清廷提出

[①] 《湘水双鱼》，光绪二十六年九月初二日，《锡良手稿》，档号：甲374-96。马玉昆之所以积极参与，或与其与宋庆之间的矛盾有关。马玉昆因宋庆在如此变乱之中仍以生日宴客而腾章弹之，由是宋、马不和，"有互攻之说"。参见唐晏《庚子西行记事》，光绪二十六年十月十五日，《义和团》（三），第482页。

[②] 徐继畬：《答王筱汀》，《徐悔斋集》，1935年大梁刻本，卷八，第8—9页。按，当时西行至此的唐晏亦亲见宋庆、马玉昆之军皆驻于太原。参见唐晏《庚子西行记事》，光绪二十六年十月十五日，《义和团》（三），第482页。

[③] 《锡良手稿》，光绪二十六年九月初一日，档号：甲374-96。

[④] 《答李心海》，《徐悔斋集》，卷八，第3页。

[⑤] 《调已革道员泽宣等来热差委折》，《锡良遗稿·奏稿》，第271页。

[⑥] 《锡良手稿》，光绪二十六年闰八月廿二日，档号：甲374-96。该日护理直隶总督廷雍在得知八国联军西来保定时向锡良发电文如此感叹。

[⑦] 《锡良手稿》，光绪二十六年十月初二日，档号：甲374-96。

[⑧] 《锡良任云贵东三省总督及热河都统时文件》，中国社会科学院近代史研究所图书馆藏，档号：甲374-196。这是锡良任山西巡抚时期的一份密折，乃筹议庚子和局之文件，暂以"锡良密折"称之。

"尚未停战"之说，①也就是要求清廷继续实行抵抗政策。这并不表明他不在乎和局，他认为这样做正是为了和局。在他看来，"盖敌人之性，见利忘义，畏强侮弱。我若有以相待，彼必适可而止；我若一意退让，彼将肆为无厌之求，甚至求和而不可得"。②因此，他认为"遽与决裂固恐有碍和局，而放敌入关，实所不可"，"拟接以礼貌婉劝折回，倘彼竟以枪炮相加，亦断难束手以待"，③即建议采用只守不战的策略，所谓"来则迎击，去不复追"，④以此期望达到"衅不我开"的局面。他意识到如此做法，势必会束缚防御官兵的手脚。为了鼓励部属勇于抵抗，他亦向其部属表示"敌人若来，惟有力阻，将来彼若借口诏书诘责"，愿"身任其咎，决不累及麾下"，"总之，保守晋疆，即所以扈卫行在，不敢不用全力争之"。⑤后来，在井陉东天门，法国军队一再挑衅，清军主动占据山头抵抗，迫使其"蛇伏以遁"。⑥这种"主动"行为在当时被视为破坏和局，锡良却对有功人员进行了奖励，可见其确实有意阻击联军西侵。但这一策略已然使山西防军处于被动挨打之地，其后德法军队在晋东屡屡得手即缘于此。

当然，为保证在被动挨打的情形下，四面堵截，均能得力，锡良除认真督饬晋东各军外，亦竭力经营山西。在军事上，宋、马等人均注重保卫太原，极力经营山西内陆，加上当时驻留山西的勤王军约有四万人，"宋、马两帅经练之师，其余主客各军亦不下二三万"。⑦在与宋、马等人商议后，他"选派将弁，督兵分往沿边各关隘，严密防堵，以固边圉"。⑧为了使各地到山西的勤王军"联成一气，互为声援"，消除地方官与各客军的隔阂，他接

① 朱寿朋编：《光绪朝东华录》，北京：中华书局，1958 年，第 4560 页。
② 《锡良密折》，《锡良任云贵东三省总督及热河都统时文件》，档号：甲 374-196。
③ 王彦威辑：《清季外交史料》第 10 册，《近代中国史料丛刊三编》第二辑，台北：文海出版社，1985 年，第 4326—4327 页。
④ 王耀焜：《晋东防军纪略》，《义和团》（三），第 319 页。
⑤ 《锡良手稿》，光绪二十六年十月初二日，档号：甲 374-96。
⑥ 王耀焜：《晋东防军纪略》，《义和团》（三），第 321 页。
⑦ 《附：盛转锡抚阳电》（光绪二十六年十月初十日），顾廷龙、戴逸主编：《李鸿章全集》第 27 册，合肥：安徽教育出版社，2008 年，第 432—433 页。
⑧ 《直隶龙泉关都司秀昆请破格录用片》，《锡良遗稿：奏稿》，第 58 页。

受了时任知府徐继孺等人的建议，[①] 授固关等地方官以营务处之衔，以加强地方军事将领联系，达到"事权归一"、提高行政效率的效果。为此，锡良派遣与其颇有交情的赵尔丰等人经营固关等晋东各地营务处。[②] 同时，他饬令防守要区太原府、汾西府先行认真举办团练，"树之准的"，然后各地仿效办理，最终通省皆办。在他看来，团练"不特可以保身家，抑且可以制盗贼"，做到"表里山河，隐然有长城之可恃"。[③] 显然，锡良期望以此作为后路保障，及时防堵八国联军任何突入山西腹地的行为。

此外，锡良还要应对山西旱荒所造成的社会动荡。1899—1900年间，"晋省南北郡县，连年因旱歉收"[④]，"重者颗粒无收，轻者收成歉薄"[⑤]。严重的灾害使山西"旱乡之民，壮者多逃于外，老弱妇女四出拾槐豆、扫蒺藜以食，树皮都刮尽"。[⑥] 灾民随时会"饥驱为盗"，这将严重威胁清政府的统治，尤其是在德法联军西侵的境况下，如处置不当，将出现"内讧外侮，相逼而来"的局面。[⑦] 为此，锡良积极地采取了蠲免租税、截留漕粮、奏办实官赈捐和地区粮食调剂等措施，[⑧] 极力筹办灾赈。同时，锡良又奏参惠格等山西官员，以整肃官场而维护社会安定。这些措施确保了山西社会在八国联军西侵期间总体上保持了安稳的态势，也使晋东防御少了后顾之忧，并有可靠腹地的保障。

除了山西的准备外，锡良还希望清政府能令董福祥、袁世凯、宋庆等人出动军队，从不同的方向牵制敌势，配合其筹防之行动。具体而言：

> 除山西由奴才筹防守外，应请迅移董福祥之军进扎正定、栾城之交，以遏敌人南犯之路。山东密迩海疆，虽不可再行开衅，然德州一带与直接境，人臣大义，断无作壁上观之理，应请饬下袁世凯密派一军，

---

① 《上山西抚台锡续陈晋省防守事宜禀》，《徐悔斋集》，卷六，第21—22页。
② 《委赵尔丰办理固关防军营务片》，《锡良遗稿：奏稿》，第56页。
③ 《上山西抚台锡续陈晋省防守事宜禀》，《徐悔斋集》，卷六，第21—22页。
④ 《山西巡抚锡良折》（光绪二十六年闰八月十二日），《义和团档案史料》，第677页。
⑤ 《筹办晋省赈务折》，《锡良遗稿：奏稿》，第63—64页。
⑥ 中国社会科学院近代史研究所《近代史资料》编辑组编：《义和团史料》，北京：中国社会科学出版社，1982年，第1019页。
⑦ 《免解京协各饷折》，《锡良遗稿：奏稿》，第46页。
⑧ 《筹办晋省赈务折》，《锡良遗稿：奏稿》，第63—65页。

由德州连营于束鹿藁城之间，名为自保，实缀贼，使不得西。以上两军既出，然后晋军东下井陉，趣获鹿，合东南西三面为掎角之势。而以程文炳驻阌陕之军移驻赵州顺德一带，以为三路策应，再令宋庆、马玉昆两军出没于大同、居庸，各路以牵制其北，观衅而动。难者曰，现以衅自我开为敌所持，若如再耀武，必碍和局，不知奴才此举正所以经和局也。盖敌人之性，见利忘义，畏强侮弱。我若有以相待，彼必适可而止；我若一意退让，彼将肆为无厌之求，甚至求和而不可得。故为今日计，愤兵不可有，应兵不可无。愤兵者，出而挑衅者也；应兵者，四面防堵，以备不虞者也。凡前所言，皆应兵也。①

当然，他明白，议和才是当前的大势所在。于是，他同时对清廷与各列强的和谈提出了自己的见解，谓：

奴才窃观今日大局，终归于和。然我苟一无可战之具，卑辞厚礼，乞哀于人，则彼所以为和者，必将予我以不能自主、不能复振之势。虽美其名曰不割地，而其害有万倍于割地者矣。盖地譬若肢体也，而政权、兵权、利权则譬若精血也，彼断我肢体之一，虽不得为完人，然精血苟充，犹堪运掉练习技勇，犹能健闻一朝发愤，未易亡也。若将精血全行摄取，肢体虽具，行止弗良，三尺童子得而蹈之矣。奴才为今日和局计，宁可割地，而政权、兵权、利权三者断不可失。然我苟不稍为战守之具，彼将横肆要胁，此三权者势必欲存其一而不可，此诚危急存亡之机，愚以为宜竭全力以争之，无惩前事而自弱，以成异日无及之悔，则宗社之福也。②

可知，他对于清廷要求和平之心颇为了解，但他明了和平并非仅通过放弃抵抗即能获得，所谓"我苟不稍为战守之具，彼将横肆要胁"。因此，锡

---

① 《锡良密折》，《锡良任云贵东三省总督及热河都统时文件》，档号：甲374–196。
② 《锡良密折》，《锡良任云贵东三省总督及热河都统时文件》，档号：甲374–196。

良向清政府提出在和谈过程中要注意利权旁落之巨大危害,维护某些根本性的利权,如兵权、政权、利权。在他看来,若能保存这些根本性的利权,即便割地亦在所不惜。由此可知,锡良所追求的乃是国家之独立自主。这就可以解释为什么锡良在这一时期一面抵抗、一面又对传教士等人采取保护举措。显然,无论是抵抗还是和谈,他的最终目的均是为了维护清王朝的根本统治不被列强侵食。现在看来,此处锡良的说法,在某种程度上存在着合理性。清政府覆亡后,时人再次回顾这一历史时,认为"清之亡,实亡于庚子而非亡于辛亥"。[①] 可见,此时签订的《辛丑条约》等丧权辱国的条约,已然使清政府处于危亡的边缘。

为了降低与八国联军发生冲突的可能性,锡良变通地采取了李鸿章开城迎敌的政策,"委员出境犒师",[②] 以便劝阻联军西侵。同时,他向清廷请求,派端方等因保护教士而为外国人所信服之人前往劝阻。[③] 另一方面,他直接或间接地与议和大臣李鸿章、张之洞、刘坤一等人保持联系,希求通过外交途径阻止联军西来。锡良还向清廷建言,应利用各国之间的矛盾,密令张之洞、刘坤一等与"各国领事,慷慨言之",[④] 以图尽早解决外交困局。

二、激战晋东与晋省教案

抱着获取更多利益目的而来的德、法等国[⑤]并不认为撤退军队就能获取

---

① 张一麐:《古红梅阁笔记》,上海:上海书店出版社,1998 年,第 52 页。

② 《清史稿》卷 449,第 12531—12532 页。

③ 《山西巡抚锡良电》(光绪二十六年九月初五日),《义和团》(四),第 280 页。

④ 《锡良密折》,《锡良任云贵东三省总督及热河都统时文件》,档号:甲 374–196。

⑤ 德国人是为了获取高额赔款,并且试图扩大战场,以便进入山东,获得更多在山东的权益。参见瓦德西《瓦德西拳乱笔记》,《义和团》(三),第 7 页。据马士所言:"法国是同德国合作的,但是它的行动用在保护教会和京汉铁路方面,在支持俄国政策方面,要比讨伐方面来得多。德国集中了它的力量在北京,它独自全心全意地推行讨伐性的远征的政策。"([美]马士:《中华帝国对外关系史》第 3 卷,上海:上海书店出版社,2006 年,第 343 页)原来法国此时还承担着保护传教士的责任,迟至 1906 年 1 月,法国在颁布政教分离法后,方才放弃了本国以外的在华天主教护教权。(参见[日]佐藤公彦《义和团的起源及其运动:中国民众民族主义的诞生》,宋军等译,北京:中国社会科学出版社,2007 年,第 770 页)

所需利益，因此，他们打着迎护教士的旗号继续向山西逼近。在张家口、正定等地做了一系列军事佯动之后，德法等军于九月初七日分兵四面猛攻紫荆关。总统陕军、山西布政使升允督兵竭力抵御，但最终因实力不济，紫荆关失守，一时山西震动。为了防止敌军乘势侵入山西，锡良一面电饬升允派兵坚守具有重要军事意义的广昌县，又立即飞咨绥远城将军、归化城副统领、调大同镇总兵官，"督率弁兵，会同各厅州县，严密巡防"，并派兵入驻代州、雁门等地择要堵遏。① 除此而外，他还发电给清廷和议和大臣李鸿章等人，请他们质问各列强，为何在议和期间仍然不断进兵，并向他们表示会尽力承担缉匪保教的职责，请他们"力阻洋兵西来，彼此共维和局"。② 在得到李鸿章、张之洞、袁世凯、奕劻等人极力为之说项后，德法军队"始允暂不来晋"。③ 随即，德法等军暂时退出了紫荆关，这使山西获得了短暂的安宁。不幸的是，督兵固关、获鹿的张成基此时病故，锡良无法调动客军，德法军队得以于廿九日进驻获鹿，使"晋省人心为之大恐"。④ 以往的研究直接将此归咎于宋庆主动撤退，显然未能明晰其他因素的作用。⑤ 这次战斗因参与国有德、法、英、意等四国，也被称为带有八国联军鲜明报复色彩的战斗。⑥

此战过后，清政府内部反对抵抗的声音日益增强，翰林院侍讲朱祖谋等人认为锡良等"素不知兵，如何能当大敌？"⑦部分握有实权的地方督抚对锡良的抵御行为不甚赞同，李鸿章及两江总督刘坤一甚至以停止拨解军饷为要挟，⑧试图迫使锡良放弃其抵抗行动。幸而，清廷对于锡良的行动仍颇为支持，湖广总督张之洞亦用接济枪弹的实际行动支持锡良，⑨如此，锡良才得以继续筹防山西，以御联军西侵。

---

① 《四川提督宋庆等折》（光绪二十六年九月十五日），《义和团档案史料》，第757—759页。

② 《附：盛京堂转晋抚锡来电》，《李鸿章全集》第27册，第386页。

③ 《致湖南抚臣俞》，《锡良任晋抚时函稿》，档号：甲374-131。

④ 《致湖南抚臣俞》，《锡良任晋抚时函稿》，档号：甲374-131。

⑤ 侯伍杰编：《山西历代纪事本末》，北京：商务印书馆，1999年，第754页。

⑥ 李德征、苏位智、刘天路：《八国联军侵华史》，济南：山东大学出版社，1990年，第374页。

⑦ 《清季外交史料》第10册，《近代中国史料丛刊三编》第二辑，第4432页。

⑧ 《忠毅军饷仍由江南拨解折》，《锡良遗稿：奏稿》，第49页；《请给振远军饷糈片》，《锡良遗稿：奏稿》，第62—63页。

⑨ 《湖北拨解快抢炮并子弹运晋片》，《锡良遗稿：奏稿》，第51页。

为了使德法等军队失去迎护教士、查办晋案的旗号，锡良极力解决山西教案。山西教案为毓贤任内所遗留，在该年五月至七月间，毓贤下令大肆捕杀教士及教民，"统计山西全省，不遭拳匪之害者惟解、蒲二属"。① 出于报复的心理，山西教民积极地配合德法等军的军事行动，② 向联军通风报信，为其入侵带路引导，甚至散布谣言，制造混乱，等等。

事实上，在上任伊始，锡良就"首饬保护教士，安辑教民，痛惩拳匪"，"不遗余力"。③ 为此，他先后下令正法拳匪首要八十余人，④ 还派员防止内奸有所行动。为了扭转教民不安的情绪，锡良请清廷颁布专门保护教民的上谕。同时，他在灾赈中对教民"均照平民一律灾赈，无分畛域"。⑤ 针对教民通风报信的行为，锡良派员设法"劝化"繁峙等地教民，对"冥顽不灵"者则痛加惩处。⑥ 这使繁峙等地渐获安靖。⑦ 锡良到任未久，显然无法妥善地解决如此繁重的教案问题。此役过后，为了加紧解决教案，光绪二十六年十一月，锡良在冀宁道衙门设立教案局，后改为洋务局，以便应付教士教民流离失所和将来的中外交涉。鉴于山西缺乏办理洋务人员，他不惜得罪同僚，从其他省份奏调善于办理洋务的人员，如蔡乃煌、许钰等。⑧ 他还同李鸿章商议，希望能从直隶调善于办理洋务的沈敦和等人到山西。这一机构在处理山西教案中发挥了重大作用，此后山西教案的查处和确认都是在这一机构主持下完成的。他还奏参对山西教案的发生负有重大责任的李恕等官员，并将毓贤送出山西，以使联军无所借口。

另一方面，他积极地采取保护传教士和寻找失踪传教士的措施。"凡在晋如平阳、洪洞、颖城、丰镇等处者"，均加以"严密保护"，"或拨兵协防，

---

① 《义和团史料》，第 774 页。

② 《有关义和团上谕》，丙戌（十八）又谕，《义和团》（四），第 71 页。

③ 《山西巡抚锡良电》（光绪二十六年十月初六日），《义和团》（四），第 292 页。

④ 《附：盛京堂转晋抚锡来电》（光绪二十六年十月初九日），《李鸿章全集》第 27 册，第 431 页。

⑤ 《义和团史料》，第 774 页。

⑥ 《山西巡抚锡良等电报》（光绪二十六年九月十五日），《义和团档案史料》，第 759 页。

⑦ 《山西巡抚锡良电》（光绪二十六年九月二十三日），《义和团》（四），第 284 页。

⑧ 《仍在冀宁道署设立教案局片》，《锡良遗稿·奏稿》，第 63 页。按，在锡良奏调蔡乃煌来晋之后，俞廉三在回信中表示"为蔡事滋不悦"。（参见《锡良手稿》，光绪二十七年正月十六日，档号：甲 374–96）

或由官抚恤"，地方官办理"均平妥"。遇有各属教士函借银两，他无不立即发给，遇有欲赴京他往者，则派员妥为护送，并表示"一切川资由晋备办，不须洋款"，以副钧嘱而敦睦谊。① 而对遇害的教士和教民，他则派人"记明男女分别掩埋"。② 对此，清廷亦是满意的，曾向各国领事公开表示，锡良"到任以后，极力保护教士，安辑教民，目下民教相安，办事甚为妥协"，并请"各使尽可放怀"。③

然而，传教士对此仍不满意。他们认为，锡良自接任巡抚以后，仅发布了两项保护教徒的布告，且还是官样文章。当时太原街道上民众公开谈论屠杀教士的事，山西大部分肇祸官吏并未惩处，④ 这使传教士们认定山西的教徒和传教士并未得到很好的保护。因此，他们对锡良推行的政策存在着强烈的怀疑，如当锡良派人殓埋教民及教士的尸体时，他们就"疑非原骨"，不准其葬入教堂专属墓地。⑤ 同时，各列强亦不想过早了结教案，失去其为保护教士而战的理由，以便对清政府施加压力。所以，当锡良提议解决晋省教案时，各教士佥称其无权办理，"必须本国全权定夺"。锡良几度往返，皆无成说。不得已，锡良向清廷表示，要等待和局大定，由中外双方特简大臣持平查办，"务使匪徒尽法，无辜昭雪"。⑥ 但不久，八国联军再次发起了进攻。

三、晋东防御与议和谈判

这次进攻的原因是八国联军内部的矛盾。参与西侵的法军因德国人在战

---

① 《附：沪转晋抚来电》（光绪二十六年十月初七日），《李鸿章全集》第 27 册，第 428—429 页。
② 《附：晋抚锡良来电》（光绪二十七年正月十三日），《李鸿章全集》第 28 册，第 37 页。
③ 《附：盛京堂转西安来电》（光绪二十六年十月初十日），《李鸿章全集》第 27 册，第 432 页。
④ ［英］爱德华兹：《义和团运动时期的山西传教士》，李喜所等译，天津：南开大学出版社，1986 年，第 57—59 页。
⑤ 《山西省庚子年教难前后记事》，《义和团》（一），第 510 页。
⑥ 《山西巡抚锡良电》（光绪二十六年十月初六日），故宫博物院：《光绪庚子辛丑电报》，《义和团》（四），第 292 页。

场中占得先机，势必在谈判桌上取得更大发言权，而颇为不满。^① 外国传教士更是称赞德国人的军事活动，表示对法军的失望，^② 这让自诩天主教保护国的法国人颜面尽失。为了挽回颜面和获取更多利益，法国人频频向山西发难，试图挑起战端。法军利用清廷急切的议和心理，先是借口晋军驻地过于靠近，要求晋军"酌退"，遭到锡良的拒绝。^③ 不久，法国人又单方面提出清军驻扎地广昌属于直隶，"业划归法国，与山西无涉"，要求清军退守山西，^④ 并寻机向清军发动进攻。紫荆关方向的法军见清军"严整不动"，只得放弃。^⑤ 井陉方向的法军对守关清军进行了炮轰，遭到清军的反击，死伤数十人，被迫撤退。^⑥ 无奈，法国人只得将军事行动的失败归因于前方将领的冲动，表示要前方将领不再鲁莽行事，并主动向山西军队示好。对于法国人的示好行为，锡良积极地回应，派人致书转达和好之意。^⑦ 晋东又暂归平静。

清廷与各列强就惩办祸首等问题的谈判迟迟未能达成协议，这使各国公使失去了耐心，^⑧ 特别是德国人在瓦德西的坚决要求下决定从军事上对清廷施加压力。恰在此时，德国人接到的所谓中国将领的书信中有"如德兵到彼，特与接仗"之语。^⑨ 为了营造一种谈判破裂的态势，德、法、英等军先是在直隶做了一番军事佯动，德、法军队于光绪二十六年十二月二十九日对紫荆关、广昌两处清军展开了猛烈的攻势。他们分兵三路夹攻广昌，清军败退至艾河。次日，龙泉关在八国联军的猛攻下失守，清军被迫退守长城岭，^⑩ 德、法军队进入了山西五台县境。为了遏制联军的步伐，锡良在清政府的指示下，撤换了因应不能得宜的升允，选派郭殿邦前往统领广昌方向清

---

① ［日］佐原笃介、浙西沤隐辑：《拳乱纪闻》，《义和团》（一），第 220 页。
② 《中华帝国对外关系史》第 3 卷，第 319 页。
③ 《山西巡抚锡良电报》（光绪二十六年十二月十二日），《义和团档案史料》，第 920 页。
④ 《山西巡抚锡良电报》（光绪二十六年十二月初七日），《义和团档案史料》，第 910 页。
⑤ 《山西巡抚锡良电报》（光绪二十六年十二月十二日），《义和团档案史料》，第 921 页。
⑥ 王耀焕：《晋东防军纪略》，《义和团》（三），第 318 页。
⑦ 《有关义和团上谕》，乙巳（初八），《义和团》（四），第 80 页；《光绪朝东华录》，第 4599—4600 页。
⑧ 瓦德西：《瓦德西拳乱笔记》，《义和团》（三），第 91—92 页。
⑨ 瓦德西在军事行动之前，故意放出消息让李鸿章等人知道将要进行的军事行动，可知此信为假。参见孙瑞芹译《德国外交文件有关中国交涉史料选译》第 2 卷，北京：商务印书馆，1960 年，第 351 页，"注一"。
⑩ 《光绪朝东华录》，第 4626 页。

军，[①]并重新部署，择要严密防堵。他又从进入山西的各地溃勇中挑选精壮者编成新军，前往增援，设法堵遏洋兵。另一方面，锡良与清方议和大臣联络，力图通过外交手段阻止八国联军的前进。对于其无法解决的教案问题，锡良只得向李鸿章表示"晋案既重且多"，"断非一省之力所能了结"，请李代为办理。[②]

面对危急的战局，李鸿章等人劝说清廷在惩办祸首及直隶防地等问题上，"似不得不曲徇所请"。[③]不得已，清廷最终满足了列强们惩办祸首的要求，并命令锡良放弃直隶的战略要地，撤回山西境内。对此，锡良并不赞同。他认为，守军所占据的直隶地方多为山西门户，"设我兵撤回山西境内防守，险要全失，洋兵仍复西进不已，大局何堪设想？"清廷无疑亦认同这一忧虑，因而饬令奕劻、李鸿章等婉商各使，"务令洋兵撤回，勿再四出滋扰，以保和局"。[④]为了使联军不再四处滋扰、侵入山西，锡良照会德、法将领，希望定明界限，各不相犯。在定明界限后，锡良先后将广昌和龙泉关两处防军撤入山西境内。而井陉方向则因法国人迟迟不予答复，锡良以清军人数过多，重新布置需要时日为由，延宕了这一方向防军的撤退。但后来新任巡抚岑春煊在未达成任何协议的情况下即从井陉撤防，致使德法军队乘势攻入山西，幸而议和将成，各国不愿再添枝节，不久该军即退出了山西，至此，晋东防卫战方才结束。

就整个晋东防御战而言，锡良极力经营，试图一面防御性地抵抗列强入侵，阻遏列强于山西疆界之外，一面通过保护传教士等方式向列强释放善意，这一做法是锡良面对强大列强入侵时的无奈选择，亦是其为了挽救清政府于危局，保存清政府独立性的抉择。但是，在国家利益面前，列强们对锡良的善意并不买账，仍不断地向西入侵，试图通过武力威慑向锡良和清政府施压，这对锡良的防御造成了极大的威胁。而宋庆等人对其政策的不支持，

---

① 《锡良手稿》，光绪二十七年正月初七日，档号：甲 374-96。

② 《上傅相》，《锡良任湖南布政使及山西河南巡抚时文件》，中国社会科学院近代史研究所图书馆藏，档号：甲 374-194。

③ 《又电报》（光绪二十七年正月十一日），《义和团档案史料》，第 964—965 页。

④ 《光绪朝东华录》，第 4626 页。

又使锡良举步维艰，导致其在山西难有作为。[①] 但其政策在某种程度上亦可以说取得了成功。在任职期间，锡良采取了积极措施，使得"敌人未敢轻窥"，[②] 基本上使德法等国军队止步于山西之外，从这个方面说，锡良取得了山西防御战的适度成功。[③]

以往的研究认为，锡良在山西任职不到六个月即被撤任，是因为其推行强硬的对敌策略，因此倾向于议和谈判的李鸿章等人怕他妨碍议和，暗中请清廷将其撤换的。[④] 考之当时大势，乃议和谈判。晋东防御战实质上是清政府与各列强围绕议和为求利益最大化所进行的角力，其中也有列强间为争夺利益而展开的博弈。当议和谈判渐入尾声之际，锡良的强硬已成了谈判的噪音，出于减少摩擦，顺利实现其谈判意图的考虑，清廷显然同意李鸿章等提议的将锡良撤任的请求。这确实是锡良被撤换的最重要的因素。但除此之外，锡良之撤任，亦有其自身的因素。当时，山西财政因防务与灾赈而颇为困乏，锡良办理各项事务均捉襟见肘，仰屋兴叹。财政的困难，使锡良在应对传教士的需索[⑤] 和筹措军饷等问题上极度苦恼。而山西的士绅对锡良为防御所采取的政策颇不理解。锡良接任山西巡抚后先是采取了偏向洋人的政策，这使士绅们谣传锡良要迎接联军入晋，[⑥] 此后锡良采取优恤教民的政策，这似乎印证了他们的猜测，因此他们对锡良更加不满，"人言啧啧"，[⑦] 以致锡良被撤职后，"民心为之大快"。[⑧] 更为重要的是，锡良防御晋省的政策引起了列强的不满。他们先是借晋省教案要犯郑文钦的远逃事件，对锡良是否真心办理教案提出怀疑，要清廷严惩锡良。[⑨] 此后，英法等国还阻止锡良出

① 《山西历代纪事本末》，第754页。

② 《答王筱汀》，《徐悔斋集》，卷八，第8—9页。

③ Roger V. Des Forges，*Hsi-Liang and the Chinese National Revolution*，New Haven and London Yale University Press，1973，p17.

④ 《锡良遗稿·奏稿》，说明，第1—2页。

⑤ 岑春煊：《乐斋漫笔》，北京：中华书局，2007年，第18页。

⑥ 刘大鹏《潜园琐记》，乔志强编：《义和团在山西地区史料》，太原：山西人民出版社，1980年，第51页。

⑦ 《潜园琐记》，《义和团在山西地区史料》，第55页。

⑧ 刘大鹏《退想斋日记》，光绪二十七年二月初二日，太原：山西人民出版社，1990年，第92页。

⑨ 时人传言"归绥道郑文钦跑后，洋将坐罪锡中丞"，即是指此事。（参见高枬《高枬日记》，二月初一日，中国社会科学院近代史研究所编：《庚子记事》，北京：中华书局，1978年，第234页）

任湖北巡抚一职。[①]

因此，已感到自身处境之困窘的锡良主动通过荣禄等人向清廷表示其"为外邦所忌"，请将他开缺，结果"深蒙鉴纳"。[②]所以，锡良的离任并非仅仅因为他的抵抗政策，其中也有其自保的因素。

纵观锡良在庚子年的勤王行动，他认真执行他认为有利于清廷的政策，特别是在担任山西巡抚之后，秉持公正的态度，认真统兵，积极地采取防御政策，保证了山西大局的稳定。但在议和的大背景下，锡良的行动只不过是实现清廷议和的步骤，一旦危害到和局，他就只能被开缺。锡良的际遇凸显了清末中央与地方、满与汉、清廷与列强之间多重矛盾错综复杂的局面。而从锡良这一时期的官宦履历来看，在他的升迁过程中，超脱常规的因素不断增加，并且这些因素的影响越来越大，这无不预示着新的政治格局产生，一个新的纪元即将开始。

[①] 《湖广总督张之洞电报》(光绪二十七年三月十四日)，《义和团档案史料》，第1083—1084页；《又电报》(光绪二十七年三月十四日)，《义和团档案史料》，第1084页。

[②] 《致锡良》，杜春和等整理：《荣禄存札》，济南：齐鲁书社，1986年，第413页。

第二章　时事艰危与边疆行政改革

随着《辛丑条约》的签订，中国社会陷入了半殖民地半封建社会的深渊。其具体表现为，中国全境向西方列强开放，在当时中国国力孱弱（特别是军事力量）的情况下，帝国主义势力迅速进入，使中国社会异常被动和难堪。中国社会不仅在经济、政治和文化等方面遭到了强烈的冲击，而且国防危机不断，如西南边疆危机、西北边疆危机、东三省边疆危机等，门户洞开。正是这些问题的不断出现，引起了国人的高度关注和强烈反应。随着危机不断加剧，清廷意识到若要继续维持其有效统治，必须做出改变，因此推行新政改革，史称"清末新政"。其中非常重要的一环就是对边疆的行政管理进行改革，锡良是这一时期边疆行政改革非常重要的参与者之一。

第一节　巩固北疆与热河行政建制

随着新政的展开，清政府旧有的机构已无法应对新的局面，就涌现了大量的新机构。与此同时，清政府为挽救在帝国主义列强侵食下岌岌可危的边疆区域，采取了新的管理措施，或是重建旧有的行政机构，或是调整旧的管理区域，力图加强对边疆区域的有效治理，重建边疆藩篱。锡良曾先后出任热河都统、四川总督、云贵总督、东三省总督等职务。这些职务或即处于边疆地区，直接面临帝国主义列强的侵食威胁，或负有保卫边疆领土的职责。

因此，他对这些区域的藩篱重建有重大建树。

一、亟待整顿的热河

（一）匪患充斥

　　锡良卸河南巡抚任后，到京觐见，以便对热河地方行政有所规划。[①] 热河地方辽阔，辖境约相当于今内蒙古自治区赤峰市全境、通辽市大部（科尔沁区以西）、辽宁省义县、锦州市以北，彰武县以西区域，河北省承德市大部。蒙汉杂居，具有控制内蒙、屏蔽京师的地缘因素，对防护清王朝北部边疆具有重要的战略价值和意义。[②] 但是，这时马贼票匪正充斥于热河地方。锡良不无悲伤地指出："统计热河十年中，教匪盗案，层出不穷，日甚一日，商民闭歇逃走，百姓死亡流离，不知凡几；所存者几于无村不抢，无户不绑，民不聊生，伤心惨目，至斯已极。"[③] 造成这一状况的重要原因是热河地方辽阔，地方官力不足，军队因艰于转运军粮，难以久驻地方，以致军队刚撤回，马贼等即四出掳掠，日久即蔓延开来。为此，前任都统松寿已奏请变热河为行省，添设州县，更改热河税收，以便清除盗匪。[④] 整顿热河行政的另一个目的是抵制俄国政府的侵略。早在道咸年间，俄国人已对蒙古、东三省等地有所渗透。庚子之后，久踞东三省和染指蒙古的俄国人已有进一步侵入热河等地的企图。[⑤] 因此，整顿热河行政以防护北疆安全，已然成为清廷的重要事项。锡良到京觐见之时，慈禧等人亦当面训令其"认真整顿，并须改制"。[⑥] 有识之士亦纷纷呼吁清政府注重热河地方，甚至有颜世清者直接拜访锡良在京寓所，并向其献整顿热河四策：清马贼、练兵、开垦、开矿。锡

---

① 《补热河都统谢恩折》，《锡良遗稿：奏稿》，第 218 页。
② 王文江、宣本荣纂：《热河地方志》，民国十年（1921）稿本，第 1、7 页。
③ 《整顿热河地方酌拟改制折》，《锡良遗稿：奏稿》，第 277 页。
④ 《时要闻》，《大公报》1902 年 11 月 1 日。
⑤ 《节录颜观察世清上锡都护整顿热河情形书》，《大公报》1903 年 2 月 24 日，"来稿代论"。
⑥ 《调已革道员泽宣等来热差委折》，《锡良遗稿：奏稿》，第 271 页。

良颇为赞成其计划。① 由此可见，以往多认为是锡良"首请"改革热河官制的说法，显然是不对的。② 在内忧外患的压力下，热河改制已成为清政府与社会舆论的共识。

当时，热河绅民对锡良的履任亦有颇多期待。锡良还未赴任，热河绅民便专函到京，陈述热河盗匪几遍地皆是，亟望锡良早日履任。③ 热河地方在京为官者亦往拜谒锡良，请其早日赴热，剿办票匪等人，以靖地方。

（二）吏治腐败

到任后，锡良已敏锐地察觉到热河马贼票匪问题的背后是溃败的热河吏治问题。他说：

> 盖木腐虫生，由来者久。或贪谬不知大体，败坏官方；或庸懦不足有为，纵弛法度。而且政繁款绌，因腴民以自肥；地广官稀，更练兵之无饷。故盗贼始尚顾忌，继知官府无能捕缉，遂焚杀绑掠，明目张胆，结队成群。加以庚子之变，溃勇逃兵，窜出口外，遗弃枪械，贼得利器，竟敢抗我颜行，开仗对敌。维时直隶练军饬调内地，各官束手无策，为苟且目前之计，收留降队，分养四乡，盖至是而贼胆益炽矣。④

正是败坏的热河吏治，加以地广官稀，练兵无饷，这些因素叠加起来，逐渐使地方官失去民心，无力捕缉盗匪。此后，经历庚子事变，驻扎热河的军队又调回内地，更使热河匪患炽盛，以致热河人民处于水深火热之中。因此，锡良认为："窃以为欲清盗源，先澄吏治；欲除积弊，先养廉隅；尤非经武整军，不能荡涤瑕秽。早则保全者大，迟恐滋蔓难图。"⑤ 因此，他把热河改制的重点放在整顿吏治上。

---

① 《时事要闻》，《大公报》1902 年 12 月 3 日。
② 《清史稿》卷 449，第 12532 页。
③ 《时事要闻》，《大公报》1902 年 12 月 10 日。
④ 《整顿热河地方酌拟改制折》，《锡良遗稿：奏稿》，第 276—277 页。
⑤ 《整顿热河地方酌拟改制折》，《锡良遗稿：奏稿》，第 277 页。

除此之外，锡良的改制还与前任都统松寿及直隶总督袁世凯相关。作为热河改制的首倡者，松寿已对如何改制有所思索和心得。而袁世凯之参与，则与热河的体制有关。热河原属直隶，都统的设置，原为管理该地蒙旗事务，遇有重大事务，需要与直隶督臣相商，取其同意，方可实行。① 而且热河的财政开支主要来自户部和直隶协济。因此，锡良在北京时就与袁世凯商议机宜，并有头绪，方才决定起程赴任。②

经过较长时间的准备，锡良已对热河的改制有了更深切的理解和周密的规划。他在给友人的信中较为详细地阐述了自己对热河变乱和热河改制的认识：

物必自腐亏而虫生之，远者无论已。拳匪之祸，莠民煽之，愚民惑之，游惰者附和之，而战祸亟矣。如治疾病然，百邪内伏，元气日耗，脏腑荣卫，节节受病。治之者必清其邪而祛其元，内馁之忧逾于外侮，腹心之疾甚于疥疬，前车挽覆，来轸方遒，蒙议十条切实易施。子舆氏策齐策梁，大要在于反本。以今证古，殆同一辙。至增设民官，尤为情见万里，即以热河论，朝阳一属面积约二千里，虽鞭之长不及马腹，盗贼横恣，憒无天日，欲不为乱得乎？弟抵任后，察悉情形，已会商直督，奏请拨增属治矣。内外蒙古各盟，强俄垂涎，竭意经营，着着布置，鼾鼻榻旁，后患更大，添设郡属，联络主客，羁縻部族，绥边之策，兹为要图。鄙意又请东起满蒙，西迄卫藏，宜分数部，仿前明经略之制，分设经略大臣，非练步骑数万以镇之，而尤须辅以铁路为策应，游击之计，庶几聊固吾圉。然兹事重大，亦徒托只言耳。此间情形地本瘠贫，吏鲜廉谨，上无道揆，下无法守，纵鱼赴壑，酿为乱阶。盖督乱者十年于兹矣。庚子之变，溃勇脱逃，抛弃军械，借寇兵而赍盗粮，于是贼焰益张，统一府七厅州属几无一净土。语曰：得良吏一胜强兵十万。因念欲靖盗风，先尽吏治，欲祛积弊，先浚利源。现于无可设法之中，姑求题中应有之义。莅任后，即奏请设立求治局，凡矿务垦务税

① 《热河地方志》，第1页；孔祥哲：《蒙旗概观》，天津：百城书局，1937年，第85—86页。
② 《时事要闻》，《大公报》1902年12月17日。

务隶之。如果地利能兴，则民之游惰者有归，吏之瘴苦者可恤。然后用人立政，因时制宜，地方庶有起色。①

锡良认为，"内馁之忧逾于外侮，腹心之疾甚于疥疬"，要治理外患首先在于治内忧，故有"反本"之说。在他看来，其"本"在于整顿内治。后来在筹划云南危局和东三省危局时，他再次指出，内政为外交之本，顾未有内政未修而外交可期进步者。②可知，他始终坚信，修治内政乃是治理之本。热河改制虽是整顿内治，但其背后乃是欲求稳定自庚子以来崩溃的地方社会，从而实现更大的稳固北部边疆的目标，因此热河改制有着重大的国防目的。为此，锡良制定了较为详细的绥边政策，主要集中于内政改革，包括整顿吏治、添设郡属、增设民官、羁縻部族和练兵等方案。

二、热河改制方案的出台及实施

（一）热河改制方案

要想彻底纠正热河地方官的贪鄙，锡良认为最有力的措施莫过于更改热河的行政制度。为此，他与袁世凯、松寿等人拟定了热河地方改制的方案。这一由锡良主稿的方案，调整了该地官员的任职条件、添设州县、官吏薪俸等方面的规定。

首先，修改官员任职制度。热河都统，职责在于管理蒙旗，兼理地方，多为旗人出任。锡良认为，热河地广事繁，责任重大，俨同督抚，并非专管旗务者可比，因此，拟请嗣后都统出缺，专用文职大员，以资治理。显然，其中暗含可由满汉大员简任之意。另一需要更改任职条件的是热河道缺。锡良认为，该缺既绾升迁调补，又综例刑名，一身而兼藩、臬两司，事体繁要，无论满汉，均非初历外官所能胜任。因此，他请于才能出色、为守俱

---

① 《贺复山西护抚赵次珊方伯》，《锡文诚公尺牍》，中国社会科学院近代史图书馆藏，档号：甲250。
② 《滇省应办事宜大概情形折》《考察东省情形整顿内政折》，《锡良遗稿：奏稿》，第661、926页。

优之各省首府人员中请旨简放，方能事理练达。而作为热河首府的承德府知府，除按照吏部规定外，他请该缺改由都统会同直隶督臣，于直隶现任知府内，简员调补。而该道府二缺，等到任满考察，如系实心任事，确有政绩，会同保奏、请旨升迁时，会得到优先使用的机会，但需优先考虑在热河地方升迁任用。若无实际政绩，则请与内地省份互调，以重热河行政。这是考虑到热河人才匮乏的情况所做的调整。还有一项重要的变更就是同知、州、县等官俸满宜免开缺。原来的规定是口外同知、州、县三年俸满开缺，撤回内地，以相当之缺调补。锡良认为，这原是优奖边员的方式，但是这会使这些官员"存五日京兆之心"，不实心任事，因为他们刚到任，对地方情形不熟，难以展开工作，刚熟悉地方利弊情形，又开缺调任内地。甚至实缺官员大半俸满开缺，竟出现委署无人的情况，只得由佐杂人员代理。在他看来，这使地方吏治变坏了。所以，他提请俸满之员，仍行留任，再由热河都统出具考语，移咨直隶总督，遇有内地之缺，照章调补。这样，就可以使热河官吏尽心办事，奋勉当差，对热河地方行政颇多补益。

第二，添设州县。热河幅员辽阔，每一州县所治动辄数百里，即有地广官少的现象，这使州县官不但寻常词讼案件无法审理，甚至命盗等重大案件也无法处置，以致某些地方出现巨匪土豪鱼肉乡民的情况。为了改变这种官员鞭长莫及的情形，锡良提议于地域广阔的州县中添设新的州县。具体而言，朝阳县距郡六百二十里，又接壤奉省，为盗贼出没之区，治理最难。锡良提议将其升格为府，兼管民事，并在该府东边添设一县。平泉州、建昌县，地亦旷大，拟于建、平酌中添设一县。新添两县及旧设建昌县，归新设知府（即朝阳府）管理。围场厅原设同知一员，拟放荒后添设知县一员。

第三，改革官员公费。所谓公费，即官员的办公经费。热河地方原有的办公经费，大半来自卯规，即陋规的一种。地方州县用款浩繁，额定的公费难以满足州县官办公的需要。州县官们就各种方式增加其收入。锡良认为，正是州县官的这种巧取横求，致使民不堪命，盗贼所以横行，州县所以凋敝。他亦体谅到地方官经费短缺的苦处，因此建议适当增加州县官的公费，以津贴的形式补贴其公务支出。但对州县官有恃无恐地收受节寿等名目的陋规经费的行为，锡良认为会助长贪婪之风，致使吏治日坏，因此重申禁令，若有违犯，永远裁革。①

在这一方案中，州县官的补选及保证地方官的公费，可以澄清地方吏治，保障地方安危；增添州县，可以弥补官力之不足。虽然这是三个人相商所得的方案，但它在很大程度上反映了锡良的思想。

（二）热河改制方案的实施

早在入主热河时，锡良已知，热河吏治久欠讲求，加以热河地方不靖，又处于塞外苦寒之地，人皆视为畏途，因而人才异常缺乏。为了能顺利整顿热河行政，他奏调其旧有属吏泽宣、赵尔丰等人赴热河任用。②甚至锡良在请训出京时仍以练兵办匪事宜及请调人员以资臂助为主要内容。③可见，锡良对州县官的补选颇为注重。在该方案实施后，他又因热河人才难得，奏请变通热河州县官的调补。他说："目前禁革积弊，添设新缺，诸事无异创始，计非为地择人，吏治决无起色。"他提议除承德府缺即照议复新章办理外，其余府、州、厅、县各缺，由奏留人员中量材请补，以便收得人之效。等到一二年后，诸事整理就绪，有辙可循，再照部定章程补调。④这是锡良再一次对热河吏治混乱，以致"贤否久已不辨"表示不满。

为了能澄清吏治，锡良重新树立奖惩官吏的标准。到达热河不久，锡良即以能耐劳苦、清俭自持、知恤民隐的张锡鸿为贤员之首，加以嘉奖；而以胆大贪婪、声名狼藉之知县王文翰为贪劣之尤，予以惩处。⑤此后，锡良又奏参陈赓飏等贪劣不职之员，以示除暴惩贪之义，试图通过奖善惩恶的方式，激扬吏治，挽救颓风、推行庶政。⑥但这显然只能暂时压制热河地方官的贪念。锡良认为，只有给予足够的公费，方能保证官吏不起贪念。

为此，锡良花费数月考察热河官员的经费来源及用度。他发现，热河地

---

① 《整顿热河地方酌拟改制折》，《锡良遗稿：奏稿》，第 278—280 页。
② 《调已革道员泽宣等来热差委折》《调赵道尔丰等来热差委片》，《锡良遗稿：奏稿》，第 271—272、273 页。
③ 《时事要闻》，《大公报》1902 年 12 月 17 日。
④ 《热河州县各缺拟请变通调补片》，《锡良遗稿：奏稿》，第 324 页。
⑤ 《择尤举劾以资整顿折》，《锡良遗稿：奏稿》，第 274—275 页。
⑥ 《参平泉州知州陈赓飏等员折》，《锡良遗稿：奏稿》，第 304 页。

方官的公费原本就存在不足，需要通过地方上的卯规来添补其不足。所有官吏，从底层的官吏到道府官员，都要定期向上级呈递已成惯例、数目确定的白银。这些礼节包括已将节寿名目更改而来的公费，馈送、到任、节寿、干礼、水礼、门包、敬茶等类。这部分钱财数目颇为可观，热河道仅各属呈送公费就达 3840 两。除了向上司呈送钱财以外，官员还得向上级衙门的书吏等摊捐银两，大约为各属向上级呈送额外公费的 10%，如热河道所得各属府厅州县解该道衙门公费银 3840 两，杂费银即有 384 两；承德府获各属解该府衙门公费银 2240 两，杂费银即有 224 两。这些银两用于缉捕、考试及各衙门书吏工食、纸张等项的开支。这表明地方官员的公费开支确实存在着严重的不足。必须指出的是，无论是公费还是节礼等项，所有的卯规都来自州县官，其最终来源是百姓。所以，锡良有理由确信卯规的存在，已严重损害了地方吏治。因此，他提出酌量增加热河官员的公费，以津贴的形式进行分配。[①]

在这个分配方案中，锡良将府厅州县中的正佐等官亦纳入其中，以避免这些官吏的额外摊派。如此安排之后，他又重申除已有化私为公的卯规暂准仍旧外，加收之到任礼、寿礼、贺礼，平时之供应，各行之官价，下乡之备办公馆，相验之勒索使费，种种苛敛巧取之摊派，应一概严行禁止。对于再有私受属员馈赠及私自向民间需索者，即应按律严惩。需要指出的是，这些津贴来自新的税收和开矿利润，避免了增加百姓负担。锡良到任后即设立了求治总局，总管热河吏治的整顿和款项筹措等事宜。[②]他的这一方案得到了清政府的认可。

为了确保该计划的顺利施行，锡良将原本从秋季开始支领的津贴银两，提前至夏季起支领。[③]同时，他颁布了禁止规费的条文，即禁馈送苞苴、禁相验索费、禁索取支应、禁到任索规、禁官价勒买、禁多用家丁、禁积压案件、禁差役私押、禁佐杂擅受、禁汛弁干预、禁庆寿索规等，共十五条。[④]

---

① 《热河公费摊捐赔累属员拟请分别裁抵折》，《锡良遗稿：奏稿》，第 310—313 页。

② 《请设求治总局片》，《锡良遗稿：奏稿》，第 276 页。

③ 《锡良任热河都统时公牍》（光绪二十八年），档号：甲 374-107，第 1—2 页。

④ 《锡良任热河都统时公牍》（光绪二十八年），档号：甲 374-107，第 19—34 页；《热河都统锡良禁革各属规费通札并十五则》，《大公报》1903 年 6 月 16 日—6 月 20 日，"公文照录"。

这些都是以往地方官收取陋规的途径。为了使更多民众知晓新的律令，营造良好的防腐氛围，锡良将这些条文刊刻于石碑上，以便地方绅民阅看。①

改革并非一帆风顺的。新的财政制度实行后，就有丰宁县令和建昌县令禀报经费不足，并请立案不扣摊捐。对此，锡良认为，已有津贴，"在俭约者固已足敷养赡"，再有额外要求当是"人心不足"。他会视乎情形再酌量增加各属经费。②

当其调任将去之时，有地方官听闻此事，以为锡良无暇考察属吏，竟又采取此前需索的手段，大摆筵席，索取商民到任规礼。锡良对其进行了参革。③由此可知，热河官场久瘝，锡良的官制改革，一时难以奏效。

（三）吏治之始

锡良在热河改制过程中还推行了添设州县的措施。具体而言，他将朝阳县改设为知府，在原有县署办公，更名为朝阳府。旧有管典史事朝阳巡检，改为府经历一员，兼管司狱事。在朝阳迤东之鄂尔土板地方设立新的知县，命名为阜新县，即以该处旧有巡检管典史事。又在平泉县迤东、建昌县迤北之间的新邱地方设立新县，名为建平县，其下另添典史一员。最后，他还建议在围场厅迤南、承德府所辖之张三营子地方设立新县，名之为隆化县，亦以该处旧有巡检管典史事。④锡良只是初步设立新的州县所在，具体的工作还得等其后任松寿来完成。

当然，热河改制势必触及热河蒙旗问题。在推设新的州县之前，锡良已开始清理热河地方的蒙汉关系。当时，蒙汉关系颇为紧张，究其原因有两个方面：一是理藩院派员接管蒙旗命盗案件。按照惯例，蒙古命盗案件，应由理藩院派遣的税务司员会同州县勘验；蒙、民交涉命盗词讼，州县勘验，会同税务司员复讯。如此推行日久，蒙汉畛域各分，会审的案件，往往因意见不合，多年难以结案，蒙汉民等同受其害。⑤第二个原因是蒙汉待遇不公。

① 《热河都统锡良永禁各官规费石刻文》，《大公报》1903 年 6 月 16 日，"公文照录"。
② 《锡良任热河都统时公牍》（光绪二十八年），档号：甲 374-107，第 35—37 页。
③ 《参代理平泉州知州试用知县张兆栋即行革职片》，《锡良遗稿：奏稿》，第 324—325 页。
④ 《热河所属地度添设府县情形片》，《锡良遗稿：奏稿》，第 316—317 页。
⑤ 《裁撤四税司员统归地方经理折》，《锡良遗稿：奏稿》，第 280 页。

蒙古盟旗的犯人还会受到蒙人的庇护。在边远的地方，蒙人往往将命案喊为盗案，蒙古籍官员往往不查核事实，即对汉民做出杀人抄产的处置。[①]对于前者，锡良认为应该裁撤理藩院四税司员，所有蒙民命案、词讼案件，都归地方州县办理，如此能"定画一之规"，以免除纷歧之弊。对于其中存在的蒙汉语言问题，他以山西口外七厅同知通判亦兼管蒙汉，未有异议为例，消除了清廷的顾虑。至于后一问题，锡良请蒙古各旗，遇到地方官传讯犯人，不得徇庇不交，若有命盗案件，须提交地方官勘审，不得擅杀妄抄，否则会遭到从重参办的处分。

经过锡良如此一番整顿，热河地方政务日渐繁剧，军民各政，方才尽归热河都统管辖。《清史稿》亦称此时"热河始有吏治"。[②]

（四）打击匪患

当时热河面临的另一个重要问题是匪患肆虐。这也是锡良整顿热河官制的重要内容。他在其方案中提议从讲求武备和振兴学校两方面来解决匪乱问题。在他看来，讲求武备，就是添练新军，以改变兵力不足的困境；而振兴学校则在于培养明理之人，以改变热河唯知恃强的民风，渐戢强暴。[③]后者是长期目标，前者则是刻不容缓之事。

对付热河匪患最终的解决方式仍是军事镇压，锡良深谙"兵力单则盗风炽，官军盛则贼势衰"之理。此前，马玉昆统领武卫左军进入热河镇压匪患，使匪患渐就敉平。不久，传来该军即将撤离的消息，这使地方绅民颇为恐惧。锡良认为，该军之去留，关系重大，因此，他与马玉昆往复商议后，最终使武卫左军暂留五营，以保地方。[④]但这只是暂借之师，原有热河军队亦难以震慑地方匪患。因此，他提议编练热河新军，名为热河练军。具体而言，将管带尹德盛所统马队抽调作为热河自练之军，并将八旗原练强胜军内马队后营，并原练丰字步队二百人，添募三百人，合成步队一营，归尹德胜

---

① 《整顿卓索图昭乌达两蒙旗务片》，《锡良遗稿：奏稿》，第281页。
② 《清史稿》卷449，第12532页。
③ 《整顿热河地方酌拟改制折》，《锡良遗稿：奏稿》，第279页。
④ 《请暂留武卫左军以保地方片》，《锡良遗稿：奏稿》，第282—283页。

统领。此外，他又新募卫队一百名，专饬训练新操。同时，他还调整了驻军的分布。由这一新练军队驻扎赤峰、围场、丰宁等地，以固西北一路。原有杨玉书所属军队，仍驻朝阳、建昌、平泉等东南地方，防止热河马贼勾结奉省马贼窜越肆扰。如此分布，"无事则往来巡警，有事则互借声援，既免兵稀地广、救应不及之虞，且收以守为战、先事预防之效"。[①] 除此而外，锡良亦有动员地方绅民参与剿捕匪患、保卫地方安宁的计划。他提议，将承德各属州县，按道里之远近，添设勇营，以便剿捕，具体经费则由地方绅富筹捐。同时，他还主张将民间设立的社勇裁撤，以便统一事权。[②] 热河盗匪多持洋枪，三五成群，白天即敢抢掠，甚至焚烧屯铺，行旅深受其害。对此，锡良主张用奉天处置响马的方式处理热河的盗匪。[③] 按照奉天定例，所有匪徒无论人数多寡，曾否伤人，但有一人执持鸟枪，不分首从，照响马强盗例斩首，以戢强暴。[④]

为了打击热河盗风，锡良饬令在热河各军对素有"盗贼渊薮"之称的建昌县进行围剿。经过一个月的剿捕，先后拿获当地著名悍匪徐秉洼、张六等人，一时民心大快。[⑤] 正如《清史稿》所言"整饬巡防，专意缉捕，匪风始戢"。[⑥] 时人亦对锡良在热河的行动给予了高度评价。《大公报》称锡良在热河任内整顿内政异常认真，"为数十年来所无，捕盗开垦、振兴矿务、严除吏弊，信赏必罚，事必躬亲，实旗员中所罕睹者"。[⑦]

（五）辑和蒙汉

开垦热河围场荒地，最初是由都统色楞额于光绪二十六年九月为解决热河兵饷问题而提出的一项举措。该举措虽经清廷认同，但历任都统均未及

---

① 《抽调勇营添练新军而资镇摄折》，《锡良遗稿：奏稿》，第 299—300 页。
② 《时事要闻》，《大公报》1903 年 1 月 20 日。
③ 《缉获贼匪酌照奉天例惩办片》，《锡良遗稿：奏稿》，第 292 页。
④ 《时事要闻》，《大公报》1903 年 2 月 27 日；《缉获贼匪酌照奉天例惩办片》，《锡良遗稿：奏稿》，第 292 页。
⑤ 《剿办建昌股匪情形恳恩给奖折》《遵保剿平建昌股匪出力文武员弁折》《拿获张六即张凤翔出力之杨镇等拟请奖叙片》，《锡良遗稿：奏稿》，第 313—314、318—319、323—324 页。
⑥ 《清史稿》卷 449，第 12532 页。
⑦ 《时事要闻》，《大公报》1903 年 6 月 25 日。

开办就卸任了。锡良到任后非常重视该项事务，因为热河因教案赔款、添兵制械、增官建署、开办学堂等事项需费浩繁，急需开辟新的资金来源。因此，他派奏调而来的泽宣和原查委员协领根龄将东围伊逊、布敦二川，西围孟奎、卜格、牌楼三川，周历覆勘丈量，初步查明可开垦荒地有2300余顷。在此基础上，他将荒地分为四种类型：上上则、上则、中则和下则。在博采众论和体察情形后，他制定了开荒银价：每地一顷，上上则收押荒银一百二十两，上则收押荒银一百两，中则收押荒银八十两，下则收押荒银四十两。每户领地一顷，无论何则，附领村基地二亩，每亩均照上则交银。为此，他派员赴围场设立围场垦务总局，负责招垦事宜。至于五川之外所余三十五围中，如有可以垦种、无碍围座的地方，应酌量开放，但须严禁越垦，以示限制。① 两围地方荒阔，原先居民都是零星散处，守望为难，所以在锡良的规划中，他希望借着开荒之际，留出分设集镇地基处所，并于五里之内留一村基，以加强对民众的保护和管理。与此同时，针对围地辽阔、山深菁密、马贼多匿迹其中的情况，他派步队二百名先赴围场，清剿匪类，并将这一武装交给围场总局调遣。由此可知，开垦围场对解决热河地方财政困难、维护社会治安均有重要的价值和意义。

光绪二十八年冬，热河围场垦务局正式成立，由泽宣出任总办。为防止垦务中出现包揽等弊端，该局要求无论旗、民，皆须自行到局报名领地，由委员按段挨号亲身次第丈放，不准胥吏经手，因此舆情毫无隔阂。考虑到东西两围，东优于西的特点，该局委员先在西围招垦，收先难后获之效。经过如此周密的安排和垦务委员辛勤的劳作，热河围场荒地开垦事务于光绪二十九年四月底结束，先后开垦荒地二千三百二十七顷二十亩零二分，又拨给八旗蒙学堂等项荒地三百六十四顷，共放地二千六百九十一顷二十亩零二分，收取荒地银两十四万五千一百七十八两五钱二分。这无疑在很大程度上缓解了热河的财政压力，为热河改制成功奠定了坚实的基础。

---

① 《开放围场荒地设局招垦裕课而济要需折》，《锡良遗稿：奏稿》，第292—296页。

第二节　大西南的经营

自达伽马、麦哲伦等人开辟大航路后，西方殖民势力为了获得稳定的市场、廉价的原料和劳动力进行了疯狂的全球殖民活动。这一活动随着两次产业革命运动的发展而愈发激烈，英国、法国、荷兰等国在中国大西南边疆均建立了殖民地势力。这些势力的存在严重地威胁着我国大西南的安全，特别是在西方资本主义过渡到帝国主义阶段，而我国因《辛丑条约》等不平等条约被动卷入世界体系的情况下，这种状况变得异常危急。

一、重建川藏藩篱

（一）西藏危机与经营瞻对

1902 年，英国方面趁清廷滑入半封建半殖民地的深渊，加紧了对西藏的侵略。而当时沙俄方面也有染指西藏的野心，这是英国人所不愿看到的。因此英国方面于此时挑起中印西藏边界争端，引起中国朝野的震惊，但当时清政府高层未能拿出切实可行的方案。

时任驻藏大臣有泰在受命之初就筹划西藏问题拜访过北京的当政人物。据《有泰日记》记载：

> （光绪二十八年）十二月初五日（滋翁所《筹瞻疏稿》二本由茂轩［乔树楠］处送到，阅讫）至鹿滋翁（传霖）处，未遇。赴庆王（奕劻）府，适无事，痛谈藏务，于大局甚得要领。
>
> 二十五日外务部绍任庭、周敬舆来函，送到分界图一件，立关图一件，均给裱成，殊可感也。酉刻赴荣相宅，面见痛谈藏事，妙在皆未有真正办法。

光绪二十九年正月二十三日……晤鹿滋翁尚书……①

可见，当时北京高层掌权者如奕劻、荣庆等人，都未能提出切实可行的筹藏之法。曾出任四川总督的鹿传霖似乎仍坚持收回瞻对以作为筹藏之法，这从其赠送有泰《筹瞻疏稿》一书可以看出，但这并不符合主张维持川藏现状的有泰的胃口。②有泰奉旨与正在北京的、时任四川总督锡良筹商藏事，按有泰的看法，锡良对藏事的回答"亦无章法"。③光绪二十九年十月，锡良称"伏念保藏固川，此疆臣欲求其策而不可得者也"。④因此，有泰的判断是正确的，当时清廷并无切实可靠的筹藏之策。

事实上，锡良在接到调任四川总督之命后，就已经开始思考西藏问题了。他曾向友人张佑仁请教筹藏问题，"卫藏屏蔽西南，瞻对之收，遽萌携贰强邻窥伺，来轸方遒，未审何道以控驭之也"。⑤但他在信中并未能给出切实之法予以应付，这似乎印证了有泰的说法。

然而，愈发紧急的西藏问题成为摆在中国人面前不得不考虑的国防问题，有识之士积极探索救藏之策。不久，即有人上奏"川藏危急，请简员督办川边，因垦为屯，因商开矿"等语。光绪二十九年七月十五日，清廷命令锡良对这一提议"妥筹具奏"。⑥于是，锡良即饬令四川布政使等部门联合调查并筹议该建议的可行性。⑦经过两个多月的筹商，九月二十八日，这一调查的初步结果是垦务、商矿等事未便筹划，但认为"巴塘气候比炉边、里塘一带为温和，地势亦较平衍，似宜巴塘一处先将垦事筹维举办，矿务各务兼

① 康欣平整理：《有泰日记》，南京：凤凰出版社2018年版，第306、309、312页。
② 按，鹿传霖曾任四川总督，于1894—1895年间击败藏兵，夺得瞻对，主张瞻对川属。然因当时中日甲午战争和西藏当局要求瞻对藏属，清廷为了避免节外生枝，同意藏人要求，最终功败垂成，因此他耿耿于怀，不能忘情于收复瞻对。可参见张秋雯《清季鹿传霖力主收回瞻对始末》，《"中央研究院"近代史研究所集刊》第29期，第1—45页。
③ 《清实录》第58册，《德宗景皇帝实录（七）》卷519，光绪二十九年七月乙未，第854页。
④ 《议复川边屯垦商矿各情形折》，《锡良遗稿：奏稿》，第365页。
⑤ 《复张静涵》，《锡文诚公尺牍》，档号：甲250。
⑥ 《清实录》第58册，《德宗景皇帝实录（七）》卷519，光绪二十九年七月丁酉，第855页。
⑦ 《四川布政司、商务总局、通省盐茶道、按察司使、成绵龙茂道、洋务总局、矿务总局详复川边开办垦屯商矿情形》（光绪二十九年九月二十八日），四川省民族研究所《清末川滇边务档案史料》编辑组编：《清末川滇边务档案史料》上册，北京：中华书局，1989年，第1—2页。

可次第讲究"。① 可知他希望通过垦务等活动加强对巴塘的管辖。

在四川各局议复和征询曾驻台藏文武官员意见的基础上，锡良认为，"大抵藏之急务，固非屯垦、商矿所能解其危迫"，并陈述开办垦务、商矿等事之难，但表示"能办者不敢推诿"，既然"巴塘土性沃衍，宜于垦种"，"拟在该处先兴垦务"，认为"巴塘垦务既办，他处如能耕，推行较易，牧政、矿政又当次第考求，似于边务总有起色"。此后，锡良派出垦务委员前往巴塘一带开办垦务。② 为了消除当地民众的误解，他准备采用"威惠并用"的方式，一方面撤换巴塘粮员，都司前往宣谕土司，"结之以恩信，分之以利益"，并派打箭炉同知等官加以考察；另一方面，若土司等反复强梗，他将派驻炉续备右军前往弹压。这成为锡良此后筹划瞻对非常重要的政治原则。③

光绪三十年四月初四日，在奏陈《现办川省农工商矿诸务大概情形折》中，他再次提及，"巴塘垦务，前折奏陈之后，即委打箭炉厅督率粮员，携带老农，前往考验种产水利。昨据粮员吴锡珍来禀，该处土司等尚无梗阻，当能芟灌莽而植嘉禾"。又说："至于五屯至巴底等处多有金矿，委员会同懋功、打箭炉两厅开导土司，自不狃执故见，徐筹办法。"④ 此即为巴塘垦务、开矿两项政策之所由来。

对于练兵，有泰与帮办大臣桂霖力主积极练兵。有泰奏称："筹商藏务，首在练兵，次则分设重镇。"⑤ 桂霖亦谓："藏部顽愚，达赖喇嘛近尤骄悍，非徒手所能就范，藏兵数仅千余，分布单薄，拟就边地选募土勇三千人，分起扼要，轮流换防。"⑥ 在他们看来，增强清政府在西藏的兵力方能守卫西藏，

---

① 《四川布政司、商务总局、通省盐茶道、按察司使、成绵龙茂道、洋务总局、矿务总局详复川边开办垦屯商矿情形》(光绪二十九年九月二十八日)，《清末川滇边务档案史料》上册，第1—2页。

② 《四川矿务委员前往巴塘查勘垦务情形》(光绪二十九年十一月十二日)，《清末川滇边务档案史料》上册，第7页。

③ 《议复川边屯垦商矿各情形折》，《锡良遗稿：奏稿》，第365—366页。

④ 《现办川省农工商矿诸务大概情形折》，《锡良遗稿：奏稿》，第404、405页。

⑤ 《清实录》第58册，《德宗景皇帝实录（七）》卷521，光绪二十九年九月戊子，第882页。

⑥ 《清实录》第58册，《德宗景皇帝实录（七）》卷521，光绪二十九年九月庚子，第889页。

于是乃有将驻藏帮办大臣移驻察木多，居中策应之请。①但锡良并不赞成，他认为："设防镇于广漠之中，岂非用意是而课效则非者哉！"②观锡良所言，仅就"川省力所到与事所当为"③而言，其意在通过举办实业等方式，与四川西部的巴塘、里塘等地土司及藏民实行利益共享，潜移默化地消除藏民的误解，进而巩固边防。但他似乎并不愿直接参与棘手的西藏事务。

为了加强对巴塘等地的管理，锡良陆续实施了一些措施，对当地管理体制进行调整。他提议将打箭炉同知升格为直隶厅，以加强对巴塘等地的控制。他认为：

> 该同知本系要缺，而现在尤关重要者，则以川、藏相距七千余里，川之察缓急于藏与藏之资馈运于川，二者皆以西炉为枢纽。近年藏务孔棘，所以责任该同知者动关艰巨。且徼外各土司，地势荒阔，族类繁杂，控制本为不易。自瞻对划归藏属，番官侵暴，川边土司弱者慑其威而甘于输纳，强者怙其势而恣为奸横，几若知有藏而不知有川，匪惟蛮触纷争，抑且弁髦王章，轻侮边吏。巴、里塘粮员又以隔川过远，上司耳目难周，非庸懦以求苟安，即猥琐以盈溪壑。打箭炉就近知其得失，然无考核之责，不当论列是非。前者师旅频兴，推原祸衅之端，罔不由此，而堕误于无形者更难备论。④

对此，锡良认为应提升打箭炉同知为直隶厅，直隶于建昌道，将巴塘、里塘粮员等官以及沈边、冷边等土司暨泸定桥巡检改隶该厅管辖，这样可使权责较专，"边陲之倚办益力，按诸今日事势，裨补实非浅鲜"。因为当时关外土司喇嘛，往往称兵构乱，屯台员往往惶遽失措，⑤亟须强有力的机构加以管控。所以他试图通过提升打箭炉厅的地位，增强其管控能力，从而增强

① 《驻藏大臣有泰奏陈川藏交界地方情形片》（光绪二十九年十二月二十七日），《清末川滇边务档案史料》上册，第 8 页。
② 《议复川边屯垦商矿各情形折》，《锡良遗稿：奏稿》，第 366 页。
③ 《议复川边屯垦商矿各情形折》，《锡良遗稿：奏稿》，第 365 页。
④ 《打箭炉升直隶厅折》，《锡良遗稿：奏稿》，第 368—369 页。
⑤ 《敬举边才以备任使折》，《锡良遗稿：奏稿》，第 372 页。

对巴塘地区的控制，并加强与西藏的联系，以应对西藏危机。这一提议得到了清政府的认可。[①] 此后，他将久已失去承袭关系的章谷土司改土归流，正式设官为治。该地属打箭炉厅管辖之霍耳五土司之一，章谷实为霍耳适中要隘，上至德格，下至革什撤，为进藏北路。其全境界连三瞻所属仁达地方，距道坞地方不远，"尤川、藏出入之要津，而瞻对通炉之咽喉"。该地多年无人承袭，由打箭炉厅协督同委员加以管理，当地人极为爱戴，因此，锡良决定将该地改流，特设屯员，委派候补州县接管，更名炉霍屯务，兼管附近之土司，仍隶属于打箭炉厅统辖。如此一来，锡良认为，"使人心有所系属，声息可以灵通，强邻不敢觊觎，似于边围不无裨益"。[②]

正当四川方面加强对边藏的管理时，西藏问题变得更为棘手。英国人擅自划定中英西藏边界后，要求中方共同勘界。在英国人提出勘界之初，锡良即以藏界勘验，事关重大，请外务部选派熟悉英文、长于交涉之人员一二人，迅速来川，由其简员伴送前往。[③] 但英国人没有给清政府太多时间，他们希图乘日俄战争爆发、俄国人无暇西顾之际，确立在西藏的战略优势。英国人借口修订边界条约，由其将领荣赫鹏率军一千多人在光绪二十九年十月（1903 年 12 月）强行越过印度和西藏的边界。英军在次年二月（1904 年 4 月）攻陷江孜，又在六月（8 月）进踞拉萨。

与此同时，俄国为了保全其所谓的在西藏利益，从中怂恿达赖喇嘛等人，对英兵进行反击。这使锡良颇为担心最终中英在西藏开战。因此，他电告清政府俄国参与其间的情形并请清廷做出指示，以便妥议办法。[④] 而清政府因日俄战争爆发，亦无暇顾及藏务，加以国势积弱，对此迟迟未能答复。一个月后，清廷才电令锡良设法处置，坚决阻止藏人在俄国人的煽动下与英

[①] 《打箭炉同知刘廷恕禀报锡良遵任直隶厅事》（光绪三十年三月二十三日），《清末川滇边务档案史料》上册，第 11 页。

[②] 《改设炉霍屯务片》，《锡良遗稿·奏稿》，第 425—426 页。霍耳五土司为：章谷、朱窝、麻书、孔撒和白利。

[③] 《川督锡清帅电》，《大公报》1904 年 1 月 27 日，"时事要闻"；《中外交涉汇纪·中俄》，《东方杂志》第一年第一期，外交，第 105 页。

[④] 《外交纪闻·藏事纪闻》，《外交报》，甲辰（1904）第十号，第 18 页；《光绪三十年中国事纪》，《东方杂志》第二年第一期，杂俎，第 1 页。

国人开战。① 不堪压迫的藏民对英兵的入侵奋起反抗，这一行动在锡良看来，是西藏方面有意挑战的表现。他在《拟复分统云南省防营临元镇总兵刘》的信中称："藏番梗化，外挑强敌，内嫉臣□，燎火燎原，未卜作何结局，侧身西望，愧与愤俱。"② 对此问题，他没有周全的办法，"筹办为难"。③ 他已认定"当此百废待兴之时，内政外交日不晦给。而藏番梗化，横挑强敌，使臣既穷于开导，边关日肆其凭陵，此亦难了之局"。④ 可见，在中英力量对比敌强我弱的态势下，锡良对藏民反抗英军入侵并不认同，希望能以外交途径解决中英边界问题。

不久，英国人以武力威胁西藏的部分宗教领袖，于光绪三十年七月二十八日订立《拉萨条约》。翌日，有泰虽有意惩办缔结者勒朗结，但仍"以从权办理，先行签约为请"。⑤ 由于这个条约是撇开清政府而订立的，其内容又是旨在使西藏完全沦为英国的支配对象，对中国方面主权"大有妨害"，清政府不能不表示反对，在有泰电到后不久，即命令有泰拒绝签字。⑥ 此后，俄、意、德、美等国亦有照会，反对这一条约。⑦ 这无疑坚定了清廷的决心。但清政府对如何应对这一困难局面，仍是"毫无措施"。⑧ 所以，当清政府命令锡良前往巴塘与有泰协商办理中英交涉时，锡良旋即复电称，川省患旱，土匪蜂起，现正派兵弹压，前往巴塘之事，殊属为难。⑨ 有学者更直接指出锡良这一理由为借口。⑩ 或许此时锡良确实不愿深度介入西藏问题，因为该问题异常棘手。时任驻藏帮办大臣桂霖在英兵入藏后不久，即以目疾为由，请求开去差缺。开缺后，桂霖竟向清政府建言放弃西藏。⑪ 这无疑都

---

① 《中外交涉汇纪·中英》，《东方杂志》第一年第二期，外交，第 147—148 页。

② 《拟复分统云南省防营临元镇总兵刘》，《锡良督川时函稿》，中国社会科学院近代史研究所图书馆藏，档号：甲 374-113。

③ 《拟复刑部员外郎乔茂萱》，《锡良督川时函稿》，档号：甲 374-113。

④ 《拟复山西藩司吴》，《锡良督川时函稿》，档号：甲 374-113。

⑤ 《清史纪事本末》，第 534 页。

⑥ 《西藏难为我有》，《大公报》1904 年 9 月 17 日，"时事要闻"。

⑦ 《抗议藏约纪闻》，《大公报》1904 年 10 月 5 日，"时事要闻"。

⑧ 《筹防以固西陲》，《大公报》1904 年 6 月 12 日，"时事要闻"。

⑨ 《中外交涉汇志·中英》，《东方杂志》第一年第九期，外交，第 147 页。

⑩ 《清史纪事本末》，第 534 页。

⑪ 《桂霖开缺后闻》，《大公报》1904 年 5 月 23 日，"时事要闻"。

表明当时朝野对如何有效地处置西藏问题未能形成有效共识。

当然，锡良并非完全置身事外，也在积极地思索对策。在谈判过程中，他将西藏的转机放在请驻藏大臣有泰劝解西藏高层"略谙时变"，不再阻碍和谈上。① 他认为，"倘番夷真知悔祸，借作转圜，则西徼藩篱不至遽撤，实为川省之幸"。② 显然，他希望能通过谈判保全西藏，使西藏保持其西南边疆屏障的作用。即便谈判中英人咄咄逼人，锡良在《拉萨条约》签订前后给有泰的信中仍希望有泰能劝解达赖喇嘛等西藏当地高层，以便挽回西藏。内言：

> ……藏事竟到败坏至此，经阁下委曲调停，休兵罢战，固已煞费苦心。虽英人列款八端，要求无厌，设达赖稍知悔悟，趁此势听位，阁下竭力磨议，未始不可转圜。若如尊示番夷之愚顽，慎懦迥异寻常，事诚难于着手，朝廷西顾，藩服贻忧。阁下既力任其难，能否于番员中求一明白晓事者，曲为开导，谕以利害。当前非宕延所能了事，则强弱既判，达赖可出而开议。久之，当两就范围。阁下智珠在握，成算默操，就近磋商，当不难就范也。③

在他看来，强弱既判的形势，容不得达赖等人延宕，应该迅速与英国人达成条约。只是《拉萨条约》的丧权辱国已令清政府难以容忍，清政府已有与英公使直接谈判的行动。④ 在锡良拒绝参与谈判后不久，清政府派唐绍仪出任中英藏事谈判的代表，正式展开中英西藏边界等问题的谈判。对此，锡良表示要帮助新任帮办驻藏大臣凤全，"惟有资以兵力，助之饷糈，俾令震慑番夷，稍就驯帖，或于交涉不无裨益耳"。⑤ 可知他仍认为藏民不谙交涉、愚昧，需要加以震慑，从而减少中英交涉的困难。

---

① 《拟复驻藏钦差有》，《锡良督川时函稿》，档号：甲 374-113。
② 《拟复出使义国大臣许》，《锡良督川时函稿》，档号：甲 374-113。
③ 《拟复驻藏大臣有》，《锡良督川时函稿》，档号：甲 374-113。
④ 《藏事调处姑志》，《大公报》1904 年 10 月 5 日，"时事要闻"。
⑤ 《拟复刑部员外郎乔》，《锡良督川时函稿》，档号：甲 374-113。

（二）收回瞻对之争论①

随着《拉萨条约》的签订，朝野人士震惊于英国方面对西藏蚕食和渗透的野心，再一次认识到川藏安危对西南边疆的重要性。因此，如何有效地经营西南，巩固西南边疆，以杜绝列强的进一步觊觎，成为时人面对的非常重要的课题。于是，瞻对问题再一次成为时人关注的目标。

瞻对地区，本属于四川打箭炉厅管理，距该厅有六百余里，东连明正、单东、麻书、孔撒、章谷五土司，南接里塘、毛丫、崇禧三土司之疆，西北与德格土司毗连，位雅砻江上游，居众土司之间，纵横数百里，有上瞻、中瞻、下瞻之分，故又称三瞻。②由于该地地险人强，易守难攻，加上地理位置足以控扼川藏之间的南北两条通道，为兵家必争之地。③屡有叛乱，旋剿旋叛，即雍乾以来所谓"三千里地方，一百余年边患"。④咸同年间，瞻对土司工布朗结既兼并四土司，复劫藏人茶商，造成川边地区长达十数年的动乱。该土司还长期阻断川藏驿路，甚至危及西藏，这对川边的安定与清廷治藏造成了巨大的影响。到同治四年，"川藏会剿，藏兵先捷，据地索偿索费"。⑤时任四川总督骆秉章以府库空虚而未同意，奏请以瞻对地区予藏管理。此后，因驻瞻的西藏官员与川边土司发生冲突，时任四川总督鹿传霖派兵剿平，他考虑到瞻对的重要性，向清廷建议改土归流。但由于清廷内部未能达成一致的决策，于是该地仍旧归西藏管理。此时，随着西藏主权受损，已危及西南边疆，清廷考虑到瞻对作为因应藏事的前哨基地，于是又有"经营四川各土司，并及时将三瞻收回内属之议"。

---

① 关于这一部分的内容，可参见张秋雯《赵尔丰与瞻对改流》，台北：蒙藏委员会，2009年；张秋雯《清季鹿传霖力主收回瞻对始末》，《"中央研究院"近代史研究所集刊》第29期，第1—45页；张秋雯《赵尔丰与乡城之役（1905—1906）》，《"中央研究院"近代史研究所集刊》第33期等著作与文章。

② 傅嵩炑：《西康建省记》，"瞻对改流记"，四川官印刷局，民国元年（1912），第38页。

③ 张继：《定瞻厅志略》，北京：中央民族学院图书馆1978年油印本，第28页；任新建：《论清代的瞻对问题》，贾大泉主编：《四川历史研究文集》，成都：四川省社会科学院出版社，1987年，第159—178页。

④ 《清实录》第48册，《穆宗毅皇帝实录（四）》卷163，同治四年十二月乙巳，第768页。

⑤ 《鹿传霖奏牍·跋》，吴丰培辑：《清季筹藏奏牍》第二册，台北："国立北平研究院史学研究会"，1938年。

最先建议收回瞻对的是当时已入值军机处的鹿传霖，他于光绪三十年八月初五日致外务部一份《筹办瞻对疏节略》，提及在他督川时已虑及中英于西藏边界问题有事，"瞻如属藏，一旦有事，瞻对非我有矣"。现在随着中英边界问题的提出，"若不趁此时早为设法速将瞻对收回川属，撤去番官，一经英人清界，则瞻必属英"。① 需要指出的是，鹿传霖这一提议是在英军入藏后强迫西藏部分喇嘛签订丧权辱国的《拉萨条约》（光绪三十年七月二十八日）之后仅数日提出的。此时，有识之士认为这一条约使我国主权受到极大损害，甚至西藏有不为我有之忧，亟须重建西南藩篱。对此，清政府在该年八月二十四日发布了一道经营西藏的上谕：

> 西藏为我朝二百余年藩属，该处地大物博，久为外人垂涎。近日英兵入藏，迫胁番众立约，情形叵测，亟应思患豫防。补救筹维，端在开垦实边，练兵讲武，期挽利权而资抵御，方足以自固藩篱。前有旨令凤全移驻察木多，西宁办事大臣昨已简放延祉。所有西藏各边，东南至四川云南界一带，着凤全认真经理。北至青海界一带，着延祉认真经理。各将所属蒙番，设法安抚，并将有利可兴之地，切实查勘，举办屯垦畜牧。寓兵于农，勤加训练，酌量招工开矿，以裕饷源。目前所需经费，着会商崧蕃、锡良妥筹具奏。该大臣等均经朝廷特简，才足有为，务即尽心筹画，不避艰难，竭力经营，慎重边围，用裨大局，庶副委任。功多厚赏，其共勉之。②

这道上谕对西藏的经营进行了重新部署，明确了各个官员的职责，从垦务、练兵等方面入手，力图以此为契机，稳固西藏的边疆。到了九月二十三日，清廷又发布了一道上谕："有人奏，西藏情形危急，请经营四川各土司，并及时将三瞻收回内属等语，着锡良、有泰、凤全体察情形，妥议具奏。原

---

① 《军机大臣鹿传霖致外务部筹办瞻对疏节略》（光绪三十年八月初五日），《清末川滇边务档案史料》上册，第14—15页。
② 《清实录》第59册，《德宗景皇帝实录（八）》卷534，光绪三十年八月庚午，第117页。

折着钞给阅看，将此各谕令知之。"① 可知，清廷已有收回瞻对内属的倾向。对于这一问题，清廷内部存在着不同的声音。主张收回的是新授驻藏帮办大臣凤全，而反对收回的则是驻藏办事大臣有泰。

凤全认为，"瞻对本川省藩篱，而收还实保固根基"，要巩固川藏局势，应以收瞻最为切要。在接到清廷上谕后，他随即以檄令的形式要求打箭炉文武官员告谕三瞻地方的民众，以观察当地藏民的人心向背。同时，他根据锡良的咨电，咨催驻藏办事大臣有泰 "开导商上，调回番官，酌筹昔年兵费，以便接收"。② 但有泰则持反对的意见。有泰认为，此时中、英正在重新协议《拉萨条约》，而达赖出逃，并不在藏，此时推行收瞻政策，势必会引发内外隔阂，反而增加藏人的离心倾向。他给凤全的一封密咨内称：

> 光绪二十二年，拟以三瞻收还川属，改土归流，经前大臣开导藏番，唇焦舌敝，乃达赖既无归服之心，已有触望之意，此等情形，想川督部堂自必有案可稽，无庸赘述。继后奉旨赏还达赖，当由藏番备具贡品方物专差赴京呈进，该差旋藏，赍到回赏御赐各物，商上复备给哈达佛尊禀由本大臣代奏叩谢天恩，将年月日期咨明在案，盖恐瞻对甫经赐与，又议收回，似无此等政体，是以咨请酌核办理。在藏番则以为恩出朝廷，当无更易，其感戴皇仁，已见诸实事，今议者复申前说，收回内属，但瞻案牵连藏印大局，藏番虽与洋人定议，本大臣究未画押。现唐大臣尚未来藏；达赖远道，亦未查询明白，一旦议及赏还达赖之瞻对收归川属，不独于事理之反复既不可行，并启藏番轻视之心，为丛驱爵，适以坚趋向外人之意，其后患将有不可收拾者⋯⋯总之，以大局而论，示以天威则可，失此大信则万万不可。③

① 《清实录》第59册，《德宗景皇帝实录（八）》卷535，光绪三十年九月戊戌，第126页。
② 《驻藏帮办大臣凤复奏收回三瞻折》，《东方杂志》第二年第五期，军事，第195—196页。商上：原为西藏财政机关，设商卓特巴主持其事。后达赖直接掌办商上事务，商承驻藏大臣处理西藏政教事务。在达赖喇嘛未亲政时，由摄政协理商上事务，噶伦亦受商上统率，因而商上实际上成为西藏地方政府。（参见《清末川滇边务档案史料》下册，注释10，第1145页）
③ 《驻藏办事大臣有密咨驻藏帮办大臣凤不便收回三瞻文》，《东方杂志》第二年第五期，军事，第205—207页。

从上可知，有泰指出瞻对是清廷划给西藏管理的，现在西藏时局混乱，达赖出逃，此时提出收回瞻对，似有乘人之危的嫌疑，这有违清政府的信誉，且不利于时局的稳定。显然，他从道义、信誉等中国传统的治理方式出发，指出此时着手收回瞻对的困难之处。对此，凤全非常不赞同，在给有泰的回信中，他颇为尖锐地指出：

> 西藏自主之权，操之自我，瞻对属之藩部，何异属之川疆，应否收还，尚可无须汲汲。上年英兵入藏，情形几同瓦解，拟约通商，百端要挟，藏番私与英人定约，贵大臣幸未画押，于是有特派唐大臣定约全权之命。似此情形，阽危实甚，既难全力包举，俾无隙之可乘，复难成败坐观，听强邻之逼处。言官敷奏，洞悉本原，朝廷爰有饬筹及时收瞻之旨。夫所谓及时者，非乘危薄险，思图侥幸之功，实由痛巨创深，为此迫切之计也。英人狡焉思逞已非一日，溯自大吉岭通商，牵动西藏边界，未及而有隆吐之役；亚东通商，牵动全藏，未及而有江孜全藏之役。今则前藏通商，便已牵动全蜀矣。往事可征，江河日下，后患伊于胡底乎！兹准前因，贵大臣拘泥有伤政体一节，查爵土予夺之权操自朝廷，有功则予，有罪则夺。瞻地因其助剿瞻酋而予之，因其不能抚恤其人民而夺之，一秉大公，毫无私曲。贵大臣奏参达赖名号，亦犹斯意，事同一律，政体何伤。又恐有失大信一节，查瞻对之予，原以偿昔年兵费，前大臣长原奏善后章程内，曾经言及，商上岁收瞻民赋税九千余两，迄今三十余年，核以所用兵费二十万，久已取盈，而番官至今犹苛敛不已。酌酬昔年兵费，取回瞻对，是既不究其虐民之罪，而又偿以分外之资，尤属逾格施恩，仁至义尽，出瞻民于水火，固全蜀之藩篱，示普天之大信，莫逾于此，尚何失信之足虑。政体无伤，大信不失，达赖有何不折服而觖望之与有。况英兵已直抵西招，何待驱爵，藏印已私相定约，何止趋向，贵大臣亦无须多此顾忌也……总之，瞻对之应收不应收，惟问贵大臣将来西藏自主之权能终保不能终保。若能终保，俾西藏局面一如前，则瞻对之收可缓议也；若或不能终保，一经立约，枝节横生，此时则议收三瞻，恐噬脐之悔将无及矣。瞻地本属川疆，赏还达

赖，譬如幅帛抽心，不成片段，一旦有事，不惟门户未清，亦且守防无据。瞻地沿边各土司疆界在在毗连间阻，若不收回，即经营各土司亦将无所措手。

为此，他提出了可行性建议：

> 收瞻一事，瞻民甘愿归川，已操得半之道。所难者，达赖远飏去藏，贵大臣要在设法招致，略示羁縻，维系人心，似不可少……所望贵大臣揆今昔之情形，权利害之轻重，亟申未雨之谋，无存胶柱之见，于以仰承庙谟，下济同舟，详细筹商，委曲开导，收回三瞻之举，无托空言，则大局幸甚！朝廷幸甚！[①]

可知，凤全从瞻对的历史归属、西藏主权和西南边疆大局角度指出，收回瞻对能体现中央的权威，并不有损中央的信誉，而且此时收回瞻对，对于巩固西南边局、维护西藏主权，均有益处，是中央对西藏地方显示大信的表现。同时，他还从瞻对人心角度，认为收回瞻对有利于维持当地的治理。由此可知，双方观点鲜明，针锋相对。相较之下，凤全的视野更广阔，他能从国家主权的角度去看待整个西南边局问题。与仍局限于地方和中央角度的有泰相比，凤全的观点无疑更具说服力。然而，即便如此，有泰仍不赞成。他在日记中一再嘲笑凤全为收回瞻对所做的努力，并认为凤全所为都是为了奉承鹿传霖。[②]

作为这一问题的参与者之一，锡良对于有泰与凤全的争论，表现得颇为委婉而审慎，但又不失倾向性。他委婉地指出："有泰在藏言之，则主于安抚藏人，凤全在川言之，则主于裨益边务，用意虽殊，皆不得訾为失当。"但表示"经营边徼，自以收瞻为急"。可知，他认为应收回瞻对，因为他认识到"巴塘一隅，为卫藏咽喉，西川屏障"，其战略意义非常重要。至于如

---

① 《驻藏大臣凤咨复驻藏帮办大臣有收回三瞻文》，《东方杂志》第二年第五期，军事，第207—209页。
② 《有泰日记》，第522、546页。

何收回，他的看法是趁西藏当局为英人所击败，由"驻藏大臣动以情理，晓
以利害，事半功倍，或在此时"。故而他立即咨催有泰乘机开导，并请凤全
体察巴塘地区的民情，以便乘势收回。① 显然，锡良希望两方协作，以达到
其目的。但是，有泰不仅未能切实劝解藏族高层，以致藏人坚持管理瞻对，
而且还表达了反对的意见。不得已，锡良只能再将川边危急情状上奏清廷，
希望能使清廷明了瞻对藏属之危害。他说：

> 据该（打箭炉）文武电禀，番民慕化，惟虑事有反复，番官则必
> 俟藏中檄调，始肯离瞻。乃未及而闻藏中密谕藏番，修备兵戎，严防碉
> 隘，盖恐川师之潜袭也。关外诸番见其举动，不无摇惑，造谣寻衅，里
> 塘僧土竟敢要挟文武，逼释盗匪，扬言瞻酋派队违犯里塘。同时正办泰
> 凝金矿，该寺喇嘛竟敢纠众抗阻，据险设伏，屡次伤毙勇弁，都司卢鸣
> 扬被害捐躯，弁目张锡泰等至今未归，炉厅请兵。

又说，"现在关外土司喇嘛等已因瞻事风谣煽布，蠢起抗争"，这无不暗
示着他对瞻对藏属的忧虑，试图影响清廷的决策。同时，他从设官治理的角
度表达了对收回瞻对的看法：

> 奴才权轻重以求其是，参异同以折其中。窃以三瞻本川属土司，
> 距炉六百余里，距藏四千余里；且其地形与藏隔绝，而错杂于川界之
> 中，故易于侵轶川疆，构乱称兵，屡烦挞伐；番官之婪索货贿，毒虐
> 边氓，更无论矣。舍远隶近，乃便钤束，一劳永逸之计，收回内属，
> 诚至善也。

为此，他提出了收回瞻对的方法。他写道：

> 但收瞻之策，由川办理，不外理喻之与力取二者，理喻则凤全已

① 《复陈筹议收瞻折》，《锡良遗稿：奏稿》，第 470—471 页。

令炉厅晓譬，番官终怀叵测，虽再派员传檄，恐犬羊之性将有甚于泰凝喇嘛者，徒损威重而已。若云力取，川省陈师鞠旅，何难一奋戈铤，丑虏负隅，瞬当蕲灭；第念丙申之役，瞻番越境以抗王师，所谓义征不譓也。今如攻犯里塘者，出自讹言，则无从声罪以讨之。纵能夷险芟荒，建置屯卫，似于朝廷柔远之至德，字小之深仁，均为未合。

虽然他认为有能力通过武力解决这一问题，但拘于无出师之名，因此，他主张采取和平的方式以解决这一问题。他认为"两次收瞻，藏人敢生抵牾，每谓发谋疆吏而非上禀庙谟也，故前曾吁诉于理藩院"。而有泰呈递的藏人言论，亦以"臣下荧听之辞，多滋疑议"。因此，他建议"此事必求宸断，俾令唐古忒之众共凛王言，而予夺之间，既思有以服其心，更思有以关其口"。为此，他主张"敕下有泰宣布圣主绥边经远至意，明白开导，务令商上人等缴回瞻地，调回瞻官，立即赏还从前兵费银二十万两，由川筹解"。如此，在他看来，则"辞义严正，庶不致封故见而逞狡图"。①

由此可见，锡良并未明确支持主张积极进取的凤全，也未附和有泰的消极态度，而是从巴塘治理和经营西南的角度出发，论证了瞻对收回的可行性。从其言论来看，他是倾向于收回瞻对，从而一劳永逸地解决川藏问题的。这使其论断显得更具可操作性，因而有人认为锡良在巴塘问题上"庸懦畏葸，不敢先发"，②就不足为论了。对于锡良的见解，清廷的批复是"着即体察情形，妥筹办理"。③虽然此后凤全遭巴塘僧俗戕害，这场争论不了了之，但是这反映出清政府内部对收复瞻对意见的分歧。

---

① 以上均见《复陈筹议收瞻折》，《锡良遗稿：奏稿》，第 470—472 页。
② ［民国］杨仲华：《西康纪要》（又称《西康调查记》），中国西南文献丛书编委会：《西南史地文献》第二十一卷，兰州：兰州大学出版社，2003 年。在书中，他们对于锡良将赵尔丰派办巴塘军务称为炉边军务，而不是西康军务，耿耿于怀，认为这是非常大的失误。（见《西南史地文献》第二十一卷，第 94 页）这或许与民国时期的人物对清朝的丧权辱国有切身经历有关，因此他们对清朝的批评亦是不遗余力。
③ 《清实录》第 59 册，《德宗景皇帝实录（八）》卷 543，光绪三十一年三月壬寅，第 221 页。

（三）进军巴塘

在讨论收回瞻对问题之际，凤全遭到巴塘僧俗的戕害，使得瞻对的情势发生了急剧的变化。凤全是光绪三十年四月由清廷任命的、继桂霖之任的驻藏帮办大臣。[①] 但凤全并不乐于出任这一职位，按照其同僚周询的话，"本非所愿"。[②] 因而他迟迟不出发，到了八月初八日方才由成都起程，于二十六日到达打箭炉。[③] 为了增强里塘、巴塘各台的屯练，凤全先是在打箭炉调集各台土勇按照新式西操训练。[④] 到了巴塘，凤全见当地气候和煦，土地膏腴，可开垦之地尚多，因此，他决定暂留当地，以便督饬当地粮员从事垦务，同时，训练当地土勇，增强当地防卫力量，以整顿当地盗风。他还提出驻藏帮办大臣半年驻扎巴塘、半年驻扎打箭炉的建议。[⑤] 时人认为凤全是有意"借事驻节不进"。[⑥]

或许是为了尽快收回瞻对，凤全急切地推行这一系列的举措，对当地政教进行改革，期望通过改革使收瞻之举能早竟全功。[⑦] 鉴于喇嘛势力强大，且日以朘削番民为事，他提议限制喇嘛剃度，以二十年为期，暂缓剃度。大寺喇嘛不得逾三百名，其年龄在十三岁以内的喇嘛饬令还俗回家。他还希

---

① 戴福士认为，桂霖的自请开缺是因为担心经过巴塘时没有足够的武力保护，所以他以目疾为由奏请开缺。而凤全是经锡良任命，出任驻藏帮办大臣的。（Roger V. Des Forges, *Hsi-Liang and the Chinese National Revolution*, New Haven and London Yale University Press, 1973, p74）事实上，桂霖之自请开缺是因为西藏事务已颇为棘手，而驻藏帮办属于清政府的高级官员，不应由四川总督任命，至多由四川总督推荐。

② 《蜀海丛谈》，《近代中国史料丛刊》第 7 册，第 485 页。

③ 《驻藏帮办大臣凤全酌募土勇克期出关折》（光绪三十年十月二十一日），《清末川滇边务档案史料》上册，第 37 页；《拟复驻藏大臣有》，《锡良督川时函稿》，档号：甲 374–113。有学者认为，凤全到达打箭炉的日期是在十一月间，不确。（参见张秋雯《清末巴塘变乱之探讨》，《"中央研究院"近代史研究所集刊》第 10 期，第 228 页）

④ 《驻藏帮办大臣凤全酌募土勇克期出关折》（光绪三十年十月二十一日），《清末川滇边务档案史料》上册，第 37 页。

⑤ 《凤全勘办屯垦并请变通移驻折》（光绪三十年十二月二十一日），《清末川滇边务档案史料》上册，第 38—39 页。

⑥ 《蜀海丛谈》，《近代中国史料丛刊》第 7 册，第 485 页。

⑦ 《凤全致函刘廷恕请催管带张鸿升选带营勇出关》（光绪三十一年正月二十六日），《清末川滇边务档案史料》上册，第 42 页。

望通过增建小寺，将大寺喇嘛归入其中，散住焚修，以此分其势力。① 但是，他的这一举措明显触犯了当地土司及喇嘛的利益。并且，凤全的举措，也未能赢得同僚的赞同，有泰一再在日记中对凤全的举措进行嘲讽。他写道：

> （光绪三十一年）正月初十日……化臣来，因噶伦对李海山云，现接瞻对番官来文，有炉厅令其让回瞻对等语，拟三两日欲上公事，并闻番兵有欲打三崖等语。此皆凤荫堂（全）在彼浮躁，以致番人不服，只好呈来公事，再作道理。
>
> 正月二十日……午后过洋务局一谈，均在座。因接凤大臣知照，一奏明未接余文，先令交明瞻对，然不敢猛浪从事，大奉承鹿尚书，一奏请即驻扎巴塘，半年炉城，半年巴塘，嗣后即照此办理。并云察台番子利害一片，奏拟令喇嘛大寺止准留三百，卅岁以下十二岁以上均令还俗。众人未有不笑其乱者，晚鹤孙过谈，又及凤大臣，殊可笑。
>
> 二月初七日……晚间接凤大臣文书来函，一片胡云，不值一笑，大约粗心浮气，殊失大臣之意。鹤孙过谈，因同看，只得以不理理之而已。②

甚至在凤全死后，有泰仍在日记中痛骂凤全：

> 四月十八日……接南路来电，系枢府发，为巴塘事，有烦圣虑，于心何忍。凤堂之孟浪，丧身辱国，真死有余辜矣。③

总之，凤全的举措引起了当地土司及喇嘛的强烈反对，使当地社会出现了不安的情绪和动荡的迹象。《清史稿》也称凤全"性忼急，少权变，不

---

① 《凤全奏请限制喇嘛寺人数片》（光绪三十年十二月二十一日），《清末川滇边务档案史料》，第40—41号。
② 《有泰日记》，第519、520、526页。
③ 《有泰日记》，第546页。

能与番众委蛇，故终及难云”。[①] 先是打箭炉厅奉锡良和凤全的檄令，开办泰凝寺与明正土司连界之上、中、下河牙金砂矿产，并派员开导泰凝寺喇嘛。该寺喇嘛不服理喻，对此横加阻拦，纠众截路抗拒，并首先开炮，击伤弁勇。[②] 锡良认为这种行为“实已形同叛逆”，因此，向清廷表示“收瞻洵为要图”，并饬令打箭炉厅同知刘廷恕立即督会卢鸣扬等官员，迅速带军，迎头痛击。[③] 但所派人员又为该喇嘛寺击败，都司卢鸣扬为其伤毙，另一军官张锡泰则为其所羁押。而里塘喇嘛等人有逼迫该地粮员释放抢犯的举动，巴塘喇嘛则鼓动番匪出而掳掠，声称要阻止练兵开垦等事，扰及近台。而且，西藏方面的藏人得到消息后，“遽令瞻官潜谋抵御，以致摇动”，于是“关外僧土并敢藐抗，事端迭起”，并谣传有藏人调集兵马，围攻里塘衙署之说。事态的发展表明该地社会秩序逐渐脱离控制，大有叛乱之势。

锡良认为“该喇嘛寺抗官戕弁，狂妄已极”，若不立即予以镇压，“匪惟矿务无从着手，而边事益不堪问”。为此，他电请凤全就近派员，赴里塘查办该事，电令打箭炉厅官员添募土勇并调集明正土司马队等，分路前往剿办。但他担心敌势益加猖獗，加上“道远急难策应”，因此，又电令四川提督马维骐率所部，迅速驰赴打箭炉城，并先向泰凝进发，相机攻剿。[④] 清廷在得知这一讯息之后立即同意了锡良的部署。此时，进军瞻对的时机已渐成熟，军事解决瞻对问题成为必然的选择。

不久，凤全即遭该地巴塘僧俗戕害。光绪三十一年二月二十一、二十二等日，巴塘正副土司及丁林喇嘛寺所属之地，有土番五百余人，先在各处抢掠，继至茨荔陇垦场骚扰。凤全闻讯，即行派兵弹压。但该项番民人多势众，又有土司及喇嘛从中煽动，不仅不肯解散，反而不断增加。至二十八

① 《清史稿》卷 453，第 12602 页。

② 《致北京外务部电》（光绪三十一年二月初四至廿九日），《锡良督川时办理泰里巴塘事宜电稿》，中国社会科学院近代史研究所图书馆藏，档号：甲 374-144。

③ 《致炉厅刘丞电》（光绪三十一年二月十一日），《锡良督川时办理泰里巴塘事宜电稿》，档号：甲 374-144。

④ 《泰凝巴里番匪滋事片》，《锡良遗稿：奏稿》，第 472 页；《致北京外务部电》（光绪三十一年二月初四至廿九日），《锡良督川时办理泰里巴塘事宜电稿》，档号：甲 374-144。有学者认为，锡良是在凤全被戕害之后，方才调派马维骐前往镇压骚乱的。显然此说是不正确的。（参见张秋雯《清末巴塘变乱之探讨》，《“中央研究院”近代史研究所集刊》第 10 期，第 229 页）

日，已达三千余人。当晚他们分头行动：一股将法国天主堂烧毁，司铎牧守仁下落不明；一股封锁街道，使各散驻之官员士兵等不得集中；一股径扑凤全住所，与护卫官弁发生冲突。署巴塘都司吴以忠、随员秦宗藩及若干官兵阵亡。凤全以双方众寡悬殊，只有退居正土司寨内，暂避其锋。但该土番等又包围土司寨，围仍不解。三月初一日，凤全在迫不得已的情况下，只好接受该土番等的条件，率各随员及兵丁离开巴塘，准备返回打箭炉。但土番却在巴塘东方二十里之鹦哥嘴（一名红亭子）地方，设伏阻击，前后截杀，因寡不敌众，最终凤全本人及其随员陈式钰等共五十余人，全部遇害。此后，土司番民附和者甚多，且勾结察木多、里塘两台，瞻对三岩等处土司人员，并派出马队进窥打箭炉，颇有震动瞻对全台之势。[①] 幸而锡良所派之马维骐兵队已到达打箭炉，派兵勇于三月十七、十八等日攻克泰凝寺，兜剿乱番，追杀三十余里，斩获土番及牛马粮刍等甚多，军威稍振，人心始定。

为了安抚泰凝寺附近的民众，锡良派印委官员宣布德意，解散胁从，并召回安分堪布喇嘛，住寺焚修如故。同时，他严饬军队禁止骚扰当地民众，并严厉打击抢掠行为。有已革知县穆秉文在攻克泰凝寺后纵兵肆行抢抄，将寺庙中的铜佛、金鞍、玉如意、珍珠、神帐等大小二千余件抢掠一空。经马维骐查实后，将相应物件封存，悉数交还堪布喇嘛。对此，锡良认为，治兵以禁暴为先，制夷以攻心为上，唯有军律严明，罪其人而不利其有，方能使蛮荒顽梗咸怀畏于节制之师。而掳掠之事，有损国体而失人心，因此特参穆秉文，请旨发往新疆充当苦役。[②] 通过这些措施，泰凝寺附近土司喇嘛和民众"同声感戴，誓不再滋事端"，[③] 当地局势初步稳定。

至于平定巴塘之乱，锡良面临更大的困难。巴塘地形复杂，若要对其用兵，首先要克服粮运问题。因为打箭炉以外向不产米，五谷不生，兵米全由转运，而关外转运米粮更非当地乌拉不能行走，这极大地增加了用兵的成本，"非数兵之饷不能养一兵，数石之费不能运一石"，在此基础上，还需当

---

① 《查明驻藏帮办大臣凤全死事情形折》，《锡良遗稿·奏稿》，第477—478页；《各省军事纪要·四川》，《东方杂志》第二年第六期，军事，第273页。

② 《特参已革知县穆秉文片》，《锡良遗稿·奏稿》，第490页。

③ 《请给明正土司总兵衔片》，《锡良遗稿·奏稿》，第491页。

地乌拉能为其所用，故锡良称"用兵以二者为最难"。①因此锡良特派道员文纬等人在雅州、炉边设局办理运粮事宜。此时，为了能顺利平定巴塘，锡良认为非厚集兵力，不能制胜，故调派建昌道赵尔丰帮办炉边事务，招募营勇，会同剿办。与此同时，锡良还派员前赴瞻对、桑披寺等地探察当地顺逆情形。

经过精密的筹划后，马维骐、赵尔丰率军驰抵里塘。巴塘的喇嘛、土司等人誓众祭旗，率员出而抵御，并于险要关隘节节设伏，毁桥掘堑。这时，马维骐率军前进，赵尔丰坐镇里塘，保障后路。光绪三十一年六月十一、十二、十三等日，马维骐率领五营兵力，分道并进，先后在二郎湾、三坝关、喇嘛丫突、大所关等地与巴塘喇嘛遭遇，进行了激烈战斗，最终战胜对方。于是，清军乘势迭破关隘，直捣奔察木，二十四日，攻克巴塘，喇嘛所踞大本营丁林寺，见势不能支，遂举火自焚，余众四散。六月二十六日，马维骐到达巴塘，诘究倡乱本末，安抚被难商民，解散胁从，分别良莠，将正土司罗进宝、副土司郭宗札保一并从严拘禁。但当时戕害凤全之喇嘛阿泽等人尚多逃逸，肇乱之沟内七村之番犹散伏象山一带，因此当地不安定因素仍未消除，亟须搜剿。七月初三至初十日，马维骐分派营员，带队四出，先后生擒阿泽等主犯，重创余匪。经过这一系列战斗，巴塘"人心胥安，全台底定"。②

（四）戡平里塘和川边建设

巴塘底定后，锡良饬令赵尔丰统兵留驻当地，"详加审度，妥筹办理，俾可一劳永逸"。马维骐则酌留所部，于光绪三十一年十月初二日抵省。

为了一劳永逸地解决巴塘问题，锡良开始与赵尔丰等人进行善后事宜的规划。光绪三十一年九月初六日，锡良根据赵尔丰"先议收瞻，乃便统筹全局"的建议，致电清廷。他在电奏中表示，筹划巴塘善后事宜应寻找其致乱之由来。在他看来，巴塘等地之所以多事，"实缘瞻对番官侵暴川属土司"，

---

① 《查明驻藏帮办大臣凤全死事情形折》，《锡良遗稿：奏稿》，第478—479页；《炉边军务浩大请劝收捐款准奖实官折》，《锡良遗稿：奏稿》，第492页。

② 《戡平巴塘随保各员折》，《锡良遗稿：奏稿》，第513页。

因此希望能将瞻对收回川属，以绝祸本。他指出，"徼外措处，全视三瞻。盖其人雄长于诸番之中，其地错处于川边之内，番情向背，随之转移。而我沿革损益，莫不因之重轻，以此计其得失"。随着解决瞻对军事行动的顺利进行，此时若不予以收回，"愈恐难图"。因此，他提出解决方案，一方面由清廷"寄谕有泰明告商上，以保固川边，必应收回之故，勿稍疑贰，兵费照前筹给"，"一方面准由川省檄谕番官回藏，瞻民内附，无待招携。其建置事宜，即由赵尔丰率师前往，妥为筹划"。但他表示，解决瞻对问题的关键，仍在清廷，"必廷议定而后众志始坚，要荒永靖，事机贵速"。①

在向清廷阐明收瞻重要性的同时，锡良还说明了瞻对的现状。经过巴塘一役，番众投诚，关外百数十土司部落"莫不履忠效顺"，"边务不至龃龉，藩篱可期永固"。②可见川省方面正在逐渐控制并稳定瞻对地方的统治，形势正朝着有利于收回瞻对的方向发展。因此，清廷认为筹划巴塘、里塘善后事宜时机已熟，同意四川方面"乘此机会将三瞻地方收回内辖，改设官屯，俾资控驭"，并饬令"有泰、联豫即行剀切开导商上，晓以保固川边，必应收还瞻对，令将所派番官撤回，毋稍疑贰，兵费仍照前筹给，以示体恤"。③

于是，四川方面开始积极筹划。锡良认为，川、藏号为毗连，相距六千余里，形势之足以控藏而固川者，厥惟巴、里两塘。而巴塘距边千数百里，非先经营里塘，声势必致隔绝。然而，里塘地方自归藏属以后，当地边员、戍兵形同虚设，"坐视凶僧、悍匪之鸱张"，以致当地诸番"只知有藏、卫，不知有国家，而藏番亦遂夜郎自大，顽梗于先，专擅于后，上烦朝廷西顾之劳"。④因此要增强对当地的管辖，"必先清肘腋之患，始可作远图之计"。⑤他所谓肘腋之患是里塘所属乡城地方之桑披岭寺喇嘛。该寺有喇嘛数千人，在堪布普中乍娃领导下，恃众逞凶，挟制邻近番夷，先是抗纳夷赋，继则迁

---

① 《锡良致电军机处请收回瞻对以弭边患》（光绪三十一年九月初六日），《清末川滇边务档案史料》上册，第66—67页。

② 《凤全建祠请谥折》，《锡良遗稿：奏稿》，第539页。

③ 《军机大臣电寄锡良奉旨着手收回瞻对并相机酌办里塘改流事宜》（光绪三十一年九月初八日），《清末川滇边务档案史料》上册，第67页。

④ 《官军攻克桑披逆番折》，《锡良遗稿：奏稿》，第584页

⑤ 《剿办桑披寺逆夷片》，《锡良遗稿：奏稿》，第554页。

怒焚杀纳赋之夷村，并袭杀里塘僧众。清廷虽曾于光绪二十三年派兵进行围剿，但为该寺所击败。该寺异常凶残，先是将守备李朝福父子三人肢解，后来又将俘获之游击施文明杀害并剥皮实草，置于寺中，宣示其威。清廷因外患方亟，无力西顾，故对其采取羁縻政策，以致其势愈张。除了不纳年赋外，该寺僧众还多次威胁不允清廷在里塘通往西藏的大道上设站供差，严重危害了当地的社会秩序和清政府的统治。

到了此次巴塘战役时，该寺又与巴塘寺僧遥为呼应，首先撤去供应站，在知道清军粮食不足的情况下将该境常年运粜里塘之粮食，全部遏粜。与此同时，该寺喇嘛还声称要防备清军，紧急建造大炮，阻断道路，深挖坑道，做好作战准备。当时赵尔丰鉴于巴塘尚未肃清，故对该寺采取怀柔政策，派员前往劝谕，但该寺不为所动。随着巴塘战事的结束，该寺喇嘛有了危机感，胁迫邻近之稻坝、火珠尔村入伙，并强行将两村的财粟搬运入寺。

由于该寺处于巴塘、里塘中间地带，皆八站之遥，山路极险且复杂，加上该寺有喇嘛数千人，寺墙以大石垒筑，其高相当于城垣，并且内外层密布炮楼多座，因此有人认为不宜轻主用兵。锡良认为，该寺僧所为乃公然叛逆之行为，"舍此弗诛，边事固不堪问，巴、里两塘亦将终非我有"。[①]于是，他饬令赵尔丰会同已革广西补用道钱锡宝率军前往讨伐。赵尔丰由巴塘派营分路进攻，钱锡宝则由里塘中渡进军，共分为六路。当时雪深草枯，乌拉不能用，清军不得不自带粮食冒雪前行，在距该寺二三站地方，遇到伏击袭营，经痛击获胜，转战而前。双方又在地势最险之马格喇山进行大战，清军经力战获胜，乘势击毁炮碉三十余座，对桑披寺进行围攻。鉴于该地山径复杂，处处可通，距离云南仅数十里。为防止该寺喇嘛逃跑并且断绝其后援，锡良致电云贵总督丁振铎，要求云南方面严防边境。[②]

然而，该寺四面环山，依山麓而建，寺外筑石城二重，中实以土，坚固异常，用三磅炮连击亦不能少动。附城错列坚碉十余座，后山石碉守之尤严，加上四周碉楼栉比鳞次，异常繁多。清军久攻不下，只得将其围困。而

---

① 《官军攻克桑披逆番折》，《锡良遗稿·奏稿》，第585页。
② 《致云南丁循帅电》（光绪三十二年正月初五日），《锡良督川时办理桑披巴里泸军务往来电稿》，中国社会科学院近代史研究所图书馆藏，档号：甲374-120。

该寺因早有准备，粮食储备丰富，因此退缩寺中，并昼夜迭出攻袭，"数月以来，几于无日不战，无战不恶"，虽经击退，但清军亦难有进展，反而有所损失。赵尔丰认为"此非可以力取"，要求各营分守要隘，稳扎稳打，并表示要饬造攻具，亲赴前线。① 对此，锡良表示同意稳扎严备，并建议采取"断其汲道"的方式，② 实现突破。于是，赵尔丰到达该地后积极寻找水道，查知"其取水，暗掘地道，引入寺内，源源不绝，而河流甚长，无从得其引水之处"。③ 经过进一步调查后，发现该水道在寺院后山，双方又进行了激烈的战斗，经过三昼夜之力，清军将这一水道堵掘。但由于桑披寺粮食和水都储备充足，清军围困数月之久，仍难以攻破。此时，清军出现粮食困难，只能以苞米牛皮煮草而食。到了光绪三十二年闰四月，断水颇久的桑披寺方才开始缺水，作书缒城往求外援，其余喇嘛决定在该月十八日夜间开城杀出。该书为清军所得并译出，到了十八日，堪布普中乍娃以无水难支，欲率众冲出，旋被击伤后自杀，清军遂进行猛攻，枪毙数百名，生擒百余名，最终攻克该寺。赵对俘虏逐一讯供，查明多为胁从，仅戮凶恶者三四人，余均准其投诚释放，诸番皆降，乡城乃定。④ 光绪三十二年八月初五日，赵尔丰最终将逃亡之喇嘛人员镇压，至此，川省方面完全掌握了瞻对地区。

至于开导西藏地方当局，有泰表示"此次收瞻内属，系自宸衷独断，非前次有人建议可比"，因此"遵即译行商上，并将噶布伦等传集署中，督饬委员，剀切开导"，并且亲自出面"逐层驳饬，力破其愚"，"先后译行文字，不下数千言，开导各语，则唇焦舌敝"。但是，西藏地方当局不肯交还瞻对的立场相当坚定，有泰的开导，非但未见丝毫效果，甚至不了了之。⑤ 后人认为，"驾驭开导，固属困难，而有泰又失诸推诿因循"，"是藏之速叛，有泰

① 《军督宪钧鉴》（光绪三十二年正月初八日），《锡良督川时办理桑披巴里泸军务往来电稿》，档号：甲374–120。
② 《致赵道电》（光绪三十二年正月初九日），《锡良督川时办理桑披巴里泸军务往来电稿》，档号：甲374–120。
③ 《军督宪钧鉴》（光绪三十二年正月十八日），《锡良督川时办理桑披巴里泸军务往来电稿》，档号：甲374–120。
④ 《西康建省记》，第9—10页；《官军攻克桑披逆番折》，《锡良遗稿：奏稿》，第585—586页。
⑤ 《复四川总督锡为收瞻开导藏番函》，《清季筹藏奏牍》，第42—43页；《赵尔丰与瞻对改流》，第32—34页。

不得辞其咎"。①

此时，四川方面在锡良和赵尔丰等人的引领下积极筹划瞻对事宜，进行川边建设。在控制住瞻对地方后，赵尔丰即积极筹划收瞻事宜，"规划全局，虽无日不在行间，于后路巴、里两台一切赈抚事宜，罔不备举，手书条陈边事，洋洋千言，洞中肯要"。②锡良认为，瞻对在经历兵事之后，首宜加意抚绥，相与安集休养，革除土司苛政，因此派循声素著的赵渊前往办理善后事宜，随时与赵尔丰筹商，整理屯务，"巩固边庭，为久远至计"。③显然，锡良有意借助军事上的胜利，在该地实行屯垦，行稳固川边之意。

然而，由于西藏方面的反对，清廷表现得迟疑，仍未能做出有力的决策。有鉴于此，锡良与赵尔丰等人筹商后，决定采取相对传统的做法，"先设流官管理分治"，即将巴塘、盐井、三坝、理化、定乡、稻城、贡噶岭、河口八县隶属于川，"如川边将来建省，以为改土归流之基"。这显然是为了减轻清廷决策的阻力而做出的策略性妥协。但鉴于瞻对这一区域幅员辽阔，锡良在与四川官吏、云贵总督等人反复磋商后共同向清廷奏请设立川滇边务大臣，曰：

> 窃查打箭炉西至巴塘、贡噶岭，北至霍耳、五家，纵横各数千里，设官分治，事理极繁，如隶属于川，断非设一道员所能统治。现在改流地方，宜设民官，以敷政教，而未收各地，以待设治，非有明晰政治、熟睹边情专阃大员随宜措置，必不能悉合机宜。若以道员分巡，一举一动，均须于数千里外，远承总督命令，深恐贻误边计，边事不理，川藏中梗，关系至大。征之前事，藏侵瞻对，川不能救，英兵入藏，川不问战，藏危边乱，牵制全局者，皆边疆不治，道途中梗之所致也。

他们还指出："乘此改土归流，照宁夏、青海之例，先置川滇边务大臣，驻扎巴塘练兵，以为西藏声援，整理地方为后盾，川滇边藏，声气相通，联

---

① 《有泰奏牍·跋》，《清季筹藏奏牍》第三册。
② 《密保建昌道赵尔丰折》，《锡良遗稿：奏稿》，第595页。
③ 《委赵渊赴巴塘办理善后片》，《锡良遗稿：奏稿》，第593页。

为一致，一劳永逸，此西南之计也。"①

值得注意的是，为了减少西藏方面的阻力，他们借练兵以壮西藏声援之名，对瞻对地区进行改土归流、设官分治的活动，以达到加强对该区域的控制，进而重固藩篱的目的。对此，清廷体会到了锡良等人的良苦用心，认为"现西藏纷乱未靖，边境多事，所拟设置边务大臣驻扎巴塘练兵，以为声援，事拟可行"，最终认同锡良等人的建议，派定赵尔丰出任川滇边务大臣，进驻巴塘练兵。②这一机构的设立使这一区域成为清末民国中央控驭西南并进而影响西藏的门户地带，深刻影响着西南政局的发展演进。

随着四川方面在瞻对地方取得控制权后，锡良开始着手筹划西藏事务。他见印度卢比流行于藏卫，渐及各台，到了清末竟渗透到四川打箭炉和云南边境，以致"价值任意居奇，兵商交困，利权尽失"。锡良认为，国币关系主权，印度卢比的流通极大地伤害了我国利权，因此亟应加以抵制。鉴于内地银钱不能为番俗所信用，他饬令四川省机器局照印度重三钱二分为一元卢比的样式，在银币的一面标以汉文，试行鼓铸，制造务精，银色务足。这种货币刚到里塘时，为当地人所拒用。赵尔丰遂将为首的二人正法，然后该币通用无阻。锡良称在打箭炉及附近边台试用后受到番汉民众欢迎，认为该货币能保我利权，免致外溢，因此开始进行大规模铸造。③此后该货币渐渐通行，交易往来，非此不行。至民国年间，关外各地，几成唯一之通货。④于此可见锡良用意之深远。

此外，光绪三十二年十一月，锡良在四川成都设立藏文学堂。他认为：

> 经画边疆之要，在于洞知番情；而欲洞知其情，必自通其语文始。川藏疆界毗连，即川、滇内附各番族，亦多习用藏中语文。历年台藏文武员弁，所用通事，明于事理者绝少，或则传达舛错致误时机，甚且有

---

① 《川督锡良等奏请设川滇边务大臣驻巴练兵电》，吴丰培编：《赵尔丰川边奏牍》，成都：四川民族出版社，1984 年，第 44—45 页。

② 《军机处奏复请以赵尔丰为川滇边务大臣折》，《赵尔丰川边奏牍》，第 45 页。

③ 《铸藏圆以济边用片》，《锡良遗稿：奏稿》，第 543—544 页。

④ 《西康纪要》，《西南史地文献》第二十一卷，第 249 页。

意倒颠，借端播弄，番情每致不洽，弊窦防不胜防。际兹经营藏卫，整理边务之时，必须招集内地人士，自行肄习，方足备任使而杜弊端。①

可知，锡良从民族交流和实际治理中的弊端出发，认为在当时筹划西藏和经营川边的背景下亟须大量熟谙藏文的人员，因此他设立学堂，招收内地人士，学习藏语。该堂招考一百二十名学生，学科以藏文、藏语为主，由熟悉汉藏文字的教习教授，同时仍用汉文教员，教以国文、修身、伦理并兼授英文、历史等科目。他培养的这批人员，为此后的清末民国中央政府经营川边和筹划西藏提供了专业人才。不管怎样，瞻对的收回和川边经营的展开，使西藏局势逐渐呈现稳定的态势，中国方面一改西南边疆的颓势。因此，锡良被时人视为具有"公认的疆防事务专长"。②

二、稳固云南边疆

（一）力保国权

20 世纪初，因法国人攫取滇越铁路权利，而英国人又谋求滇缅铁路权利，两强相争，有吞噬云南之势。这种亡国灭种的危险在云南社会中蔓延，云南有识之士更是成立了所谓云南死绝会，表现出对清政府不作为的愤慨。③清廷也有意稳固云南边疆，因此于光绪三十三年正月，谕令锡良调补云贵总督。

事实上，锡良异常重视铁路交通，认为"铁路所至之地，即势力所及之地"。④因此，在到任之初，他即向清政府表示，要积极经营云南铁路，并希望清政府能在财政上给予支持。⑤他一方面积极推进滇蜀腾越铁路的自办，

---

① 《川省设立藏文学堂片》，《锡良遗稿：奏稿》，第 651—652 页。

② ［美］韩德：《一种特殊关系的形成——1914 年前的美国与中国》，项立岭、林勇军译，上海：复旦大学出版社，1993 年，第 218 页。

③ 《云南死绝会之宗旨》，《申报》1907 年 8 月 1 日第三版。

④ 《奏设川汉铁路公司折》，《锡良遗稿：奏稿》，第 339 页。

⑤ 《滇省应办事宜大概情形折》，《锡良遗稿：奏稿》，第 663 页。

采取随粮认股的方式筹措铁路股本；^①另一方面与滇省士绅合作，力图赎回滇越铁路。但当滇蜀腾越铁路公司贴出劝谕集股告示之后，英国领事对此提出了抗议。英方认为，按照利益均沾说，英国方面理应取得腾越铁路的修筑权。所以，英方要求将告示中腾越字样删除。锡良则认为，中方并未允诺给予英方修筑该路的权利，指出这是英方"有意刁索"，表示"万难因其牵引附会甘心退让"。对此，英方并不退让，坚决要求该铁路的利权。这使锡良意识到云南铁路的症结在于滇越铁路利权的丧失，因此，他认为"危急存亡系此一举"，"除赎路别无善策"。^②

于是，他积极联络云南士绅向清政府要求赎回滇越铁路。清政府对他的计划表示赞同，认为"英人援照法例，阻我自修腾越铁路，非将法路赎回不能杜此争端"，与法国方面就赎路问题展开磋商。^③法方表示，该事可以谈判，但须中方另许利益，以作酬报。^④事实上，法方并无诚意，只是将此事作为获取其他利益的诱饵。在一份法国外交部的内部报告中，法方明确表示赎回该路须在此路修筑完成后八十年方准。^⑤

当时锡良见有可转之机，积极地发动滇省绅民筹措款项。云南士绅积极投入这一行动，争相筹款，欲自行修造全省铁路。锡良曾致电清政府，称："现在全省绅民公议开办国民义务捐，先筹六百万元，与法国磋议赎回自办，请饬下各省督抚谕股户认捐。"^⑥清政府因自身糟糕的财政，认为要赎回铁路，唯有借用外债。随即，法方提出若借外款赎路，则需借用法款。最初锡良表示不愿借用外债，希望清政府能承担相应的费用。但友人蔡乃煌分

① 《滇蜀腾越铁路工巨费艰公议酌改随粮认股章程折》，《锡良遗稿：奏稿》，第796—797页。

② 《发出使法国大臣刘式训电》（光绪三十三年八月二十九日），中国第一历史档案馆主编：《清代军机处电报档汇编》第33册，北京：中国人民大学出版社，2005年，第451页。

③ 《发出使法国大臣刘式训电》（光绪三十三年九月二十二日），《清代军机处电报档汇编》第33册，第510页。

④ 《收出使法国大臣刘式训致外务部电》（光绪三十三年九月十八日），《清代军机处电报档汇编》第33册，第498页。

⑤ 《关于云南开放的备忘录，巴思德致外务部长先生（1908年12月9日，北京）》，章开沅、罗福惠、严昌洪主编：《辛亥革命史资料新编》第7卷，武汉：湖北人民出版社，2006年，第137页。

⑥ 《铁路公司致云南京官电》（光绪三十三年十二月十五日），《北京来往电（云贵总督任）》，中国社会科学院近代史研究所图书馆藏，档号：甲374—10。

析，"滇款既难多筹，中央又无巨款，非借款万难赎路，非借法款则法廷万不许赎"，劝其借用外款。① 锡良似有所动，将此提议交给滇省士绅加以讨论。但云南士绅认为，要保国权即当拒外款，只有自修铁路方能达到挽救滇省危亡的目的，若清政府提议借款，反而会留下"畏外媚外"的印象。② 因财政困难，加以法人的无诚意，此事一再延宕，最终随着滇越铁路修成而作罢。

锡良还有意挽回其他国权，如中缅疆界的划界问题，他向清政府提出"七不许六可争"，建议应极力争取。为了便于保护华侨的正当利益，锡良向清政府建议在华人较为集中的缅甸阿瓦地方设立领事，等等。此外，他在任内积极派员开采云南个旧、开化等地的矿产，抵制了法国隆兴等公司染指这些矿产的企图。③

除了力争国权，锡良积极谋划并加强对边远地区的管理，以重筑藩篱，保固边疆。为此，他采取了调整行政区划和改土归流的举措。在行政区划方面，锡良调整了镇雄州等官缺。云南地接川黔，犬牙交错，这一区域回汉杂糅，民夷纷回，又有土司掺杂其中，因此形势复杂。为了更好地加强对该区域的治理，锡良认为有必要对行政区划进行相应调整，以达到内外相制的目的。如镇雄州地方辽阔，汉少夷多，与所管昭通府相距八日路程，锡良认为该地仅有一名知州难以控驭，因此向清政府建议升该州为直隶州，隶属于迤东道，并增设一县隶属之。又有永善县境之副官村，水陆交通，商民辐辏，五方杂处，但仅有一名县丞管辖，锡良认为权轻位卑，难以震慑，因此他向清政府建议裁撤县丞，设立县官，与永善县分地而治。④ 又如云南迤东道原驻寻甸州城，僻处一隅，与所辖之府州"恒虞隔阂"，又因制兵裁撤，锡良认为非改驻地方，不足以资控驭，为此，他将迤东道迁驻至消息灵通的曲靖府。⑤ 在改土归流方面，锡良表现得比较审慎。因为云南土司多处边界地带，

---

① 《蔡伯洪丞堂》（光绪三十三年冬月廿三日），《北京来往电（云贵总督任）》，档号：甲 374–10。

② 击椎生：《苏杭甬铁路与滇川铁路之比较》，《云南杂志选辑》，第 546—551 页。

③ "中央研究院"近代史研究所编：《矿务档：云南、贵州、奉天》，台北："中央研究院"近代史研究所，1960 年，第 3304—3305 页。

④ 《拟升镇雄州为直隶州暨增设知县并将土州改设流官以资直隶折》，《锡良遗稿：奏稿》，第 744—745 页。

⑤ 《请将云南迤东道署移驻曲靖府城以备巡防灵通片》，《锡良遗稿：奏稿》，第 827 页。

当时云南部分官绅向清政府请求将靠近边界的腾越等处土司，"一举而尽改之"。对此，锡良在综合考察云南内政后，认为进行全面的改革并不现实。因为云南既无足够兵力威慑土司，又无巨款来推行这一改革，加上云南颓败的官吏不能承担起这一重任。他加强了对边地官吏的遴选，一再严饬管辖土司的地方官革除从前的一切规费。同时，他饬令腾越等地官吏加速土司的承袭工作，以稳定土司。①在他看来，这些政策仍不足以稳定各土司，还需要相应兵力震慑。于是，他饬令腾越镇总兵认真训练，并在大理等地驻扎新军。②他体察民情，对条件成熟的土司地方则积极推进改土归流的工作。有北胜土知州，界连四川，地属内地，而该土知州习惯苛虐，又常勾引外匪，致使民不聊生，因此，锡良认为，若要保固边防，当予以改流。③又有镇康土知州因土司族内争斗，众叛亲离，该地土目、土民均愿汉官管理，因此，锡良即派员进行改土归流。④对此，清政府给予了肯定，认为处于内地的土官与流官错处，事权本已式微，因此所办俱属可行。⑤

（二）军政变革

锡良认为，"列国竞争，立国之本，不外乎内政外交，而内政尤为外交之本"，因此他从内政角度去思考云南面临边疆危机之缘由。

20世纪初的云南吏治颓败已极，地方官唯知上下欺蒙，"一意私肥"，办事多敷衍草率，"但以钻营奔竞为能"，⑥使云南社会处于崩溃的边缘。对此，锡良对云南官吏严行参劾，两年间先后参劾四十余人。⑦但云南吏治仍未有大的起色，以致出现"参之不胜其参，用之不胜其用"的现象，锡良甚至认为云南吏治"竟无更正之日"。他认为之所以会出现这种情形，一个很重要

---

① 《贵州都匀府独山州属服色土司知蒙继先承袭折》《请袭云南腾越厅属南甸宣抚司土职折》《请袭云南腾越厅属陇川宣抚司土职折》，《锡良遗稿：奏稿》，第771、860、879页。

② 《筹复滇省土司改土归流情形折》，《锡良遗稿：奏稿》，第828—829页。

③ 《拟升镇雄州为直隶州暨增设知县并将土州改设流官以资治理折》，《锡良遗稿：奏稿》，第745页。

④ 《土司员缺久悬异族图袭拟请改流以弭边衅折》，《锡良遗稿：奏稿》，第784页。

⑤ 《吏部奏复滇督请升镇雄州为直隶州暨添设知县等折》，《申报》1908年11月30日，第四张第二版。

⑥ 《沥陈滇省困难亟宜通筹补救folder》，《锡良遗稿：奏稿》，第677页。

⑦ 《拟请惩处缺额营员缘由片》《甄别属员贤否请旨劝惩折》《甄别庸劣不职各员请旨惩折》，《锡良遗稿：奏稿》，第668、691—692、723页。

的原因是，云南地处贫瘠极边之地，才俊之士，多不愿任职滇省，甚至云贵总督之职也被视作畏途。[①] 为了扭转这一颓势，锡良希望获得清政府某种制度上的支持。他向清政府请求能在人才分发方面给予支持，如增加签分到滇的知县人数。但这显然还不够，锡良又借着河口起义的影响，向清政府要求获取两年内云南道、府、州、县各缺补署和咨选的权力。[②] 这得到了清政府的认可，对锡良澄清云南吏治起到了重要作用。

第二，整肃军政，加快滇军近代化。军队是国家的柱石，但云南军政因腐败而有分崩离析的态势。云南军队之腐败较之他省为尤甚，"匪特军事种种腐败，甚至缺额侵饷之弊，亦复视为固然"。[③] 士兵则因"侵吞额缺，饷薄兵穷，服居敝垢，乞丐不如"。[④] 锡良直呼滇省之军"练兵与不练同"，"有兵直与无兵同"，"实为各省所少见"。[⑤]

到任后，他积极整顿滇军，严惩贪污严重的军官，如他将采取缺额等方式谋利的管带田庆杰、孙殿魁等人正法，其他情节稍轻者，或革职发往新疆充当苦差，或革职发交原籍监禁。这种措施并非限于普通军官，他对在当地颇具影响的军功后裔马殿选等人也进行了惩处。[⑥] 这些行动深深震慑了云南某些军官，引起了他们的恐慌，在某种程度上影响了军心，成为导致戊申河口起义中部分滇军参与叛乱的重要因素，[⑦] 但对澄清云南军政具有重要的意义。

与此同时，锡良积极谋划滇军的近代化建设。在他看来，要挽救危亡，滇省至少要练成陆军一镇，驻扎适中地方，方能震慑。然而，当时滇省虽有新军之名而无新军之实，因此，他认为滇省新军应"彻底淘汰，从新更张"。[⑧] 在此原则指导下，他将原有滇军步队二标汰弱留强，改编为铁路巡防队，将驻扎在广南府的第二标第三营改并编入巡防队，将名不副实的临安、

---

① 如岑春煊就因云南财政匮乏，通过运动调往他处，锡良在调任之初亦一再因财政困难向清政府请辞。
② 《拟请变通补署各缺折》，《锡良遗稿：奏稿》，第801—802页。
③ 《拟请惩处缺额营员缘由片》，《锡良遗稿：奏稿》，第669页。
④ 《收云贵总督锡良致外务部电》，《清代军机处电报档汇编》第33册，第319页。
⑤ 《滇省营务废弛查明贪庸不职将领请旨分别惩处折》，《锡良遗稿：奏稿》，第681页。
⑥ 《请将革员马殿选存留养亲免成新疆片》，《锡良遗稿：奏稿》，第717—718页。
⑦ 参见拙作《戊申河口起义与清末云南社会》，《云南社会科学》2010年第6期。
⑧ 《沥陈滇省困难亟宜通筹补救折》，《锡良遗稿：奏稿》，第679页。

蒙自炮队第二营遣撤。而滇省的新军则以从广东、四川调来的军队为基础，编练两营。为了增强新军将领的军事素养，他除从省外和留日士官毕业生中选调大批新式军官外，还创设了云南讲武堂。另一方面，他加快了滇军军事设施的建设。针对滇军缺乏军械的状况，他派员到南北洋、湖北等地购置步枪、山炮等枪械。为了改变滇军没有营房，散处庙宇、城楼、公所等处的窘况，他于1907 年底在昆明北关外建设了营房。经他规划建设，"滇省始有新军"。[1]

更为重要的是，在任期间，他为滇军统一了防营制度。在此之前，滇省军政并无统一的制度，滇军营制饷章屡经更易，以致"庞杂纠纷，漫无秩序"。为此，他认为应统一营制和规定饷章。在营制方面，他规定滇军每营以258 人为定额，将军队分为南防、西防、普防、江防和铁路巡防等五防，共47 营，同时各路以南防最为紧要，所以南防的防营最多。在他的改革中，这些防营按照次序编号，同时分别驻扎于重要地域，以加强对边疆的控驭能力。在饷章方面，鉴于云南食用贵于内地之情形，他增加了官兵的津贴，以杜绝军事腐败。此外，为了整肃军容，他还规定每年军队统一发给军装二套。[2]

此外，锡良还加速进行云南绿营的裁汰工作。云南绿营几经裁汰，至1907 年存有提镇副参等官 125 名，士兵 2890 名。而随着新军的开办、警察的创设，绿营的职能逐步被取代。锡良认为，在云南财政吃紧的情况下仍虚縻饷糈养疲羸之兵，"非计之得者"，因此在审度形势后，他适当保留了形势吃紧的镇雄、镇边、维西等处 213 名绿营官兵，其余一律裁汰。至此，云南的绿营兵制成为历史。[3] 在他谋划下，滇省军事焕然一新，至 1909 年，云南新军已初具规模。[4]

锡良的努力在滇省绅民中间赢得了极高的声望，以至辛亥革命时，清廷在云南的统治出现危机时仍有意派锡良为云贵总督。[5] 但锡良的作为却引起了英法等列强的强烈不满，他们一度联合向清政府要求将其调离云贵总督

① 《清史稿》卷 449，第 12533 页。
② 《改编滇省防营厘定章制以固边陲而肃戎政折》，《锡良遗稿：奏稿》，第 729—731 页。
③ 《滇省绿营官兵分别酌拟裁留折》，《锡良遗稿：奏稿》，第 747—748 页。
④ 《滇省新添练陆军一镇逐款核实报销情形片》，《锡良遗稿：奏稿》，第 873 页。
⑤ 《拟派锡良赴滇宣抚军民》，《大公报》1911 年 11 月 12 日，"要闻"。

之任。① 法国人更是认定锡良在云南制造和扩大敌对思想，他的存在"有害于我们的睦邻关系和不利于我们已取得的矿山开采特许权和建造铁路的特权"。② 可知，锡良在抵制英法等国侵略方面取得了一定的成就，正是由于他极力抵制外国侵略，重筑藩篱，云南民众的危机意识不断增强，民族意识被唤醒，革命党人也因云南军政的近代化而渗透入新军，这都为此后辛亥革命在云南的成功奠定了社会基础。

第三节　远东危局与东北建设

初到东三省，锡良即向清廷指出，东三省改设行省，"意在振兴庶政，恢拓国权"。他表示，"惟有竭尽愚诚，广招贤俊，损益必准诸时势，劳怨不恤夫人言，节费用以资腾挪，开利源以规久大"，进而使边疆永固。③ 这一带有宣言式的奏折，无不预示着锡良任职东三省的任务困难而艰巨。

自日俄战争之后，东三省始终处在日俄两强的觊觎之下，边境地区纷争不断。东北自乌苏里江过瑷珲、海兰泡、观音山等处直接漠河，流域数千里，处处与俄国疆界相望。而中国方面在这一地区人口稀少，界河一带荒芜无际。俄国人在其边界地带，节节布置，遍设民官，移民实边，渐成都市，并对在其境内工作的中国人"肆行驱禁"。同时，这些区域五金矿产储蕴丰富，日俄两国人民常有裹粮私自勘查之事。加之，这一区域乌苏里江、嫩江、牡丹江、松花江、鸭绿江等河流交错，航运资源丰富，但见日俄汽船，连樯内驶，而中国方面除仅在松花江近省一带及呼兰河埠稍置官轮数艘外，

---

① 《两钦使要求撤换锡制军之原因》，《大公报》1908 年 3 月 20 日，"要闻"。

② 《法国外交部档案·供外交部长用的摘录》（1908 年 6 月 8 日），《辛亥革命史资料新编》第 7 卷，第 100—101 页。

③ 《恭报到任日期谢恩折》，《锡良遗稿：奏稿》，第 883 页。

其余均未兴办。更令人担忧的是，日俄分别以安奉铁路、东清铁路分据南北，隐然有划疆而治的企图。可见当时这一区域边防异常空虚，不仅利权外溢，且主权不保。当时日本鼓励韩民越垦延吉间岛一带荒地，引起所谓"间岛领土问题交涉"。东三省的国际态势非常不利于中国，锡良无疑需要面对这一困难局势。

一、东三省的危机加深：安奉铁路交涉

到任未久，东三省即因中日安奉铁路交涉而陷入莫大的危机之中。安奉铁路是日军在日俄战争中临时搭设的一条轻便铁路。自安东至奉天，全长188英里，宽2.6英尺，为一狭轨铁路。安奉铁路的修建乃是基于军事需要，用地大半是征用民地，日俄战争后，理应拆除，或者按照惯例，售卖给中国。但日本军部坚持不让，中国亦未据理力争，反而于光绪三十一年与日方签订了《中日东三省事宜条约》，规定中方允许日本享有"改良"安奉铁路之权。[①] 但日方迟迟未能开筑，此后中日双方对该铁路的兴筑问题展开过多次接触，但均无果而终。到了宣统元年正月上旬，日方再次提出"改良"安奉铁路交涉，徐世昌任内曾有多次接触，但双方因分歧较大，谈判未能取得任何进展。

待到徐世昌内调邮传部，锡良调补东三省总督之任，该项交涉成为他要面对的重要交涉案。在赴任前，锡良对友人表示，东三省交涉繁难，"我此次到东宜先将关于交涉问题切实研究，于利权、主权概不能稍事退让，我更不能以朝廷根本重地见好于外人"，[②] 表现出要维护东三省主权利权的决心。显然，安奉铁路交涉亦在其列。

到任后，日本驻奉天总领事小池张造（简称"小池"）向东三省当局发出交涉，锡良参与了相应的谈判，但双方的条件并未能达成一致。这期间，

---

① 参见林明德《安奉铁路改筑与抵制日货运动》，《"中央研究院"近代史研究所集刊》第2期，第345—364页。

② 《锡督到东后之方针》，《大公报》1909年5月10日，"要闻"。

锡良对安奉铁路进行了仔细研究，认定日方改筑安奉线，目的有二：一是与京义线相接，一是与南满线相接，此两目的"于彼皆有大利，于我皆有大不利"。因为，若使日方达到其目的，则"彼自仁川而奉天，自奉而北至长春，南至大连旅顺，节节灵活，脉络贯通，乃得徐以侵蚀我人民有限之利益，启发我内地无尽之宝藏，且万一变起仓猝，彼屯驻于朝鲜之兵队，可以朝发军书，夕至疆场"。[①] 这俨然使东三省进一步被纳入日本的统辖范围之内，因此，锡良本着极力挽回利权的目的，有意赎回铁路。[②] 后来，锡良展开巡阅吉江之旅，交涉由时任奉天巡抚程德全主持。日本当局颇不满意锡良在此会议吃紧时出巡，[③] 小池随即前往旅顺，并不与程德全相商。此后，双方虽有所接触，日方试图以间岛归属问题引诱中方让步，但终因锡良仍坚持不肯让步，谈判的条件难以弥合。这时，日本对谈判逐渐失去了耐心，向中方发出通牒，要求最晚于六月二十一日达成协议，否则日方将在改筑安奉铁路问题上采取自由行动。同时日方歪曲事实，率先向世界各国解释其安奉铁路立场，并将安奉铁路交涉公之于世，以赢得国内外舆论先机。[④] 清政府虽然进行了外交和舆论上的回击，但最终还是同意了日方改筑路线以及改用宽轨的要求。

此时，由载沣等人掌握的清政府基础仍然不稳，其统治已有日趋恶化的迹象，因此，清廷深恐安奉铁路问题的失败，引发民众反抗运动，乃实行新闻封锁，由民政部下令禁止报章杂志刊载有关安奉铁路交涉的消息。[⑤] 此种压制舆论的做法，不仅民众不满，即东三省总督锡良亦表反对。

对于日本的无理做法，锡良愤恨异常。[⑥] 传言其发布禁令不准商民供给日方铁路材料和充当工人，[⑦] 此事后来被证实乃子虚乌有。虽然如此，据吴

---

① 《东三省总督锡良等致外务部电》（宣统元年五月初九日），军机处原藏：《清宣统朝中日交涉史料》，沈云龙主编：《近代中国史料丛刊》第618册，台北：文海出版社，1971年，第109—110页。

② 《锡督外交之开幕》，《大公报》1909年6月9日，"要闻"。

③ 《日本当轴对于安奉铁路之态度》，《盛京时报》宣统元年五月十四日，"中外要闻"。

④ 《中日交涉余闻》，《东方杂志》第六年第十期，"记事"，第298—299页；《专电》，《盛京时报》宣统元年六月二十五日；《日本报纸之安奉铁路谈》，《东方杂志》第六年第九期，"记载一"，第420—421页。

⑤ 《详述东三省交涉事件》，《大公报》1909年8月15日，"言论"。

⑥ 吴叔班记录，张树勇整理：《吴景廉自述年谱》（上），中国社会科学院近代史研究所《近代史资料》编辑部编：《近代史资料》（总106号），北京：中国社会科学出版社，2003年，第23—24页。

⑦ 《详述东三省交涉事件（三续）》，《大公报》1909年8月18日，"言论"。

景廉的说法，锡良曾支持过东三省的抵制日货运动。[①] 此后，参与过奉省抵制日货运动的吴景廉当选为奉天咨议局议长，日本领事小池曾向锡良提出口头抗议，锡良则以吴之当选乃出自民意回应。这从一个侧面确实反映了锡良对日方采取军事威胁的强烈不满。

但是，清政府在日本武力恫吓下表现得如此软弱，锡良虽坚持不予让步也无任何作用。安奉铁路交涉失败，全国舆论一片哗然，引发了各地抵制日货的运动，而舆论则将外交失败的怒火发泄到了锡良的身上。连向来颇为中立的《大公报》也认为：

> 锡良无智能，国民皆知之，而政府不加察。其历任各省也碌碌无所表见，乃贸然付以东三省总督之任，今其措置乖方，而交涉日棘手矣，是锡良之失败，非乞休即勒归也。然近日政府日议东三省改任他人而任锡良内地，吾独不解。外患日深，遍中国皆如东三省之繁重，而锡良何所位置也。[②]

奉天的舆论亦普遍认为，锡良到任后除了裁员节费外，并未办理任何新政，而在办理外交时仍持"和平了结"四字为宗旨，因此直呼锡良为"中立总督"。[③]

此时，清廷有意卸责于锡良。摄政王载沣就曾对军机大臣说："不意锡良乃不能办交涉若此。"尽管有人从中为锡良缓颊，告以此次交涉实迫于时势使然，[④] 但清廷仍有意撤换锡良。政界一度传言清廷有意让四川总督赵尔巽或两广总督袁树勋继任东三省总督之位，[⑤] 后来因难以获得满意的人选，清廷借口东三省与日方的交涉已经议结，暂时放弃了撤换锡良的计划。[⑥] 此外，有传言清廷内部曾以锡良"遇事畏葸，难期振作"为由，有意让铁良出任东三

---

① 《吴景廉自述年谱》（上），《近代史资料》（总 106 号），第 24 页。
② 《政府与锡良》，《大公报》1909 年 9 月 8 日，"闲评一"。
③ 《中立总督之徽号》，《大公报》1909 年 10 月 7 日，"要闻"。
④ 《东督之内援》，《大公报》1909 年 9 月 5 日，"要闻"。
⑤ 《东省总督之不易胜任》，《大公报》1909 年 9 月 8 日，"要闻"。
⑥ 《东督更动之罢议》，《大公报》1909 年 9 月 15 日，"要闻"；《锡清帅开缺问题》，《大公报》1909 年 11 月 21 日，"要闻"。

省总督。① 甚至传言有御史拟参劾锡良交涉失败、丧失主权之事，要求撤换锡良。② 在无风不起浪的政界，如此之多的传言反映了清廷确曾有意撤换锡良。在此时撤换锡良，无疑是有意将安奉铁路交涉失败的责任推卸给锡良。

对此，锡良向友人表示有意退让贤能，谓："此间局势窘困异常，交涉、边防在在俱形棘手，自维才鲜德薄，岂能任此巨艰，正思退让贤能，以待后来之挽救，陈力就列，义所当然。"③ 但是锡良其实并不甘心。同一时期，在给清廷的《旧疾复发吁请开缺折》中，锡良提出了锦瑷铁路计划，大谈如何筹集款项来修筑该路，以摆脱东三省外交困局。④ 可知，锡良只是以开缺为名，要求清廷支持其计划。但是，这也促使锡良有意加速实施其锦瑷铁路计划。

二、以锦瑷铁路为纲领的实业救亡策

（一）锦瑷铁路计划的提出

早在到任之初，锡良即有意接续徐世昌之政策，修筑自锦州到瑷珲的铁路。他在宣统元年四月二十一日给清廷的奏折里认为，"东省自日俄战后，铁路为两邻所分据，彼则各展权利，我将势成坐困，此刻非另修大枝干路，不足以贯通脉络，稳固边防"，并称"此路若能早成，尚可居中鼎立，大局可望保全"。⑤ 作为最早提出铁路自办以保利权的地方督抚，这时锡良仍认为应由邮传部筹措款项，急图兴修，从而保东省而维全局。

对此，邮传部颇为赞成，认为"锦州附近葫芦岛不冻口岸，将来连通枝路，辟作商港，则远东转运，斯为尾闾，不独铁路分南满之利权，抑且航路挽营口之损失"，"故锦齐一路，关系紧要，内则联合三省，外则策应蒙

---

① 《东督仍有调动之一说》，《大公报》1909 年 9 月 16 日，"要闻"。

② 《某御史拟参某督之传闻》，《大公报》1909 年 10 月 15 日，"要闻"。该报道中并未指名道姓，只是指称要参劾"中立总督"。考之前文，可知，"中立总督"即锡良是也。

③ 《复四川候补道泽宣》（宣统元年八月十四日），《锡良任东三省总督时信函》，档号：甲 374–75。

④ 参见锡良《旧病复发吁请开缺折》，《锡良遗稿：奏稿》，第 950 页。

⑤ 《请敕部筹修东省铁路片》，《锡良遗稿：奏稿》，第 893 页。

疆，水路兼筹，实今日谋边之至计"，主张借用外债修路。[①] 度支部则以内外财政同一艰窘，表示无法腾挪，至于借款，度支部认为并非善策，"赢则利分而见少，亏则本巨而难偿"，"转恐受外人操纵"，因此要求锡良将此事缓议。[②]"既议驳银行，又复驳诘路款"，这使锦瑷铁路计划迟迟未能定计。[③]

此后，锡良与熊希龄等人讨论东三省事务时，均以交通、殖民诸政策为筹东之急务。奈何东省财政困窘已极，锡良"未免力不从心"。但他认为筹东之务，责无旁贷，"固不敢以财绌自安，总期设法逐渐扩充终达目的"。[④] 锡良仍在积极地寻求突破财政困局的方法，在宣统元年六月二十日上清廷的折件中，锡良认为"筹办东省宗旨，仍不外以天下之全力赴之"。[⑤] 此时，锡良仍未能脱离自筹自办的范畴。然而，到了宣统元年七月二十二日，锡良在其奏折中明确表示，"与邮传部臣往返函商，仍主息借外债为筑路资本"。[⑥] 之所以有如此大的转变，除了安奉铁路的刺激之外，也与锡良对东省的真实情况有了更深切的体认有关。

在对吉林、黑龙江进行考察后，锡良在致其亲家尚其亨的信函中说道："端节后，出巡吉江考察边情，尤其动多牵掣，强邻日逼交涉纷滋"，并直言"此次过哈，乃知江省直同化外"。[⑦] 可知日俄势力之影响，也可知锡良受到的刺激。回到奉天后，锡良即向幕府表示东三省欲图自立，非对内政大加整顿不可。[⑧] 然而，锡良虽明知日、俄两国有利用铁路划疆而治之企图，但长虑却顾，难有良策，感叹于"亡羊补牢已晚"，而东三省又限于财力问题，支柱两难，最要紧的是，慎固封疆，奋其螳臂，维持东三省之主权不失。[⑨]

在安奉铁路问题上日方的"自由行动"，进一步加深了锡良的忧虑。宣统

① 《议复筹修锦齐铁路折》，邮传部编：《邮传部奏议类编·续编》第 4 册，路政，沈云龙主编：《近代中国史料丛刊》第 140 册，台北：文海出版社，1967 年，第 1675—1676 页。
② 《度支部奏议复东督奏请拨款开设三省总银行折》，《大公报》1909 年 6 月 29 日，"要折"。
③ 《旧病复发吁请开缺折》，《锡良遗稿：奏稿》，第 950 页。
④ 《复陆军部郎中陶葆廉》（宣统元年七月初三日），《锡良任东三省总督时信函》，档号：甲 374-75。
⑤ 《密陈东三省关系大局情形折》，《锡良遗稿：奏稿》，第 929 页。
⑥ 《旧病复发吁请开缺折》，《锡良遗稿：奏稿》，第 950 页。
⑦ 《复福建藩台尚》，《锡良任东三省总督时信函》，档号：甲 374-75。
⑧ 《东省内政之大计画》，《大公报》1909 年 8 月 21 日，"东三省"。
⑨ 《新制东三省全图序》，见 http://manbuzhe784.blog.sohu.com/78641290.html。

元年六月二十二日，即中方妥协的次日，锡良向清廷阐明东三省的态势。他认为，日人在间岛问题上迁延不决，以宪兵、警队时时入境骚扰以为挑衅之地，还挑起安奉铁路改轨问题，并要求开通韩国会宁至中国宁古塔的交通线。而俄国方面则在哈尔滨建有铁路，并在靠近吉林省边界节节布置，谋划久远。此时的东三省已然门户洞开。锡良认为，东三省在地理上逼近京畿，实为切近国家心腹之区，稍有挫失，不堪设想，因此希望清廷能速定筹办东省宗旨，以天下之全力赴之，"必皇上主持于上，部臣与各疆臣并力于下，然后内政之兴废，主权之得失，奴才与三省抚臣任之，虽捐糜顶踵亦不敢辞"。如果只是枝枝节节地筹划，则不能图存。[①] 可知，他希望由清廷主持制定一个针对东三省的宏大规划，共同抵制日俄势力的影响，以保住东三省这一具有重大战略价值的区域。但清廷似乎并未予以积极回应，锡良在给友人的信中写道：

> ……竭全国之力以卫三省，则慎固三省之边防，即隐杜列强之耽逐。外忧不亟，内患自可渐祛，此医家急则治标之法，施之今日之东省，洵为不易之良方。鄙人受事以来，其所昕夕兢兢者，固尝于交通、殖民诸大端，力图振作，即在政府亦非不知注意经营，卒以款巨难筹，未能解决。时机日迫，岂能长此因循。弟忝任巨艰责无旁贷，虽明知其难，不敢不勉，亦惟竭蹶以赴，求无负贤者之厚望。[②]

他意识到从清廷方面获得资金支持，已然难以成行，因此"欲救东省之危，舍举债更无所措手"。[③] 而清廷意识到无力支持东三省的建设，七月初四日，发布了一道针对东北铁路筹借外债的上谕：

> 东省介居两强，势成逼处，积薪厝火，隐患日滋。该督等各密陈危急情形，所虑甚是，自宜预为筹备。迭据臣工陈奏，莫如广辟商埠，俾外人麋至，隐杜垄断之谋；厚集洋债，俾外款内输，阴作牵制之计。既

---

① 《密陈东三省关系大局情形折》，《锡良遗稿·奏稿》，第929—930页。
② 《复分省补用道麦信坚》（宣统元年六月廿八日），《锡良任东三省总督时信函》，档号：甲374-75。
③ 《复河南彰卫怀道石庚》（宣统元年腊月廿九日），《锡良任东三省总督时信函》，档号：甲374-75。

使各国互均势力，兼使内地借以振兴，似尚不为无见。①

这说明清廷有意开放东三省，引入国际政治和经济力量，以振兴东三省实业和力保主权，从而形成各国均势状态。但这一规划虽得到邮传部的支持，但被度支部所否决。随着安奉铁路交涉失败，东三省的局势愈加困难，锡良正式转向借外债以修筑锦瑷铁路，称：

> 而欲为整顿三省，抵制外人之计，仍不外将徐世昌所筹各事赓续办理。三省财政只有此数，不得不别求挹注。并以锦、洮一路，尚为东省一线生机，一面请款设立银行，一面与邮传部臣往返函商，仍主息借外债为筑路资本。乃度支部既议驳银行，又复驳诘路款，以致蹉跎未定。

他指出，日本方面加速推进铁路建设，"彼则头头是道，我则首尾受敌，徒拥领土之权，竟无一路可以自由兴筑"，若无法改变现状，"自此以后，东省惟有束手待缚，并无一事可为"。② 对此，清廷有所触动，允许他将东省筹办财政为难情形详细具奏。于是，锡良提出了借外债修筑铁路的规划。需要指出的是，锡良此时已由单一的借款建筑锦瑷铁路转而以锦瑷铁路为纲领进行东三省的实业救亡。③

锡良分析东三省的局势，认定日俄双方因争夺东三省利权，以铁路为界限，划定南北格局，从而形成东三省均势状态，"东省命脉已悬于日俄两国之手，情势了然"。但这种均势并不会一直持续下去，"其缓以有待者，只因战后元气互伤，不敢轻发难端，而吾犹得偷安旦夕，数年之后，非所知也"。因此，他认为要保住东三省国权，必须要以铁路为纽带，突破日俄的控制，方足以救危亡。但中国政治和经济力量不足，难以独立对抗日俄，因此锡

---

① 《筹借外债议筑铁路折（草合同一件）》，《锡良遗稿·奏稿》，第 959 页；"中央研究院" 近代史研究所编：《清季中日韩关系史料》第 10 卷，台北："中央研究院" 近代史研究所，1972 年，第 6999 页。

② 《旧病复发吁请开缺折》，《锡良遗稿·奏稿》，第 950 页。

③ 《日纸之妄论中国》，马鸿谟编：《民呼·民吁·民立报选辑》，开封：河南人民出版社，1982 年，第 385 页。

良认为，"非借外人之财，不足以经营东省；尤非外人之力不足以抵制日、俄"。他抓住清廷谕旨中所言"厚集洋债""互均势力"二语，认为"实足拯东省今日之危，而破日俄相持之局"。[①]

在这一时期，美国人因与日方签订了《罗脱—高平协定》，为实现该协定中规定的"机会均等原则"，有意在东北地区展开大规模的投资活动。为此，在美国政府指导下，一个由摩根公司（J. P. Morgan and Company）、坤洛公司、第一国民银行（First National Bank）和花旗银行等组成的美国银团迅速成立，委任已卸任的美国驻沈阳领事司戴德为银团常驻北京代表，极力争夺东北铁路等利益。而一直试图投资东三省铁路的英国宝林公司（Pauling and Company.）也在争取获得修筑该地区铁路的权利。中国在安奉铁路交涉上失败，英美公司均感到这是一个极佳的机会。当时美驻奉天领事克劳德（Frederic Cloud）在给司戴德的信中说："这里的中国官员正在为日本近来的行动而惶恐不安，并且我相信，在考虑吸引外国资本，尤其美国资本投资的建议。……他们急于见到你，商谈事宜。"随即，司戴德抵达北京。鉴于美英双方在兴筑东三省铁路方面的共同利益，他与宝林公司代表法伦许（Lord French）商议决定美英合作建造铁路。八月初，英美公司即向清政府提出了投资和建筑锦瑷铁路的方案，并表示在路成后，成立一个由中、美、英组成的公司经营该路。对此，清政府内部存在着较大分歧。邮传部尚书徐世昌、外务部尚书梁敦彦、军机大臣世续等都支持锦瑷铁路计划，但兼任外务部会办大臣、军机大臣的那桐表示反对，担心日本以此为要挟，在东三省领土等问题上做文章。在商议之后，清廷决定此事由东三省总督牵头接洽。因此，司戴德带着一份得到清廷官员同意的锦瑷铁路协定草案来到了奉天，与锡良做最后的讨论。[②]

对于司戴德的到来，锡良非常欢迎。经过紧张的谈判磋商后，以东三省总督锡良、奉抚程德全为一方，美国银团、英国宝林公司的代表司戴德为另一方，双方很快就取得了一致，前后不过三日，[③]于宣统元年八月十九日签订了《锦瑷铁路借款草合同》。这一借款，锡良原本希望能由东三省自借自

---

① 《筹借外债议筑铁路折（草合同一件）》，《锡良遗稿：奏稿》，第 960 页。
② 吴心伯：《金元外交与列强在中国，1909—1913》，上海：复旦大学出版社，1997 年，第 44—45 页。
③ 《清史稿》卷 449，第 12533 页。

还，但司戴德坚持要中国政府承认并担保。锡良认为，该路可以成为"交通之经络，商垦之机关，并为将来用军之唯一命脉，必如是而后国防可固，地利可兴，东省大局或有挽回之一日"。①

然而，这一草案的签订颇为草率，即使此后无日俄的反对，其事也将有一番波折。原来锡良并未向清廷禀请，取得其同意，而司戴德虽为英美方面的代表，却也未取得其代表方的同意。为何出现如此情况？据司戴德回忆，在合约签订前，法伦许准备到奉天共同出席签订活动，但锡良颇为焦急，一再派人催促其签订。按照司戴德的推测，其时锡良已将签订合同的消息发至清廷。为了避免误会，司戴德与锡良迅速签订了合同。②显然，锡良希望通过造成既定事实，迫使清廷接受该合同。

（二）锦瑷铁路计划的论争

随后，锡良即将该草合同呈递给清廷，并"电奏请旨速正式签订，即日、俄再争，已落后着"。③掌握重权的那桐仍坚持反对意见，度支部尚书载泽则反对地方官筹借外债，故亦反对。外务部、度支部、邮传部三部于宣统元年十月十二日会奏，以路事由中美英组成的公司经理，暨提余利百分之十等，均侵害中方利权，主张废除该合同。对外务部的议复，清廷即表同意。④

对此，锡良有意亲自赴京，向清中央阐述锦瑷铁路利害关系。清廷则以东三省关系重要为由，要求锡良从缓晋京，但允许锡良派人赴京筹议。⑤十

---

① 《筹借外债议筑铁路折（草合同一件）》，《锡良遗稿：奏稿》，第 960 页。
② 王芸生：《六十年来中国与日本》第 5 卷，北京：生活·读书·新知三联书店，1980 年，第 246—247 页。
③ 《清史稿》卷 449，第 12533 页。
④ 《六十年来中国与日本》第 5 卷，第 248—250 页；《外度邮三部奏东省借款筑路事关重大遵旨统筹全局折》，《清宣统朝外交史料》卷 10，北平：外交史料编纂处，1933 年，第 42—44 页。
⑤ 《锡督来京之从缓》，《大公报》1909 年 12 月 1 日，"要闻"；《枢府电阻锡督来京》，《大公报》1909 年 10 月 13 日，"北京"；《锡督预备晋京之故》，《大公报》1909 年 11 月 18 日，"东三省"；《锡督晋京之从缓》，《盛京时报》宣统元年十月二十五日，"东三省新闻·奉天"。此事经《大公报》及《盛京时报》接连报道后，京师纷传锡良潜行来京。（《锡制军未来京》，《大公报》1909 年 12 月 5 日，"要闻"）可知锡良确有意入京阐发其主张。这里需要指出的是，锡良请求晋京的目的并不仅限于阐述锦瑷铁路计划，还有东省财政困难、移民实边及办理交涉等诸多问题。（见《锡督入觐消息》，《盛京时报》宣统元年十月二十六日，"东三省新闻·奉天"）

月中旬，锡良派遣属僚颜世清到京活动。[①]颜世清经过打探后，将京中情形反馈给锡良："闻铁路借款事，外邮两部均极赞成，度支部现亦了然，倘再由宪台切实入告，必可照准。"[②]锡良随即向颜世清表示："锦爱（即锦瑷）路事，本以救亡，竟奉部驳，鄙人知小谋大，无计筹边，徒增愧赧。惟东省危迫情形，无可讳饰，谒见枢府时，尚望详陈毋隐，俾后来者得所措施，未始非东省之幸也。"[③]恰在北京的东三省监理官熊希龄亦参与此次劝说活动，这显然是在锡良指示下进行的。熊希龄对锡良向美借款修筑锦瑷铁路赞誉有加，"顷闻锦齐铁路定借美款一事，大快人心。自中日条约以来，举国均无生气，非得此破釜沉舟之策，不足以救亡图存"。[④]与此同时，锡良亦向在清政府内颇有影响的直隶总督端方求助。他向端方表示："东事危迫，祸发无时。弟上月订借美款，议修由锦州至爱珲（即瑷珲）铁路，盖为目前计，非借各国牵制之力不足以救急救亡。至今部中尚未议复，鄙意此事不背协约，为我自有主权，万不宜商诸日人。否则枝节横生，必败吾事。尚祈我公从旁相助，如有所闻并祈察示。"[⑤]

当时度支部正积极推行清理财政的政策，有意收回地方的财政权力，尚书载泽更是明确反对借用外债筑路。[⑥]载沣则通过军机大臣传谕邮传部及各省督抚，"嗣后凡关于筑路事宜，不得再行借贷外款，致使利权尽失，债累日重"。[⑦]对此，熊希龄、颜世清等人向清廷表示："东省借款事与张文襄之借款不同。彼在兴利，此在救亡，海内士夫共表同情。"经过锡良等人的积极游说，清廷似被打动，并"深佩"锡良的"苦衷筹画"。[⑧]虽然如此，载泽

---

① 《颜道世清来电》（宣统元年十月十九日），《锡良任东三省总督时京师来电》，档号：甲 374-45。

② 《颜道自京来电》（宣统元年十月廿日），《锡良任东三省总督时京师来电》，档号：甲 374-45。

③ 《复颜道电》（宣统元年十月廿日），《锡良任东三省总督时京师来电》，档号：甲 374-45。

④ 《为借美款抵制日人进策见致锡良函》，周秋光编：《熊希龄集》（上册），长沙：湖南出版社，1996年，第 387 页。

⑤ 《致端午帅电》（宣统元年九月廿二日），《锡良任东三省总督时京师来电》，档号：甲 374-45。

⑥ 《申明清理财政宗旨》，《大公报》1909 年 8 月 14 日，"北京"；《泽贝子对于路债之伟议》，《大公报》1909 年 9 月 13 日，"要闻"。

⑦ 《谕止借款筑路》，《大公报》1909 年 10 月 31 日，"要闻"。

⑧ 《熊监理官颜道自京来电》（宣统元年十月廿七日），《锡良任东三省总督时京师来电》，档号：甲 374-45。

仍担心借款难以还本，且担心办事难以得人，因此坚持要东三省自借自还，"此路须由东省担任筹还，不致累部"，[①] 但这不符合英美银团的要求。为了解除载泽等人的顾虑，锡良不得不再次上奏，陈明兴办锦瑷铁路之根本目的。他说：

> 夫筑路之举，他省志在兴利，固当谋出万全。东省则所争者，只在早筑一日，轨躅交通，国防巩固，所以收目前有形之利者尚微，而收此后无形之利者甚巨。况乎此路直接京奉干线，旁达葫芦岛不冻海口，内通蒙古要隘，外捍黑龙江边陲，形势极便，百货更宜流通，断不至于无利可获。

对于度支部担心无以还本的问题，锡良以美国兴筑铁路而致富，百年间崛起于世界为例，并指出东三省的资源潜力，云：

> 东省如沿路森林及著名煤矿，从前我无运路，无资本，故不能收实效；至于移民开垦，则尤形节节阻滞。若一旦有铁路以为运输，将来筹还本息，即以森林、煤矿及垦牧之余利归偿，当不至于无着。[②]

因此，他希望清廷迅速定断，以使东省有措手救亡之方。为了能进一步打动清廷，锡良还向清廷密陈锦瑷铁路建设之重要性。他指出，东三省之所以能在日俄已各自划定势力的情况下失而复得是由于列国牵制之力。而锦瑷一路，"连贯二千余里，内与并驾齐驱，兼以顾京师右臂"，"是东省生路只此锦瑷一条，东省生计只有均权一法"。此时引入英美资本建设锦瑷铁路，意在牵制日俄势力，造成东三省均势。因此，锦瑷铁路借款计划，"虽名为商路，实含有政治外交之策"。他更直截了当地指出：

> 是借款者，乃兼借其势力，彼以势力换我利权，我即借其势力以巩

---

① 《为锦齐路事致盛京督抚宪电》（1909 年 12 月 20 日），周秋光编：《熊希龄集》第 1 册，长沙：湖南人民出版社，2008 年，第 596 页。

② 《筹借外款遵照部议妥筹办法折》，《锡良遗稿：奏稿》，第 1007 页。

疆圉。该国代表司戴德与臣等面商之时，即云此次借款，与内省不同，实有外交上莫大关系。……是锦瑷铁路一议，在我之主脑实在救亡，非仅兴利已也。①

在向清廷说明该借款计划重要性的同时，锡良加紧了在北京的活动，派遣与载泽颇有关系的熊希龄和金还入都，告载泽以救亡之策。②并派人告诉司戴德，中国政府之所以不愿同意，乃担心美国不肯助力。③因此，美方适时地于宣统元年十一月六日提出了满洲铁路中立的计划，即"诺克斯计划"，旨在实现东北铁路国际化。④

清政府在内外两个方面的压力下，不得不重新考虑锦瑷铁路问题。宣统元年十二月初二日，外务部在致邮传部和度支部函中承认东三省筑路不同于内地，"东省则重在利用各国之势力，互相牵制，以期保我主权"，"此事果底于成，不特中国行政权不致再有障碍，且各国利益既平，则日俄固无从争雄，英美亦不致垄断"。提出只要能将草合同中有损利权之处做些改动，"似不能不准其续与定议"。同时对所谓"联美"之策予以承认，"果如美政府所云，得此凭借，可以仗义执言，益资我助，于大局裨益实非浅鲜"。⑤至此，经过东北地方官员的努力，清政府认可锡良等人所提出的借债挽救东北危亡的可能性。

（三）锦瑷铁路计划的内外纠葛及失败

此时，锦瑷铁路计划，因"事机不密"，⑥已为日俄所探知。于是，日、俄

① 《密陈借款修筑锦瑷铁路片》，《锡良遗稿·奏稿》，第1008—1009页。
② 《郑孝胥日记》第3册，宣统元年十二月十九日，第1226页。
③ 《郑孝胥日记》第3册，宣统元年十二月十九日，第1226页。
④ 关于诺克斯东三省铁路中立计划，可参见吴心伯《金元外交与列强在中国》，第47—63页；宓汝成：《帝国主义与中国铁路，1847—1949》，上海：上海人民出版社，1980年，第159—161页；中国社会科学院近代史研究所编：《沙俄侵华史》第4卷下，北京：人民出版社，1990年，第598—608页。
⑤ 《外部致度邮两部美外部谓保全中国东省铁路主权须先赎回锦瑷路希详复函》，《清宣统朝外交史料》卷12，第19—21页。
⑥ 《清史稿》卷449，第12533页。事实上，宣统元年十一月初，报刊上就已透露外务、度支、邮传等部正与美使磋商借用美款在东三省修路的信息。（《枢臣拟会美使之原因》，《大公报》1909年12月17日，"要闻"）

两国不断地向清廷施加压力。最初，日方以该路关系其利益甚大，要求清政府无论作何决定，均须经其核准方可推行，否则"两国邦交之险，实在令人难以预算"。① 其语气中带有强烈的威胁。此后，日方的立场有所改变，转而支持锦瑷铁路计划，但要求能参与锦瑷铁路的建筑及借贷等活动，甚至要求锦瑷铁路能建站点与南满铁路相连接。② 可知，日方希望能通过参与锦瑷铁路计划将其势力向东三省进一步渗透。当然，日方态度的变化也有因安奉铁路交涉造成中国民间抗争而有意缓和矛盾之因素。俄国人最初的反应与日方相似，以此事关系重要，要求清政府先与俄国商议，不得自行将此问题订定，"否则于两国交谊，恐有窒碍"。③ 未久，俄方正式向清政府表示，该路对于俄国边防及商务各利权大有窒碍，要求清政府罢议，并向清政府提议建设其渴望已久的张恰铁路。④ 可见，日、俄双方均有意化被动为主动，获取最大利益。

　　与此同时，锡良的锦瑷铁路计划遭到了不少东三省士绅和社会舆论的反对，⑤ 让锡良颇为伤怀。东三省的士绅反对锦瑷铁路计划，谓徒引外人操戈入室。而锡良则言东三省非开放不可，"如东人不愿，可使京官劾我"。⑥ 可见其态度之强硬。在锡良看来，"我辈作事但求有利于国，无害于民，身外浮名，本非所惜"。⑦ 尽管如此，锡良在这一时期却频频表现出要开缺离任的意愿。有报道就称锡良在其家信中提及"东省时局日迫，异常棘手，决定于年内乞骸骨归里"之句。⑧ 此外，锡良不止一次地向其友人表达过要求乞休

① 《六记锦瑷铁路问题》，日使致外部照会，《东方杂志》第七年第八期，"记载第三·中国时事汇录"，第 208 页。
② 《六记锦瑷铁路问题》，日使交外部节略，《东方杂志》第七年第八期，"记载第三·中国时事汇录"，第 208—209 页。
③ 《六记锦瑷铁路问题》，俄使照会外部总理庆王文、俄使致梁尚书函，《东方杂志》第七年第八期，"记载第三·中国时事汇录"，第 209 页；《俄日政府之抗议》，《盛京时报》宣统元年十二月廿七日，"东三省新闻·奉天"。
④ 《六记锦瑷铁路问题》，俄使外交部节略，《东方杂志》第七年第八期，"记载第三·中国时事汇录"，第 210 页。
⑤ 关于社会舆论的研究，可参见马陵合《清末民初铁路外债观研究》（复旦大学博士学位论文，2003年）一文。
⑥ 《郑孝胥日记》第 3 册，宣统元年十一月廿二日，第 1220—1221 页。
⑦ 《复滇藩沈》（宣统元年十月廿一日），《锡良任东三省总督时信函》，档号：甲 374–75。
⑧ 《锡督有乞休意》，《大公报》1909 年 12 月 4 日，"要闻"。

之意。他在致河南南阳总镇郭殿邦的信中说："弟东来承乏，竭蹶万分，自顾轻材不能胜任，久暂恐难预卜，惟在官一日尽一日心，他非所计，当望箴言时惠，无任祷仰。"① 他向清廷表示了要开缺的意愿，清廷以锡良到任后所办各事颇符民望且一时无人接替为由，不准其请求。② 此后，他又向友人表示："弟承乏东来瞬将周岁，外交内政竭蹶万分，求退未能，益深履霪涉冰之惧。"③ 为何会出现这种情况呢？对此，据时人的分析："锡督满腔忠愤，孤掌难鸣。上遇此麻木不仁之政府，下临此萎靡不振之军民，虽劳心瘁虑，恐于事无补，且立功则难，获罪则易。"④ 从上可知，锡良迫于借款、棘手的交涉和民众的不理解等因素而有了开缺离职的意愿。

恰在这时，郑孝胥在得知东三省官民隔阂的情况后表示愿意作为东三省人民的总代表，调和锡良与士绅之间的矛盾。⑤ 此后，锡良在东三省代表的力荐下联合奉抚程德全致函郑孝胥，请其前往东三省担任铁路督办。⑥ 显然，锡良亦有意争取和赢得东三省士绅的支持。原本郑孝胥拟于宣统二年正月赴东三省，但在锡良催促之下，改在十二月底到奉。⑦ 可见，锡良急切盼望能化解官绅矛盾，减少锦瑷铁路计划推行的阻力。郑孝胥到奉天后即与奉天咨议局议长吴景濂等人接触，指出"三省事急如弈棋之杀角，非由救亡政策、救亡手段不足自存，绝非拘常袭故者所能保守"。⑧ 经过锡良和郑孝胥等人的努力，东三

---

① 《复河南南阳总镇郭殿邦》（宣统元年腊月廿七日），《锡良任东三省总督时信函》，档号：甲 374-75。

② 《锡清帅开缺问题》，《大公报》1909 年 11 月 21 日，"要闻"。

③ 《复四川机器局兼造币蜀厂总办补用道柴舟作》（宣统二年正二月间），《锡良任东三省总督时信函》，档号：甲 374-75。

④ 盐城赵锡琛：《代东督锡清帅写辞职之苦心》，《大公报》1911 年 5 月 14 日，"来稿"。

⑤ 《郑孝胥日记》第 3 册，宣统元年十一月廿三日，第 1221 页。

⑥ 郑孝胥曾向丰田国会代表永珍言："锡帅主开放，是也；然必官对于民先行开放，使三省人民皆能起作主人，而能〔后〕可言对外开放耳。锡帅尝托人邀我，如东三省人民愿以我为总代表，实行开放之策，则吾当借箸一筹。公等可先布告奉天咨议局，再告吉、黑二省，联合为一，然后请锡帅延我往议可矣。"（《郑孝胥日记》第 3 册，宣统元年十一月廿三日，第 1221 页）可知郑孝胥亦赞成锡良之计划，并愿成为锡良与东三省官绅的调和者，以推行锦瑷铁路计划。此后，锡良、程德全托隐退在上海的岑春煊代为延聘郑孝胥赴东三省。（《郑孝胥日记》第 3 册，宣统元年十二月初四日，第 1223 页）

⑦ 《郑孝胥日记》第 3 册，宣统元年十二月初七日，十二月十四日，十二月十八、廿九日，第 1225—1228 页。

⑧ 《郑孝胥日记》第 3 册，宣统二年正月初十日，第 1233 页。

省士绅接受了锦瑷铁路计划。对郑孝胥的工作，锡良颇为满意。他曾对人言："郑苏戡在此，奉天有如火如荼之象。"① 于是，锦瑷铁路计划再次提上了日程。

然而，由于日俄的强烈反应和社会舆论的压力，清廷有了退缩之象。据日本的情报显示，清廷内部一些重要人物对锦瑷铁路完全丧失了信心。如载涛曾向伊集院表示：此次事件无异使满洲变成第二个巴尔干半岛，对中国毫无益处。② 肃亲王善耆向川岛浪速表示："此事并未经政府认真讨论"，且除了二三人外，"清廷内部均不赞同此事"，并请日本方面"毋需介意"。③ 因此，外务部明确告知锡良，若不能消除日俄的抵制，"恐将来美为保护商人利益出而争执，则我更面面失据，无从应付"。④ 可知，外务部已然放弃了锦瑷铁路计划，外界普遍的观点是"华人仅有之希望，惟赖他国出而援助"。⑤

这时，英国方面也退缩了。英国驻华公使告诉清政府，"锦瑷铁路与日俄有关系，宜先商定"。⑥ 英国由于与日、俄均有同盟之关系，并不愿意在此问题上与日俄产生裂痕。于是，宝林公司在英国政府的指导下提出了缩短锦瑷铁路长度、仅修锦州至洮南一段铁路的方案，以避开与俄国的直接冲突。⑦

面对风云突变的外交局势，锡良及东三省官员不免担心。他们向美国驻奉天领事询问如何应对日俄阻挠之策，美领事称"美国虽军备未完，彼必不敢轻肆"，并以朝鲜不受美国扶持，"以有今日"为例，"望中国勿为第二朝鲜"。⑧ 其言外之意是，美国有能力帮助中国方面维护主权，仍将坚决支持锦瑷铁路计划。这给了锡良莫大的鼓舞。因此，当司戴德发出就锦瑷铁路条约在天津进行密议的提议时，锡良一面令郑孝胥、邓邦述等人与其展开接触，

---

① 《郑孝胥日记》第 3 册，宣统二年十月初四日，第 1287 页。

② 《伊集院驻清公使致小村外务大臣电》，吉林社会科学院：《满铁史资料》第 2 卷《路权篇》第一分册，北京：中华书局，1979 年，第 178 页。

③ 《伊集院驻清公使致小村外务大臣电》，《满铁史资料》第 2 卷《路权篇》第一分册，第 183—184 页。

④ 《外部复锡良等锦瑷路事关系重大希饬司缓议电》，《清宣统朝外交史料》卷 13，第 35 页。

⑤ 《续记锦爱铁路问题》，《东方杂志》第七年第三期，"记载第三·中国时事汇录"，第 50 页。

⑥ 《郑孝胥日记》第 3 册，宣统二年正月初二日，第 1229 页。

⑦ 《五记锦爱铁路问题》，《东方杂志》第七年第七期，"记载第三·中国时事汇录"，第 185—186 页。

⑧ 《郑孝胥日记》第 3 册，宣统二年正月十一日，第 1234 页。

一面向清廷报告郑孝胥等人即将赴天津商议合同的消息，并请示机宜。^①外务部则认为，"锦瑷铁路事，日俄两国来照，要求甚多，其余各国意见尚未得实，合同应从缓议"。^②对此，锡良回复以"已约司戴德，不及改期"，派遣郑孝胥等人赴津商议，并"非蒙大部核示，断不能擅行订定"。^③

然而，外务部并不认同锡良等人的做法，认为日俄已识破锦瑷铁路国防上抵制之意，反对的态度甚为坚决，"断难容我空言辩驳，即有肯转圜，亦断难恃有他国扶助，即可操切从事"，"若不待商妥，遽派员与司戴德接议详细合同，恐将来美为保护商人利益出而争执，则我更面面失据，无从应付"，因此，要求锡良饬令郑孝胥等人暂缓与司戴德商议。^④对此，锡良辩称，此次郑孝胥等人赴津"重在践约，不在开议"，与外务部的缓议要求相符。同时，他指出，日俄反对锦瑷铁路计划乃意料之中的事，因为制定该计划的目的是中国"受两强夹挤，气息欲绝，寻一线出路，稍可图存，梗其咽喉耳"，"倘若使其如愿，大局何堪设想"。^⑤可见，锡良仍坚持让郑孝胥等人如期与司戴德商议，以便早日成议。外务部亦看出了锡良的不妥协，于是用正式公文向美国驻华公使做了缓议锦瑷铁路合同的声明。

为了消释日俄对锦瑷铁路的猜忌，锡良电饬郑孝胥等人"速定完全合同，于中国主权、利权毫无损失"，并坚信"美虽贷款，惟恃门户开放、发达满洲工商事业主义"，"速行宣布，方不蹈空言辩驳"。他认为，锦瑷铁路已成骑虎之势，"仅退让亦难了事"，饬令与郑孝胥同行的邓邦述赴外务部活动，说明利害关系。^⑥于是，邓邦述入京展开活动，郑孝胥亦致信给外务部右丞高而谦，托言于那桐。

这一时期，锡良承受着巨大的压力，以致某些参与锦瑷铁路谈判的官

---

① 《东三省总督锡良致邮传部外务部农工商部电》（宣统二年正月二十九日），《清宣统朝中日交涉史料》，第 237 页。

② 《发东三省总督锡良等电》（宣统二年二月初二日），《清宣统朝中日交涉史料》，第 238 页。

③ 《东三省总督锡良等致外务部电》（宣统二年二月初三日），《清宣统朝中日交涉史料》，第 238 页；《郑孝胥日记》第 3 册，宣统二年二月朔，第 1243 页。

④ 《发东三省总督锡良等电》（宣统二年二月初四日），《清宣统朝中日交涉史料》，第 238—239 页。

⑤ 《东三省总督锡良等致外务部电》（宣统二年二月初五日），《清宣统朝中日交涉史料》，第 238—239 页。

⑥ 《郑孝胥日记》第 3 册，宣统二年二月初六日，第 1244 页。

员不愿将实情告诉他。金还就曾对郑孝胥言，邓邦述至外务部商议路事，"万一不谐，且未可尽言于奉天督抚，恐其一蹶不振也"。[①] 这或许是锡良后来未能及时了解美国等国家态度转变的重要原因。

邓邦述虽在外务部取得了高而谦、曹汝霖等人的支持，但那桐、梁敦彦等人仍主缓议，这使这次谈判颇费周折。而司戴德对清政府方面迟迟不肯结束谈判，缔结正式合同，非常不满。于是，他决定以最后通牒的方式向清政府施压，宣称，无论合同签订与否，他都要在三月十九日离京赴俄。如果中方在他离开之前满足其要求，他将以中国的名义同俄国交涉，否则他就回纽约。[②] 显然，司戴德抓住了锡良方面试图通过借款修路的名义利用美国来牵制日俄的政治心理。锡良与郑孝胥并不甘心就此放弃，经过商议，他们决定与司戴德以私议的形式先将锦瑷铁路合同条款加以确立。[③] 虽经双方努力，合同最终达成草稿，但清政府在俄国的压力下始终不愿在合同上签字。

为了突破日俄的限制，锡良在其幕友及同僚的建议下拟转而将德、奥之款项纳入锦瑷铁路借款。该建议认为，如果能吸收德奥两国款项，则能"合美、德、奥以抗俄、法、英，中日各树一帜"，"大局尚有可为"。对此，锡良以为"甚为有见"，请郑孝胥将此议转达司戴德，由美国方面出面联络抵制之法。[④] 但是，司戴德赴欧洲与各方洽商后未能取得任何成果，美国国务院因得不到英国的支持而有意放弃锦瑷铁路计划。[⑤]

但是，已将锦瑷铁路计划作为挽救东三省危亡唯一有效道路的锡良并未放弃努力。随着日俄新约的签订，尤其是日本吞并韩国之后，锡良认为日俄已就东三省、蒙古问题达成协议，东三省局势阽危。日本方面"稍缓须臾，朝鲜全境布置粗完，势必席卷而西，据吉奉以窥奉直"。俄国方面则进规蒙古，如在掌握，"自伊犁以达吉江，沿边万余里，处处毗连，随地可以侵扰"。而中国方面，"东省并客军计之，仅止二镇二协"，强弱多寡之数悬殊，

---

① 《郑孝胥日记》第 3 册，宣统二年二月十一日，第 1245 页。

② 《金元外交与列强在中国》，第 70 页。

③ 《郑孝胥日记》第 3 册，宣统二年二月十七日，第 1246 页。

④ 《郑孝胥日记》第 3 册，宣统二年三月初八日，第 1250 页。

⑤ 《金元外交与列强在中国》，第 73 页。

"敌但一举足，我便当拱手以授之耳，庸有幸耶"！可知，他对东三省局势有极度的焦虑情绪，而这种情绪的产生并非感性的结果，乃是基于他对东三省局势变化的判断。在此之前，日俄协约签订后，锡良已断定东三省将面临更加困难的局势。他说：

> 我虽绝对不认，彼则联合竞争，不特蔑视中国主权，且不许第三国插足，一二年后，势力弥满，东省岂尚为我有哉？况正约之外，必又有附约，内容虽未探悉，一则合并朝鲜，一则侵占蒙古，均在意中，祸患之来，不知所届。①

此时，日俄由原来的对立均势到默契合作这一转变，使中国在东三省的主权受到前所未有的挑战。后来，日本正式吞并朝鲜，这进一步证实了锡良的预判。②无疑，东三省的危机有进一步加深的趋向。不得已，锡良认为在锦瑷铁路计划迟迟不能达成协议的情况下应先修自有主权的锦洮和葫芦岛商港部分。③然而清廷虽命外务部、度支部妥速议奏，最终仍不了了之。

清廷意识到东三省局势的巨大变化，需要有新的规划，于是锡良有了进京阐述锦瑷铁路计划的机会。锡良于宣统二年七月廿三日下午进京，关于其在京的活动，郑孝胥做了颇为详细的记载：

> （宣统二年）七月廿四日……余谓救亡之策在锦爱造路，请速奏。清帅使作函告外务部，云：一面请旨签字，一面请外部照会俄使。夜，秉三又来，言借款事。
>
> 七月廿五日，拟奏呈锦爱借款包工合同底稿，又附片密陈一件。午后，清帅来请，有李季高在座，谈久之乃去。……金仍珠来。清帅愤愤言："奔走一日，三访那桐，再访泽公，皆不遇。"
>
> （七月）廿六日，熊秉三、高子益、金仍珠皆来。清帅言，徐菊人

---

① 《东省大局益危密陈管见折》，《锡良遗稿：奏稿》，第1186页。
② 后来，外蒙古的独立显然在另一个维度也印证了锡良当时判断的准确性。
③ 《东省大局益危密陈管见折》，《锡良遗稿：奏稿》，第1185页。

谓"锦爱铁路乃中国领土，不应仰承俄人之意旨"。顷之又言，那中堂言"必不可奏"。余曰："此事经各部议奏累次，经营年余，今置不奏，则他事皆不必办矣。"清帅不得已，乃言："可以良马二匹为馈，事或可成。"余谓："宜托陆润生谋之，以必成为期。"

（七月）廿七日……冯仲贤言，今日政务处会议，颇失败。

（七月）廿八日，清帅来谈会议情形，庆、那皆甚着急，若甚畏东三省之奏请签押者。泽公于盐务、银行则欲以熊秉三为盐运使，于统一纸币则言不必动公文，可暂由东三省自办。庆邸言，郑某尝办铁路，银行非其所长。那谓锡曰："郑，谋士。子得之，甚有力。"清帅使电止二马勿来。……是日，法兰芝、梅纳根等来见清帅，美参赞亦来催入奏，清帅告以外部阻挠之状。

（七月）三十日，清帅来谈。仍珠、秉三来。冯仲贤示奏稿，请以荫昌为东三省总督。[①]

从上文可知，锡良自入都以来即积极地运动载泽、那桐、庆亲王奕劻等清廷权贵，试图影响他们的决策，甚至不惜用买马等方式贿赂权贵，以求达成其借款筑路的目的。从其活动的结果来看，那桐、载泽等人对于锡良的态度颇为冷淡，并不愿意与其多做接触。事实上，载泽对于锦瑷铁路计划并不赞成，屡次密议，均极反对，并谓将来无论何路借款，该部决不担负责任，现在部库亏短已极，断难再认外债。[②]而那桐亦言"必不可奏"，对锦瑷铁路计划表示反对。可知，锡良的行动最终是失败了，因此，他有意让荫昌来接替其职务。在无法开缺的情况下，锡良有意长期滞留北京，以便迫使清廷满足其要求。值得注意的是，七月二十四日，日本已知会清政府，表示日韩合邦，[③]这显然刺激了锡良的神经。清廷派出毓朗、载涛等人从中调解。对于借款一事，载涛向载泽表示，东三省现处景象迥非他省可比，今部中既不能协助，复禁借外债，是甘心置三省于局外，要求载泽允许锡良借款。载泽

---

① 《郑孝胥日记》第3册，第1272—1274页。

② 《泽公不赞成借款筑路事》，《大公报》1910年9月29日，"要闻"。

③ 《清季中日韩关系史料》第10卷，第7109页。

"始允酌量招募"。而军机大臣徐世昌、毓朗亦当面向锡良表示，东省事苟利国家，朝廷决不为遥制。① 奕劻等人亦奏请允许锡良筹借外债银二千万两，获得清廷的批准。② 锡良见要求已遂，方才于宣统二年八月初九日出京回奉。在这一过程中，锡良联合同在北京的湖广总督瑞澂提出了新的全国借债筑路计划，并将此计划通致各省督抚、将军、都统。观该计划意旨所向，当然并非纯粹造路而已，其意图是仍以铁路为枢纽，带动各类实业得到发展。③ 显然，他有意在全国制造借债筑路的讨论热潮，以便向清廷施压。只是，各督抚讨论后反对其计划，转而提出联合奏请设立阁会的问题。

回到奉天的锡良，再次向清廷提议增借外债，以便兴修锦瑗铁路。他说：

> 窃谓东三省大局危迫，自应大举以图速效。然其提纲挈领之要务则在于锦瑗铁路一事，诚使铁路即行开办则精神振作，血脉贯通，一切移民开垦，均可应弦赴节，事半功倍，应办之事，千头万绪。原奏所称此次借债二千万两为数太少，无济于事，诚为灼知局中甘苦之论，若使锦瑗铁路未能即定，则勉强兴办靡费更多，日复一日，事事皆落后着。臣当察度情形，于万不可缓者，随时奏明办理，只求款能应手，则进步必速，诚能由部预筹巨额存储银行，专为东三省指拨之用，尤为深幸。此加借外债，经营移民开垦之利在速行者也。④

可知，他希望通过借债造路计划，带动移民、开垦等实业的发展，但奕劻等人则认为锦瑗铁路未能成议，兴办东三省移民、开垦诸务亦无需铁路，因此，反对锡良增借外债的要求。⑤ 至此，锡良的锦瑗铁路计划事实上已告

---

① 《再述东督晋京之结果》，《盛京时报》宣统二年八月十七日，"东三省新闻·奉天"；《郑孝胥日记》第3册，宣统元年十二月十九日，第1226页。

② 《外务部总理大臣奕劻等奏议复锡良密陈东省大局折》（宣统二年八月初二日），《清宣统朝中日交涉史料》，第330—331页。

③ 《密陈筹借外债以裕财政而弱敌势折》，《锡良遗稿：奏稿》，第1204—1206页。

④ 《东三省总督锡良奏密陈东省筹办情形折》（宣统二年十月十六日），《清宣统朝中日交涉史料》，第350页。

⑤ 《外务部总理大臣奕劻等奏会同议复锡良密陈东三省分别筹办情形折》（宣统二年十二月十五日），《清宣统朝中日交涉史料》，第362页。

失败。

（四）得步进步的实业救亡

锡良始终认为，东三省大局危迫，其救亡提纲挈领的要务在于锦瑷铁路一事。然而，在锦瑷铁路无望的情况下，锡良不得不采用"得步进步"的方式，开始筹办垦荒、森林、河道、杂粮公司、航业公司以及各种制造厂，"国家力所不及则提倡民办，以期兴起；内地无术集款则息借外债，以求迅速"，希望能急起直追。

1. 筹办实业

（1）注重垦荒

奉省靖安县办理垦荒事宜，当时有未放沙碱余荒一万九千三百七十余垧，按一五折扣计，实荒二千九百余垧。该地自盛京将军增祺开始放荒，然经多年，仍只放荒一千三百余垧，尚不及半。锡良认为，该地办荒经年，成效不佳，说明该地硗薄不堪，垦种匪易。若必照章收价，则仍将日久无人领垦。这样会使地弃其利，且使居民寥落，难成聚落，有碍实边殖民之计。因此他提议按照黑龙江省奏准成案，招户领垦，免缴荒价，限年升科。[①]

（2）筹划建设葫芦岛工程

锡良认为，葫芦岛扼海陆形胜，其港岸足以与大连海口并峙，其工程兼营，实关东省全局命脉。因此他向清廷要求拨款修筑，但清廷虽认同该港口关系极重，应筹开埠办法，但认为需东三省自筹公债予以建设。不得已，锡良从东三省盐务局盈余和补征盐厘及盐栈店帖税票费、斗课、减平等杂费中筹措二十八万两为开办之费。[②]为此，他于宣统元年冬间，在东三省总督署中设立筹办处，派令郑孝胥为该工程的经理。于是，郑孝胥率奉天工程局人员到该岛进行实地考察。经调查后，郑孝胥策划将该项工程分为三段，以宣统三年为开办之期，计划分六年完成。[③]这项工作后来虽因政局变动而终止，但为民国时期建设葫芦岛港口奠定了初步基础。

---

① 《靖安县沙碱余荒援照汤旺河成荒成案免价招垦折》，《锡良遗稿：奏稿》，第 1062 页。

② 《奉省葫芦岛商埠工程重要筹款开办折》，《锡良遗稿：奏稿》，第 1203 页。

③ 《葫芦岛建筑海堤派员筹办购地开工情形折》，《锡良遗稿：奏稿》，第 1259—1260 页。

东三省矿产较为丰富，清末以来，日俄势力渗透，均思攘大利。尤其是日本势力进入东北后，日人四出查勘，甚至勾引当地人订立私约，致使东北矿产交涉案件繁多。赵尔巽、徐世昌等人意识到，若非我先设法开采，则不足以收利权而杜觊觎，因此较早招徕南洋华侨资本到奉办理矿务，但是成效不彰。锡良认为，"推原其故，大抵限于资本者十之三，格于定章者十之五"。当时华洋合股开矿，规定股本以各占一半为度。但他认识到，奉省时局已在日人范围之中，若要保守东省，非输入欧美资本，不足以牵制势力。因此，他在考察奉天情形后，提议应变通奉省办理矿务章程，招集欧美商人组织公司，搀入华股，从而保持利权。为此，他派人与上海商人唐元湛等人联络，于宣统元年十月联合中英美商人组成公司，开办奉省海龙府境内金矿。[①]

在农业方面，东三省出产土货中以粮豆为大宗，自日俄战后，各国洋行深入东三省采购，尤以日本三井、正金各商为最巨。然而这些洋商往往贱买高卖，于夏秋之交，以贱价向农民预订，并以民人地契作押；冬间粮食价涨，不能交货，导致纠葛不断，屡滋交涉。为了保护农民的利益，锡良饬令在长春府设立农产公司，在农民青黄不接时，由官付给资本，订明冬间收获时交还粮豆，以清官款，从而免受洋商预购之害。而洋商采购粮食者，则由公司及官银号间接订卖，杜绝纠葛，并借广招徕。[②] 可知，他设立农产品公司，是试图以政府的力量保护农民，防止农民受国际大资本的直接侵害，从而起到保护民产、消弭隐患的作用。

2. 编练新军和寓兵于民

锡良认为，国势之盛衰，莫不视兵力之强弱以为衡。特别是在强邻逼处的情况下，整军建武显得尤为重要。宣统元年六月时，东三省的现代化军队，有调东陆军第三镇，奉天有改编步队六营、炮队一营，吉林有陆军步队一协，尚有调东第一混成协。黑龙江省则尚未编练步队。借着巡阅吉江之机，锡良对沿途陆防各营进行了初步校阅考察，认为军学、军容、军纪精娴严肃，以调东陆军第三镇为较优，吉林陆军一协次之。而奉天的现代化军

---

① 《联合中外商人组织公司开办奉天海龙府属香炉盌金矿折》，《锡良遗稿：奏稿》，第 1084 页。
② 《吉林长春府设立农产公司折》，《锡良遗稿：奏稿》，第 1086 页。

队在数量和管理体制方面存在着巨大的问题，陆军人数较少，且驻扎较为分散，协标各自独立。锡良认为，军队在平时本有此疆彼界之分，临事又如何能协力同心，因此提议重新统筹规划，编配成镇。于是，他对奉天的陆军进行了改革，以奉省原有之陆军独立两标暨混成第一协的步队十二营、马队一营、炮队二营、工辎各一队为基础，添加马队二营、炮队一营、工程辎重各三队，改编为一镇，遴员派充该镇统制官，以督率训练。[①]经陆军部批准后，他于宣统元年十月饬令陈宧担任该镇统制，该镇名为暂编陆军第二十镇，于宣统元年十二月初一日正式成军。该镇在成军的过程中又增添了军乐队半队。[②]在锡良的带动下，吉林巡抚陈昭常以吉省防务空虚、国防紧急为由，提出了改编吉林巡防队成镇的方案。[③]

为了能使军队改革顺利推进，锡良非常注重军纪。有暂编陆军第二十镇步队第七十八标统带官刘富有，对一切训练漫不经心，遇部下有过失，不问情节轻重，动辄违章苛罚。同时，该员还借其父丧回籍营葬之机，勒索部下。锡良得知后震怒，认为该员营私溺职，罔顾廉耻，实属胆大妄为，军人败类，因此奏请将该员"即行革职，永不叙用，不准投效各营"。[④]

随着日韩合邦，锡良变得更为激进。他强烈要求清廷能以全国之力筹划东三省，以保固全国。为此，他提议将近畿陆军勤加训练，再罢可缓之举，节可省之费，添练数镇，以为后劲，并使"人人有同仇之忾，日日存决死之心"，"敌或有所惮而不敢轻发"。同时，"我再及时修明内政，固结民心，筹办移殖路矿等事以为补牢之计"。在他看来，这完全有可能实现。因为东三省自从迭遭外侮后，民人学子深切感受，无不志气激昂，强烈地希望振作，而各属举行堡防，抽丁编练，不用公帑，所在皆有。所以他认为应多购军械，普练民兵，"但使人人有自谋保卫之能力，庶可转弱为强"。[⑤]他仍希望能以积极进取的姿态，应对东北边疆危机。若仍无所作为，"土崩瓦解，即

---

① 《考察东省军政编配陆军添练成镇折》，《锡良遗稿·奏稿》，第 932—933 页。

② 《奉天编练陆军第二十镇成镇日期并改编筹饷办法折》，《锡良遗稿·奏稿》，第 1056 页。

③ 《统筹吉省边防兵备情形请将旧有陆防各军先行改编陆军一镇折》，《锡良遗稿·奏稿》，第 1105—1107 页。

④ 《陆军统带官补用都司刘富有革职永不叙用片》，《锡良遗稿·奏稿》，第 1072—1073 页。

⑤ 《密陈军械关系重要再恳饬购以备缓急折》，《锡良遗稿·奏稿》，第 1238—1239 页。

在目前"。他研判，"不出三稔，恐关以东，将为朝鲜之续耳"。[①] 鉴于清末政局 "大病，多议论而少成功"，他希望清廷能 "大奋乾断，俯纳愚诚，采纳施行，大局幸甚！"

锡良认为，"枪械为行军命脉"，但东三省的枪械尚不能有一日之战的储备。因此他紧急饬令军械局向山东德州制造厂定造枪弹五百万颗，得到的答复是需三年方能交齐。他认为，为救急计，应迅速筹借债数千万，立刻向外商密购枪弹，"迟恐小有事端，外人即借口禁卖军火"。但为长远计，他认为应于北方设立特大兵工厂，招募外商或华洋合股，明定年限，妥订合同，由部督饬制造，兼聘各国名匠，极力讲求，赶速制造，待将来厂内学徒技术既精，可收回自办。[②]

在积极进行军队建设的同时，锡良开始着手寓兵于民的工作。巡警是保卫地方安全的机关，而东三省巡警还负有保卫国防的责任。当时奉天巡警虽已遍及乡镇，但胡匪尚时时窃发，未能断绝。锡良认为，这是由于乡僻村屯，零星散处，往往百里一家，四望空虚，巡警难以分布，而乡镇赴援，缓不济急。有鉴于吉林创设预备巡警后，盗踪稀少，成效昭著，锡良提议仿照办理，就各村壮丁分别挑选，更番练习，"闻警则聚而捕盗，无事则散而归农"，这样既可以节省经费，又能辅助警力，并可为挑选正警做预备。[③] 经过一番努力，奉省各属预备警察逐渐设立，若全部成立，"将来合计人数约有二三十万人"。锡良认为，若能将这批人武装起来，亦有固圉保边之助。[④] 此举无疑也有寓兵于民之意。除此而外，他还变通章程，饬令奉省中学以上学校，自宣统三年开学，将各校体操正课改习兵学战术，再加兵式教练枪剑术，并练习打靶。他认为，综览奉省时局，尤以补救文弱之敝，提倡尚武之风，为当务之急。[⑤] 这应该是中国近代史上第一次对普通学校的学生进行军事教育，也可见当时锡良试图在东三省构建全民皆兵局面以挽救危亡的焦虑心情。

[①] 《密陈东省阽危恐牵全局亟宜练兵准备借以图存折》，《锡良遗稿：奏稿》，第 1233—1234 页。

[②] 《密陈东省阽危恐牵全局亟宜练兵准备借以图存折》《请设制造厂并先借款购枪开办所得税片》，《锡良遗稿：奏稿》，第 1234、1235 页。

[③] 《奉省推设预备警察片》，《锡良遗稿：奏稿》，第 1175 页。

[④] 《密陈军械关系重要再恳饬购以备缓急折》，《锡良遗稿：奏稿》，第 1239 页。

[⑤] 《奉省中学以上各校改练打靶体操折》，《锡良遗稿：奏稿》，第 1261 页。

第三章　新政时期的省制行政改革

随着中国陷入半殖民地半封建社会的深渊，中国的外部环境持续恶化，清政府原有的政治管理体制已然无法有效地应对这一变化，而国内有识之士也发出强烈要求改革的呼声，因此对既有的官制进行改革以适应这种新的局势成为当时的迫切需求。影响清政府内部政治生态环境的因素发生了改变，其中既有政治制度的裁汰和新式机构的设立，也有新式人才的培育。在这一大的时代浪潮中，当时的官吏无论是认同还是反对，求新还是趋旧，都或主动或被动地参与了这一进程。作为清末十年间地方督抚中的重要人物，锡良就是这一改革进程的重要参与者。

第一节　机构的改革与调整

一、裁撤河东河道总督

八国联军侵华，慈禧和光绪西奔，严峻的政治形势使清政府认识到非改革不足以挽救危亡，故清政府于 1900 年末发布了"预约变法"的谕旨，承认在"万古不易之常经"外，没有一成不变之治法，因此要求各大臣、地方督抚将军等提出改革的政见。随后，清政府设立了督办政务处，行政制度改革帷幕就此拉开。

（一）河东河道总督内部的革新

锡良于光绪二十七年五月初二日到达河南，就任河东河道总督。河道总督一缺，乃清沿明制，于 1644 年设立，时有增改，至咸丰时仅剩东河河道总督（即河东河道总督）一缺，主管黄河防汛及堤坝维护等工作。此后，地方巡抚多次提议裁撤河东河道总督缺，光绪帝曾在戊戌变法时下旨裁撤。然变法失败后，照旧设立。

到任之初，锡良给自己制定的目标是"防患于先"和破除积习，使"工归实济，款不虚糜"。① 为此，他在到任后的第八天即起程，考察辖下黄河两岸八厅河势工程，查勘各地段的防汛形势、防汛准备、工程质量等情况。经过七天的考察，他对各段工程均有了初步认知，两岸埽坝工程"大致尚属高整"，"存储料石，亦尚充足，可资大汛修防"。他也发现目前的防汛工程中存在一些问题。第一，各处堤坝中用柴埽建筑的工程仍较多，而在防汛中石坝则相较更为得力，因此他希望分年多筑石坝，使工程弥臻坚固。第二，两岸堤工处所，"凡临黄段落，尚均一律高厚"，"其无工处所，则残缺卑薄，比比皆是"。他认为大堤为修防根本，而黄河变迁靡常，因此需要对卑薄地段加以修筑。第三，河工积习严重，"大率安于因循，专事酬应"。故而，他表示会严饬各员振刷精神，力除积习，尽心职守。② 此后，锡良专注于黄河的秋汛、白露等节气的防汛工作。

锡良认为，建造石坝能起到更好的防汛效果，因此他札饬石方局委员大量采购石块，以为堤工之用。但黄河溜猛船稀，石方周转不易，运到的量较少。为此，他转而采用前河督栗毓美专用抛砖包石之法，大量制造砖块，以弥补石方之不足，且能收速效之功。当时，筑堤坝的砖块经常遭到官员盗卖，为此，他又下令制造专用于河工而不便于民用的特制砖块，以杜其弊。③

与此同时，他本人较勤勉，每至汛期，必亲自沿堤勘查，遇有险工则亲驻坝上监督防汛，正是在他的不时巡视下，河道官员不仅能实力防范，且

① 《奏报到任日期折》，《锡良遗稿：奏稿》，第 119 页。
② 《查勘两岸八厅河势工程大概情形折》，《锡良遗稿：奏稿》，第 120—121 页。
③ 《办理河工情形片》，《锡良遗稿：奏稿》，第 236 页。

撙节经费。在光绪二十七年防汛中，河南黄河两岸的工程一律稳固，普庆安澜，而且节省了八万九千两的岁修工款。[①]由此可知，到任之后，锡良在河道总督内部采取了传统的改革，以个人的勤勉和实力督办，推行堤坝建筑方式的改革，加固堤坝，使河东用款核实运用。正是因此，他对河东河道总督的职守和弊端有着清醒的认知，这为他后来提出裁撤该职缺奠定了现实的基础。

（二）裁撤河东河道总督的提出

到了光绪二十七年八月二十八日，锡良即向清政府奏请变通河工事宜，正式提出裁撤河东河道总督之议。他之所以在这一时间提出改革之议，并不是故作姿态，取巧冒进，乃是深思熟虑之后的决定。

事实上，自清政府发布变法上谕后，各地督抚表现得较为审慎，因为行政改革意味着政治利益和政治权力的再分配，无疑会触动已有政治势力的既得利益，引起激烈的对抗。加上清政府的谕旨虽强调要消除积弊，改弦更张，取外国之长，去中国之短，参酌中西政治，甚至有要求学习西方的本源，但对于是否仿行西法，仍犹疑不决。因此，最初，各大员鲜少回应，地方督抚尤多处于观望中。经过一系列探察和互通消息后，地方督抚确认清廷有意改革，于是纷纷表达自己改革的政见，其中尤以张之洞、刘坤一的《江楚会奏变法三折》为有名。此时，处于河东河道总督任的锡良显然敏锐地感受到了改革的浪潮。但他并未直接表达自己的政见，而是更为实际地向清政府提议裁撤河东河道总督一缺。然而，裁撤官缺的阻力是非常大的，需要非凡的勇气，这从清末改革中机构裁撤并不多见可以看出。

事实上，在到任之初，考察河东河道总督事务后，锡良即已感到河工事务较少，[②]加上此前该缺在戊戌维新期间已裁撤过一次，就有了裁撤该职缺的意向。做出这一决定，一方面是考虑到当时清廷发布的变法诏书，另一方面也不乏他为个人政绩前途的考量。但考虑到裁撤之影响，他甚为踌躇，为此与亲友多次论证这一改革的可行性。光绪二十七年六月，锡良向其胞兄继良

---

① 《光绪二十七年岁款节省银两截数片》，《锡良遗稿：奏稿》，第 136 页。

② 《清史稿》卷 449，第 12532 页。

透露自己准备变革河工事务。六月十八日，经过一番深思熟虑后，继良致电锡良称："缺不可裁，招忌。"① 这应当是指当时清廷变法态度仍未明，建议他谨慎从事。故锡良在六月廿六日复电中"略言河工大概"。② 虽未知其电中所言内容，但他再次陈述河工大概，显见他仍有意裁撤河工，只是需要更合适的时机。

光绪二十七年七月初二日，清政府下令漕粮改征折色。这意味着漕运的停止，如此一来，长期与漕运相关联的运河行政体系也失去了这一部分功能，③ 因此，河东河道总督的职责就更为轻简。与此同时，清廷于七月三十日再次下诏："各省制兵防勇积弊甚深，着各省将军、督抚将原有各营，严行裁汰，悉心核议，奏明办理。"至此，锡良确信清廷推行改革"志在必行"。④ 但他在一个月后才上折奏请裁撤河工事宜。

之所以出现这样的情况，乃是锡良思虑再三后的结果。事实上，八月二十日，慈禧针对江鄂所上变法三折做出了回应："刘坤一、张之洞会奏整顿中法、仿行西法各条，事多可行；即当按照所陈，随时设法择要举办。各疆吏亦应一律通筹，切实举行。"⑤ 由此，可以确认清末新政正式开始进入具体的实施阶段，故而锡良敢于在此时间节点上奏折。此外，慈禧太后、光绪帝已决定于九月间回京而清政府在此前一再宣扬改革，希望以新的面貌出现在世人的面前。若此时上奏裁缺，以实际行动为慈禧等人的新政提供新气象，这无疑会给他带来良好的政绩。与此同时，在慈禧等人途经河南之际，奏陈裁缺，也有助于他排除反对者的阻挠，推进改革。当时，锡良已得到慈禧等人即将由陕西入河南的消息，所以，他在上奏后即启程，"赴河工巡视"。⑥ 据王文韶的记载，锡良专程从开封至河南府"迎銮"。⑦

慈禧等人对锡良的举动大为赞赏，从这一时期锡良的折件均被清廷允准

---

① 《湘水双鱼》，光绪二十七年六月十八日，《锡良手稿》，档号：甲 374-96。

② 《湘水双鱼》，光绪二十七年六月廿六日，《锡良手稿》，档号：甲 374-96。

③ 参见倪玉平《清代漕粮海运与社会变迁》，上海：上海书店出版社，2005 年，第 381—382 页。

④ 《遵旨胪陈河工应行变通事宜折》，《锡良遗稿：奏稿》，第 131 页。

⑤ 《光绪宣统两朝上谕档》第 27 册，第 188 页。

⑥ 《湘水双鱼》，光绪二十七年九月初三日，《锡良手稿》，档号：甲 374-96。

⑦ 袁英光、胡逢祥整理：《王文韶日记》（下册），光绪二十七年九月十六日，北京：中华书局，1989 年，第 1043 页。

即可见一斑。锡良在其日记中留下了记录：

> （八月）廿九日……遵旨请变通河工事宜请裁河督等缺折，附片保赵送引，龚传奖。
>
> （九月）初七日……奉到朱批：变通河工事宜，着政务处会同吏兵两部妥议具奏。
>
> （九月）廿日具奏安澜折，延加头品顶戴，冯光勋二品衔，张楷在任以道用，奉旨俞允。
>
> 十月初二日申刻，圣驾临幸汴梁，庆邸先于初一日赴到，二、三、四、五连日召见。
>
> （十月）初九日，蒙召见。
>
> （十月）初十日，赏福字一方，蟒袍料一件，皇太后万寿，赴行宫叩祝。是早銮舆回京。①

从日记内容来看，锡良在奏请裁缺后，他的奏折及改革方案均被清廷采纳，并迅速做出批示。此后，路过河南的慈禧等人又连续四天召见他，他还获得了五次面见皇帝的机会。（案，清制一般督抚请训或觐见，前后大体有三次机会能见到皇帝。）见面的频率如此之高，表明清廷对他的建议很重视。待慈禧等人离开后，清廷即令锡良兼署河南巡抚之职。②当时，河东河道总督乃道员即可升任之缺，③锡良以此缺兼署巡抚，无疑反映出清廷对他的举动非常满意。

（三）裁撤河东河道总督的方案及其实施

随着裁撤河东河道总督的方案得到清廷的认可，锡良开始着手实施这一方案。由于河道总督还兼管京杭大运河方面的事务，因此这次改革涉及整个河南

---

① 《湘水双鱼》，光绪二十七年八月廿九日，九月初七、廿日，十月初二、初九、初十日，《锡良手稿》，档号：甲 374-96。

② 慈禧等人是于十一月初四日启程离开开封的，锡良随扈至卫辉，初八日"跪送圣驾"，初九日方回开封。（参见《湘水双鱼》，光绪二十七年十一月初四、初七、初八、初九日，《锡良手稿》，档号：甲 374-96）十一日即接到署理河南巡抚的电令。

③ 参见《花随人圣庵摭忆》下册，"吴窬斋尊崇醇王之奏与军机处伪作之折"条，第 876 页。

及运河的河工行政体系。其中部分内容还需要河南巡抚与山东巡抚共同协商。

在最初的改革方案中，他将河工划分为宜裁、宜酌裁、宜分限陆续裁汰、应否裁留、宜仍旧等五个方面。如果从职能角度来看，他的方案主要分成两块，即河道总督职权转移和运河人员裁汰分流。

在河道总督职能转移方面，锡良认为漕米改折后，河东河道总督仅管理河南黄河两岸的堤工，虽然有桃、伏、秋、凌四汛，但以伏、秋两汛为重，余皆次之。在这种情况下，如果平时料石筹积有素，即可保汛期安澜。因此，他认为河南巡抚即可兼顾此事，故提议按照山东成案，裁撤河东总督职缺，将河道总督的防汛职权改归河南巡抚兼办，这样可使"事权归一，办理尤觉裕如"。而河南河工设有南北两道八厅，人数约有 2001 名，专管修工防汛事宜，关系至为重要，因此他认为这部分人不做任何变更，全数保留。

在运河人员裁汰分流方面，他指出，河运虽然将停，但由于运河沿岸设置了大量闸坝，运河夫役人员仍有蓄泄以通商运而卫民田的职守。因此，他提议调整运河职守，对这些人员进行简化，将山东省兖沂曹济道移驻济宁兼办运河事务。涉及运河维修事务，他希望由山东巡抚派专员经理，并饬令地方州县会同办理，以保证运河畅通，免于淤塞。原有保卫运河安全的河标中、左、右三营，由于运河既停，也就没有相应职守了，因此需要裁汰。但涉及近千人的安置，他建议将官弁兵丁人员分五年时间逐步裁汰，将官人员则归入山东抚标序列，遇缺当差。虽然他以"骤将摈弃，未免可悯"为词，但事实上他这么做是希望减少裁缺人员反抗的阻力。至于原有的河标中城守营和运河道属运河营人员，他认为，前者专管捕盗、弹压地方，人数约有403 名；后者专管修防，人数约有 395 名。该二营尚属有用之员，提议请山东抚臣斟酌其地方情形，再决定裁留。[①]

由上可知，在这一改革方案中，锡良主要裁去了河东河道总督的职缺和与漕运相关联的运河行政，因为这两部分人员均已失去职守，对其他人员则仅酌予调整，故而改革的力度看似很大，但实际调整相对较小。锡良力求减少改革的阻力，为此，他还提出应将裁缺的文武官员纳入"裁缺即用"候补

---

① 《遵旨胪陈河工应行变通事宜折》，《锡良遗稿：奏稿》，第 131—132 页。

班内照例序补，而运河道属之缺则请旨简放。由于在这一方案中，运河人员裁撤较多，他向清政府再三强调，运河为南北关键，漕运虽停，河道仍不可废，必须逐年认真挑修，希望清政府饬令山东巡抚责成地方官员认真修浚，保持河水宽深，堤堰稳固，从而使商贾获流通之益，农田无漫溢之患。[①]

锡良的这一改革方案得到了清政府的迅速回应，随即交由政务处会同吏部、兵部共同审议。经过审慎的筹思后，光绪二十八年正月十七日，清廷正式发布上谕：

> 政务处会同吏部兵部奏遵议河东河道总督锡良胪陈河东变通事宜一折。黄河改道以来，直隶山东两省修守工程，久归督抚管理，锡良原奏所称，漕米改折，运河无事，河臣仅司堤岸，抚臣足可兼顾等语。该河督身亲目击，自属确实可凭。所有河东河道总督一缺，着即裁撤，一切事宜，改归河南巡抚兼办，其酌拟宜裁宜留，及分别缓急各节，均着照所请行，仍责成锡良，将裁并各事宜，一手经理。俟诸事办有头绪，再行奏明请旨。其裁汰各员弁及应裁兵丁，着吏兵二部随时查核办理。至运河道现即裁撤，该河督请将兖沂曹济道移驻济宁兼办河运事务，并河标城守营运河道属运河营两营弁兵应否裁留，及此后运河修浚事宜，着山东巡抚酌度地方情形，详议具奏。[②]

可知，清廷对锡良所提出的河东河道总督改革方案颇为满意。为了使改革顺利实施，清廷又调锡良为河南巡抚，裁撤河东河道总督成为锡良任内的重要任务。[③] 对于清政府的这一举措，社会舆论给予了热烈关注，不仅第一时间报道了河道总督改革的消息，且将锡良改革的方案及议复奏折刊登于报刊，显示出对清政府改革的期待。[④]《申报》甚至希望其他冗闲官员当以锡良

---

① 《遵旨胪陈河工应行变通事宜折》，《锡良遗稿：奏稿》，第 133 页。
② 《光绪朝东华录》，第 4828—4829 页。
③ 《调补河南巡抚谢恩折》，《锡良遗稿：奏稿》，第 174 页。
④ 《本馆接奉电音》，《申报》光绪二十八年正月二十日；《政务处会议裁撤河督事宜奏稿》《河督变通河工应行事宜折》《续录奏变通河工应行事宜折》，《申报》光绪二十八年正月三十日、二月初六日、二月初七日。

之心为心，自请裁撤。①

锡良为了使该方案更具可操作性，开始沿着前面的思路继续进行细化。具体而言，他对划分改革后的河工权限与用人体制等方面进行了调整。就权责方面，按照锡良的方案，原有界跨河南、山东的河工事务分省归地方州县管理后，他所负责河南河工应归开归、河北二道认真督防。如此一来，该二道的职责势必加重，这就需要调整该二道的候补标准：遇有出缺，由抚臣专选熟谙河务人员，酌量或升或补，抑或开单请旨简放，由部酌核，以重河防。具体负责河务防守的八厅修守则仍照定章办理，不用进行改革。而运河沿岸闸官则归山东巡抚管理。鉴于运河为南北气脉所关，且具有宣泄洪汛、通行商旅、保卫民田等功效，锡良在与时任山东巡抚张人骏讨论之后，对运河沿岸的闸官进行了裁留、归并，通计裁去三十二缺，留并二十六缺。② 而河南省每年河工岁修经费，应由河南巡抚按照定章核定，再开单上报奏销。

至于人事制度的调整，这一问题就比较棘手，因为它涉及诸多方面的利益。为了妥善处理这一问题，锡良奏请对河工人事制度进行适当的调整。具体而言，对于河工候补人员，他认为，除例应回避本籍者，山东人专归河南，河南人专归山东外，其他省籍的人员可以任其专指两省之一省，专补河工之缺。但因这一部分人员颇多，河南、山东两省显然难以完全吸纳，因此，他向清廷建议允许这些人改缺其他省份。若河工出缺，仍应令河工人员出补该缺，但应改由巡抚奏请。至于闸官人员，他认为这是专门性官吏，各地并无此缺，应准许其对品改为典史等项，按原班归地方补用。而以前每届大挑之年，有分发东河知县二十至二十六名不等的惯例，应请免再分发。③此外，对于裁汰的河标三营，锡良主张应逐年分季裁汰，被裁者每员各发饷一年，为此他制定了五年裁汰人数计划。④ 从中可知，锡良意图通过尽力安置被裁官吏，减少其改革阻力。

对于锡良的这一细化，清政府亦表赞成，但这并不代表改革已经完成。

---

① 《书上谕裁撤河东河道总督后》，《申报》1902 年 3 月 5 日。

② 《运河同通汛闸各缺分别裁留归并折》，《锡良遗稿：奏稿》，第 184—188 页。

③ 《筹议河工一切事宜折》，《锡良遗稿：奏稿》，第 180—183 页。

④ 《遵议裁汰河标三营分年办理情形折》，《锡良遗稿：奏稿》，第 188—190 页。

为了确保裁撤河道总督计划的顺利实施，锡良又委任"办事亲能"①的赵尔丰总办河工事宜，因为此时他已是河南巡抚，地方事务颇为繁重，难以全力专注于河工事务。②

但是每临汛期或河防出险时，锡良仍会驻留在黄河大堤上，巡视大堤情况。③当黄河防汛紧张时，锡良不顾安危，亲自前往该地督工防汛。④正是在他的认真督饬下，该年黄河汛期得以平稳渡过。⑤这无疑显示出锡良的改革方案是具有可操作性的，已为其实践所证明。

锡良对河道总督改革做了如此周密而细致的工作，却付出了沉重的政治代价，深为河南官场所不容。到任之初，锡良就因其严厉督工而得罪了同僚。原来，锡良到任后即将可裁之费尽行剔除，督办河工两年，节省经费达十九万两。这势必得罪原有的利益集团，官场谣传他"竭众力以攘廉名，惜小费而轻大事"，苛刻河工人员。⑥待其开始实行改革方案后，更多的既得利益集团对其工作进行阻拦和诽谤。当其调用官员署理开封时，布政使延祉竟以"官场大众必皆引退"相要挟。⑦有舆论指出，光绪二十八年河南省境内沁河发生漫溢事件，是由于锡良督办河工各事过于刻俭，导致属吏不满所致。⑧加上他对地方官吏进行整顿，他在河南的处境就变得更艰难了。在改革河东河道总督方案出台后未久，光绪二十八年二月二十四日他即有奏折上呈，请清廷另简贤能出任河南巡抚。他称：

> 时艰孔亟，既乏安全之略，更无干济之才，遇事非不黾勉图为，无如才力竭蹶，实属不称疆寄。若明于责人，而昧于责己，不自陈明，将

① 《奏调前山西河东监掣同知赵尔丰片》，《锡良遗稿·奏稿》，第 120 页。
② 《委赵尔丰总办河工事宜片》，《锡良遗稿·奏稿》，第 184 页。
③ 《伏汛循例驻工片》《查勘河势情形折》，《锡良遗稿·奏稿》，第 230、235—236 页。
④ 《处暑前后黄河水涨抢护险工折》，《锡良遗稿·奏稿》，第 242—243 页。
⑤ 《驰驿奏报霜清安澜折》，《锡良遗稿·奏稿》，第 269 页。
⑥ 《节省河工经费备拨赔款折》，《锡良遗稿·奏稿》，第 209 页。
⑦ 《谋调首府》，《大公报》1902 年 9 月 23 日，"外省新闻·河南"。虽然文悌之为人亦是其遭受同僚排挤的重要因素，但布政使延祉直接向锡良表示这一态度，其中意味甚值细品。（关于文悌为人，参见《纪文悌》，《大公报》1902 年 10 月 9 日，"外省新闻·河南"）
⑧ 《时事要闻》，《大公报》1902 年 9 月 26 日。

来贻误地方，一身获咎犹小，辜负生成实大，彷徨昕夕，寝馈不安。应如何简择贤能，俾承重任，出自逾格鸿慈。①

而在一个月前，即光绪二十八年正月二十六日，他接到调补河南巡抚的谕旨时，称"第当此时艰殷迫，宵旰勤劳，薄海臣民，咸深感奋"，表示要力求实际，勉竭血诚，"不以无患而稍涉疏虞，不以难行而遂存疑阻，以期振兴庶务"，表现出一派振作、大有作为的姿态。短短一个月后，他的态度有如此大的转变，参以上述舆论不难猜测出，他所进行的改革触动了当地官僚系统的利益，因此承受了非常大的政治压力。清廷在经过一番斟酌后，于四月二十二日决定调锡良为热河都统。

或许是考虑到裁汰机构带来的利益冲突太大，加上时局的演进，锡良在此后的机构改革问题上变得更为谨慎。在四川总督任时，清廷向各督抚发布裁并冗闲差缺的命令，锡良仅将无关地方紧要的粮盐道与夫佐杂官及早已成具文的地方教职裁撤，同时把事务较简的采访忠节局和团保总局裁并入其他政府机构。②在东三省总督任时，锡良将奉天各司道佥事裁撤，并将同江厅河防同知一缺裁撤，设立昌图府同江口分防经历。③可见，改革规模并不大。

二、东三省官制的调整

（一）调整东三省行政体制

为了能更确切地了解东三省的真实情况，锡良到任后未久，就起程考察吉林、黑龙江。他于宣统元年五月初九日由奉天省城起程，十三日到达吉林，二十五日到达黑龙江，先后与吉林巡抚陈昭常、黑龙江巡抚周树模晤商一切。六月初五日，才返回奉天。④

① 《请拣贤能抚豫片》，《锡良遗稿：奏稿》，第 201 页。
② 《遵旨酌裁川省各差缺折》，《锡良遗稿：奏稿》，第 432—434 页；《川督奏报官缺》，《大公报》1904 年 11 月 23 日，"时事要闻"。
③ 《裁撤司道佥事并同江厅一缺改设经历片》，《锡良遗稿：奏稿》，第 1153 页。
④ 《恭报巡阅吉江回奉日期折》，《锡良遗稿：奏稿》，第 922 页。

经过数月的调查后，锡良发现东三省官制存在两大问题。第一，自1907年改设行省之后，东三省"设官较内省为众，用费亦较内省为多"，且"大官太多"。[①]第二，东三省原议官制，本属试办，故先后奏设各缺，奉吉江三省的官制已非一律，与原奏有很多不一致的官职。因此，他认为应酌量变通。

1.调整官制与裁汰冗员

徐世昌担任东三省总督时，奉天设有左、右参赞，左参赞管理承宣厅，办理全省机要事务，右参赞管理咨议厅事，核议全省章制法令。锡良指出，左右参赞原为东三省总督移驻长春后所准备，现在所从事的事务多为文案之事，而当时东三省财政奇绌，且总督仍未迁移，因此奏请予以裁撤。[②]同时，奉天各司道衙门，委用人员多者至五六十人之多。当时奉天财政困难，入不敷出，亏空达数百万，库空如洗。如此多的冗员，不仅使行政效率低下，而且造成财政上的压力。锡良认为，其中虽不乏优异之才，但滥竽冗食者亦居大半，因此有必要在奉省进行裁汰浮费、冗员的行政改革。[③]他先后裁去左右参赞等两厅、蒙务局督办、东三省支应局、矿政调查局、省城牛马税局等局所。为了使改革能顺利进行，锡良率先自革浮费，为僚属倡。经过这次改革，东三省每年可节省行政开支一百余万两。

此外，他还裁去了奉天巡抚和黑龙江度支司两缺。对奉天巡抚，他认为，东三省总督原本要移驻长春，以便控驭三省。但现在东三省总督长期驻扎奉天省城，巡阅吉江时间较短，按照外省官制通则规定，总督所驻省份不另设巡抚，即以总督兼管巡抚事务，因此他奏请裁撤奉天巡抚。至于黑龙江度支司，他因黑龙江省政务稀简，所辖仅十余州县，但设有四司，事少官多，因此将该省度支司暂行裁撤，归并民政司兼管。[④]

在进行裁汰的同时，锡良对东三省官制进行了变通。具体情形如下：

第一，变通吉江行政管理制度。按照东三省设立督抚原奏章程，总督为

---

① 《遵旨考察东三省情形裁并差缺折》《查核东省官制请裁奉天左右参赞员缺折》，《锡良遗稿：奏稿》，第911、892页。

② 《查核东省官制请裁奉天左右参赞员缺折》，《锡良遗稿：奏稿》，第892页。

③ 《裁汰奉省各司道局处冗员片》，《锡良遗稿：奏稿》，第892页。

④ 《遵旨考察东三省情形裁并差缺折》，《锡良遗稿：奏稿》，第911—914页。

长官，巡抚为次官，三省公事，皆由督抚联衔具奏，其例行之事与迫不及待者，总督出省时，仍列总督前衔，由该省巡抚一面办奏，一面电商总督。锡良认为，现在东三省总督常驻奉天，吉江两省距离较远，若一切例行事件均须会商会稿，"既多转折之烦，而公事亦虞延误"。因此，他提出变通方法，"嗣后凡例行之事，由该两省巡抚主稿，会列总督后衔具奏，一面咨送奏稿备案，俾省周折"；对于关系重要及特别事件，"或由各该省巡抚主稿，咨送核定，或先电商定稿，再行缮奏拜发"。[①] 这样的改革，其基本权力框架未有大的变动，但有助于提高行政效率。

变更吉林兵备道。吉林自改行省后，先后添设有滨江道、西路道、东北路道和东南路道。但各道的权力和管辖区域却并不清晰，加上东三省正在进行旗制行政变革，锡良认为，吉林地方辽阔，控治本属难周，而各边均极冲要，且内政、外交极为殷繁，因此亟须厘清权限，以使各大员能有专责。他在与吉林巡抚等官员商议后决定将滨江道改为西北路道，仍驻扎哈尔滨，巡防吉林西北一带等处地方，兼管哈尔滨关税及商埠交涉事宜；西路道改为西南路道，仍驻长春，巡防吉林西南一带等处地方，兼管长春关税及商埠事宜；将东北路、东南路二道，更名为分巡兵备道，使其能随时监察属吏。在此基础上，他更定了各道所管辖的具体区域。[②] 他认为通过这样的调整和改革，捋清事权和辖地，可以使"事权有所专属而责任各有攸关"，以一事权而符名实，有助于提高行政管理效率。

第二，提升民政使职权和设立东三省帮办大臣。锡良认为，原有的左右参赞有秉承督抚考核用人之责，已经奏请裁撤，而奉天未设立布政使，全省府厅县以及佐贰杂职，一切升迁调补，不可无专司考核之官。因此，他奏请将奉天民政使升为二品官衔，仿照各省布政使，兼管府厅以下升调补署事务。[③]

第三，更改部分官制的名称和职权。如奉锦山海关道，设立之初，因为有办理外交，准其专折奏事之权，故兼有按察使衔，到了宣统元年，该道已改为锦新营口等处巡兵备道，同时奉天设立了交涉专司，专办全省交涉事务。锡良

---

① 《拟请变通吉江两省巡抚奏事会总督后衔片》，《锡良遗稿：奏稿》，第914页。

② 《请将滨江西路二道改为西北西南兵备二道折》，《锡良遗稿：奏稿》，第953—954页。

③ 《请升民政使为二品管府厅以下升调事宜片》，《锡良遗稿：奏稿》，第915页。

认为，当时让该道兼有交涉事权，是由于奉天未改行省时官制简略，乃一时权宜之际，现在东三省官制逐渐完备，因此应该取消其兼有按察使衔。同时该道原来管辖的复州、海城盖平二县，因该道管辖权变更，不再由它兼管。又如宣统元年，兴京厅已升为府，所属教佐各缺，也应升改，他提议将兴京厅同知经历管司狱事改为兴京府经历兼司狱，旧有教谕改为兴京府教授。①

在徐世昌奏定东省官制案内，各司道均设有佥事员缺，锡良认为，这原以奉省各司道多系创设，开办之初，事务繁赜，故设佥事以资佐理。随着宪政编查馆奏定直省提学司、提法司、劝业道等官制，均无佥事名目，因此他提议将奉省原设各司道佥事员缺裁撤。又如，同江厅河防同知一缺，由赵尔巽主政时设立，专管缉捕交涉事务，但设立后其缉捕事务专责防营，重要交涉暨各项新政则归昌图府管理，锡良认为该职缺"几同虚设，应即裁撤"。但同江距离昌图府七十余里，锡良认为必须设有行政官厅，借资抚治，后经讨论后，建议设立昌图府同江口分防经历一缺。②

此外，随着新政的推进和审判厅的成立，锡良对不适于新体制的官制进行了改革。按照民政部规定，同城州县应一律裁撤。当时奉省府县同城的有承德、锦县两缺，锡良于宣统三年二月奏请将该两缺予以裁撤，归各该府直辖管理。同时，奉省昌图府等处审判厅逐步成立，锡良认为，各属旧有管狱等官，几同骈枝，应请一律裁撤。③

2.添设县治

作为较晚设立行省的区域，东三省新添县治较多，且制度并不完善，很多地方仍须创设和调整。

宾州府所属之阿勒楚喀地方，人口稠密，商民富庶，发达较早，随着旗制变革，原有旗署裁撤，锡良认为，亟须添设民治官加以治理，提议设立阿城县。④

奉天海龙府属新设辉南厅，原本拟设治于大肚川地方。经派员查勘后，

---

① 《更定锦新道职司并兴京府所属各缺名称片》，《锡良遗稿：奏稿》，第947页。

② 《裁撤司道佥事并同江厅一缺改设经历片》，《锡良遗稿：奏稿》，第1153页。

③ 《裁撤知县教佐各缺腾出的款移作审判厅经费折》，《锡良遗稿：奏稿》，第1280页。

④ 《拟请设立阿城县员缺片》，《锡良遗稿：奏稿》，第955页。

锡良发现该地局势逼仄，不敷展布，且山路崎岖，交通不便，因此他将该厅移于地理适中、四面环山抱水且平坦之谢家店设治。①

在徐世昌督东时添设的长白府知府，辉南直隶厅同知，安图、抚松、醴泉等县同知，当时声明先行派员试办设治，故仍有许多未尽事宜。宣统二年七月，锡良查明各该府厅县，或系蒙荒初辟，或系边防要害，自派员前往试办后，为时已久，办理新政各项要政已渐有端绪，但仍存在着缺分、僚佐、衙署等制度不完之处。因此，他核定了长白府等府厅县的缺分，确定这些府厅县的兼衔，缓设佐治员，筹备巡警，建设衙署等地方官制，从而完善当地官制。②

（二）奉天旗制变通

在对行政体系进行改革和调整的同时，锡良注意到满蒙旗人在大时代的背景下亟须进行改革，因此，他对奉天旗制进行了变通。

1. 变革旗官体制

随着近代中国民族危机的加深和民族主义的兴起，八旗制度所承载的满族贵族统治下的满汉权利、义务不平等等问题日渐为民众所周知，满汉矛盾亦随之加深。化除满汉畛域、变通旗制成为清末政府亟宜解决的重要问题。此后，清政府设立了变通旗制处，专门办理旗制变通之事。随后，各地驻防先后设立旗制处或筹办旗丁生计处，变通旗制进入高潮。在这一趋势下，锡良对奉天旗制进行了变通。

由于当时普遍的观点认为，"立宪与旗制不能并立"，③实现立宪之期，即应为旗制裁撤之时。对此，锡良认为，应利用清廷设立变通旗制处之机，将奉省旗务司一缺裁撤，设立旗务处，办理旗务事宜。④随后，锡良派令办理旗务得力的金梁出任奉天旗务处总办。

在奉天的旗制中，旗官是一个人数较多，却久无职守，唯赖俸饷为活

---

① 《移设辉南厅治并拨款建筑衙署情形折》，《锡良遗稿：奏稿》，第 1059 页。

② 《奉省添设长白等府厅县续陈未尽事宜折》，《锡良遗稿：奏稿》，第 1192—1195 页。

③ 《旗制大臣有被参之耗》，《大公报》1909 年 11 月 21 日，"要闻"；《旗丁生计之问题》，《大公报》1910 年 9 月 21 日，"要闻"。

④ 《遵旨考察东三省裁并裁缺折》，《锡良遗稿：奏稿》，第 911 页。

的群体。因此，锡良率先实行了旗官出缺不补的政策，即"八旗官缺暂仍旧制，唯嗣后出缺概行停补"。[①] 但这一政策并非锡良的独创，四川总督赵尔巽就曾向变通旗制处就裁旗问题提出过"出缺不补、十年裁尽"的计划。[②] 只是锡良首先将其运用到了旗官改革的实践中，反而更具有开拓精神。为了减少改革的阻力，锡良采取了将旗官酌改为外官、对品调用或送入法政学堂学习等举措。[③] 如他采用了对品调用等办法，裁撤已无职守、实同虚设之盛京将军署堂主事、笔帖式、外郎等旗官。[④] 但变通旗制处认为这样"恐拂八旗感情"，[⑤] 要求"可仿政务处议准黑龙江及陆军部武备新章，先尽曾入文武各学堂毕业者挑补"。可见，变通旗制处不同意锡良逐步裁去官缺的做法，无奈之下，他只得作罢。[⑥] 后来，他又电致军机处拟逐步裁撤冗滥之旗员，并有裁汰旗官改归外用之举，[⑦] 显然有意另辟蹊径。此后，锡良对海龙总管进行了裁汰。海龙总管原为管理海龙城围场所设，到了清末，由于设立了府、县地方机构，这一机构已形同虚设，因此，前任总督徐世昌就提议要裁撤该机构，清政府亦令锡良"体察情形，悉心妥筹，奏明办理"。锡良认为该机构已无职守，因此奏请裁撤。他采取了逐步裁撤的策略，将该机构总管裁缺，并将管理该机构册档的笔帖式裁撤，改为外用。将该机构的旗官旗兵随时选充地方巡警，以实现逐步裁改。[⑧] 在他的努力下，这一机构最终被裁撤。

2. 注重教育和实业

在对旗官体制进行变革的同时，锡良还需要解决普通旗人的生计问题。针对时人所论"八旗人才大抵销磨于区区俸饷之中"的说法，锡良认为，这"虽系激论，盖亦属实情"。因此，锡良认为，亟应去除旗员对旗饷的依赖心理，

---

① 《会奏奉省旗务》，《大公报》1909 年 8 月 15 日，"北京"。

② 《川督奏陈裁旗办法》，《大公报》1908 年 10 月 12 日，"要闻"。

③ 《奉省旗官出缺不补逐渐变通办法折》，《锡良遗稿：奏稿》，第 925 页。

④ 《请予军署各旗署主事笔帖式外郎等出路片》，《锡良遗稿：奏稿》，第 927—928 页。

⑤ 《宝侍郎之旗制谈》，《大公报》1909 年 10 月 13 日，"要闻"。

⑥ 《奉省旗官出缺暂照新章挑补片》，《锡良遗稿：奏稿》，第 1180 页。

⑦ 《饬拟变通旗制办法》，《盛京时报》宣统二年十一月十七日，"东三省新闻·奉天"；《东督电请再裁旗务冗员》，《大公报》1910 年 10 月 13 日，"要闻"。

⑧ 《遵议裁撤海龙总管员缺并筹拟官兵安插办法折》，《锡良遗稿：奏稿》，第 1227—1228 页。

"坚其自立之志"。① 在他看来，要解决这一问题，应从教育和实业两方面入手。

第一，注重教育。锡良认为，筹办八旗教育除了具有筹办生计之用外，还具有"辅弼皇家，磐石苞桑"之用。因此，他巡视八旗学堂时，"示以国家育才晟亲之深意"，随时督饬学员，认真管教。② 他还亲自对学生课程加以面试，若听闻"程度均甚优美"，则会对学生进行嘉许。③ 除了维持原有的学堂外，锡良亦曾扩充八旗学堂、宗室学堂、维城学堂等学堂，并特别设立了八旗满蒙文中学堂。八旗满蒙文中学堂创设于 1910 年 1 月，锡良期望该学堂能使学生在特设专科的情况下"研求有素"。④ 该堂在办理半年后，曾增加招收一班六十名学员，⑤ 可知该学堂办学之成效。

第二，大力推行实业。锡良认为，创办实业不外两端，"务本则以农事为先，而收效则以工艺为速"。在他看来，设厂教工，轻而易举，若能令八旗子弟各执一业，"人人皆能谋生，处处皆足自立"，即能收到变通尽利之效。为此，他对奉天、锦州的八旗工艺厂进行扩建，并在辽阳、牛庄等地添设分厂，以解决旗人的就业问题。而八旗工艺厂的成功，促使锡良开始有意把工艺推向八旗妇女。在他看来，八旗生计困难也有妇女的因素。他认为，"妇女大抵坐食，皆无职业，尤足为家室之累"，因此，应设法提倡，振兴实业，以广生计。于是，锡良饬令旗务处在奉天设立八旗女工传习所一处，分设裁绒、编物、缝纫、刺绣等四科。该所借用官房方才设立，原拟定招集百名八旗女工入所学艺，而报名愿学者达到数百人之多，或许因该所房屋过于窄小，最初只招了八十名女工。⑥ 该所于 1909 年 9 月开办，半年后，经营即颇著成效，甚至开发出新制裁绒，参加了在南京举行的南洋劝业会。此后，他还在奉天已裁工部旧署地基上修建女工厂一所，以为八旗生计之一助。

第三，积极提倡迁旗垦荒。锡良认为，此举一可为八旗资衣食，一可

---

① 《奉省旗官出缺不补逐渐变通办法折》，《锡良遗稿·奏稿》，第 925 页。
② 《扩充维城小学校额折》，《锡良遗稿·奏稿》，第 1000—1001 页。
③ 《督宪亲莅维城学堂查验一切》，《盛京时报》宣统二年十月十四日，"东三省新闻·奉天"。
④ 《创设八旗满蒙文中学堂请立案折》，《锡良遗稿·奏稿》，第 1044—1045 页。
⑤ 《八旗中学招生》，《盛京时报》宣统二年六月二十四日，"东三省新闻·奉天"。
⑥ 《创设八旗女工传习所请立案片》，《锡良遗稿·奏稿》，第 1044 页；张虹：《清末奉天八旗女工传习所兴办始末及评价》，《满族研究》1996 年第 2 期。

为长白固根本，因此，希望在办有成效的情况下，再逐渐推广。东三省荒地颇多，且地广人稀，亟需待人而耕。本就主张推行迁民实边的锡良，以八旗户口日增，生计日艰为由，于1910年6月向清政府提议，招集百户无业旗丁前赴新设之长白府属之安图县内试办垦荒，每旗丁发给地三百亩，并发给牛、具、房、粮。清政府则饬令锡良"先行试办，果有成效，再行奏陈"。[①]当东三省当局宣布这一消息后，各旗丁报名颇为踊跃。[②]

此外，锡良采取了改练旗兵，以为筹措八旗生计的措施。由于旗兵的存在已徒有空名，又不能骤裁旗饷，东三省也未对旗兵缺额进行挑补。锡良认为，若能利用这项旷缺兵饷来改练旗兵，必能化无用为有用，且能安置旗丁生计。1910年7月，他以兴京永陵、盛京福陵、昭陵等处需兵保护为由，饬令旗制处挑选旗丁，按照陆军新制，编练步兵一营，分驻这三个陵寝。[③]这一提议很快就得到朝廷的允准。

由上可知，锡良在奉天的旗制变通实践中做了不少工作。经过他的努力，奉天成为当时落实八旗生计最好的区域。[④]

（三）整顿蒙旗

1. 改革蒙旗章制

东三省所属哲里木盟十旗，经清末历次放荒，已设立三府、四厅、一州、十县，只是各府管辖权限向来不同。锡良认为，蒙旗已与内地无差别，实为国家完全领土，统受治于唯一主权之下，而治理的方式如此不同，亟须进行整顿。当时该旗蒙王也意识到这一问题，有喀喇沁郡王贡桑诺尔布、科尔沁左翼前旗扎萨克多罗宾图郡王棍楚克苏隆等人，先后以破除迷信、兴

---

① 《筹款招集旗户迁移长白府属拨地试垦折》，《锡良遗稿·奏稿》，第1142页。

② 《奏准拨给迁徙旗户款项》，《盛京时报》宣统二年六月初九日，"东三省新闻·奉天"。

③ 《拨用旗兵旷缺额饷陆军分驻陵寝折》，《锡良遗稿·奏稿》，第1179—1180页。

④ 参见张虹《清末奉天八旗女工传习所兴办始末及评价》，《满族研究》1996年第2期；刁书仁《试论清末东北八旗体制的变化》，《吉林师范学院学报》1995年第2期；迟云飞《清末最后十年的平满汉畛域问题》，《近代史研究》2001年第5期；常书红《晚清变通旗制及其对满族社会文化的影响》，郑师渠等编《文化视野下的近代中国》，北京：中国传媒大学出版社，2009年，第480页；赵丽艳《清末奉天省安图县迁旗始末》，《满族研究》2006年第1期。

教育、练兵、办垦等数端呈请代奏，并提议"以政事分权限，不以蒙汉分权限"。可知，当时蒙古盟旗王公和有识之士已认识到在外患内忧日亟的时代，若不加以改革，难以自存。对此，锡良认为，该旗蒙王等所陈均为蒙旗急应改革振兴之事，他们既有幡然改图之意，应因势利导，依照他们的建议，将行政、司法之权责诸地方官吏，其旗务仍属于各旗扎萨克。①

在行政权限方面，当时该盟十旗管理异常混乱。自嘉庆、咸丰以来，科尔沁左翼中、前、后三旗和郭尔罗斯前旗，自行招垦开荒，所有租赋，概由蒙旗设局征收，庞杂纷歧，异常混乱。"民间隐匿夹荒，诚所不免"，而因垦荒无册籍可稽，又不会同地方官办理，"每因该旗自行丈量，酿成重案"。由于没有地方官的监督，蒙旗设治归本旗管辖的区域，蒙员遇事抗阻，户口难以调查，禁烟亦窒碍多方。未设治地方，蒙旗设立捐局，自收草租，或车捐、巡警等捐，各该旗蒙旗王公，繁征重敛，恣意取求。执政蒙员的贪婪和管理混乱，致使"穷愚困累，匪盗鸱张"。因此锡良认为，"凡此情形，均非所以为治"，亟须划清权利界限。此后，其设治地方的蒙旗，所有租粮，均由地方官催收，按数移交该旗。该旗无论汉蒙人民典买田宅，一律照章税契，从前原领基地，另换户管。如有地亩浮多或争执界址等事，应由蒙旗商请地方官清丈，不得自行踏勘。其他如调查户口、禁止罂粟等事，地方官如遇蒙员阻挠可以奏参。其未经设治地方各蒙旗，原有的草捐、车捐等捐，一律交由地方官查明，禀定章程，再行核办。各蒙旗自办的学堂、巡警等要政，统由地方官监督。

在司法权限方面，按照原来的规定，蒙地遇有命盗、财产词讼各案件，单蒙者归扎萨克核办，单民者归地方官核办；若关涉蒙、民，均由地方官讯办，间有与蒙员会审者。如罪犯、人证不住设治境内，由地方官派差持文知照各该旗会同分别拘传。但在实际运作中，所有要公均系台吉、梅楞人等主持，往往应传人证、应交人犯，任意宕延，或祖匿不交，以致结案无期，民间拖累严重。而在单蒙案中，蒙员不谙法律，以意重轻，或遇贪残，动施酷虐，有

---

① 《代奏宾图郡王条陈蒙旗兴革事宜折》《调查东三省各蒙旗情形筹拟变通办法折》，《锡良遗稿：奏稿》，第 1053、1074—1077 页。

较多诬枉之案。锡良认为，应重申旧章，凡民蒙案件，应传人证、应拘人犯，"一经地方官派差持文知照"，即由该旗迅速拘传解送，若借故延宕，可由地方官详请奏参。而单蒙案件中，如出现冤抑情况，可由地方官访闻，或赴地方官控告，并请准地方官提讯拟办，这样就可以避免蒙员滥用刑威之弊。

对于蒙人任用方面，锡良认为，蒙人必解汉语，通汉学，然后知内地民情风俗，始可与汉人一律补选各项差缺。而目前蒙人尚无此能力，只有待各蒙边学堂逐渐成立，其届时服官本省，政绩卓然者，既与汉人言文无间，方可由各旗扎萨克据实奏陈，予以擢升。

至于箭丁问题，锡良认为应予以改革。箭丁，或称马甲，或称甲丁，或称壮丁，本属公共兵丁，然又兼充随丁者，或称随甲。此项随丁，有随缺、随人之分。随缺者，如协理台吉、管旗章京各缺均有随缺丁四人，副管旗章京、扎兰章京、索木章京等均有数量不等的随丁。随缺箭丁由本旗派令随缺供差，若无暇充差，可缴纳差费，由各缺自行雇用。随人箭丁，一、二、三、四等台吉各有十五人、十二人、八人、四人箭丁名额，由本旗分给各台吉，若无暇兼差，亦可缴纳差费，由台吉雇用。锡良认为，随缺箭丁属于在官供差，应该照旧。而随人箭丁，由最初的公差变为分隶台吉的私人差役，为之经理财产，供给徭役，暨畜牧、树艺之事，弊端逐渐增多。因此，他主张各旗箭丁以后永不得再属台吉之下，并由各旗扎萨克于箭丁内挑选年力精壮、资性聪颖者入小学堂肄业三年，考验成绩，升送各学堂毕业后，悉照各学成例，予以出身。[①]

锡良指出，之所以应推进蒙旗改革，"与夫优胜劣败之相形，设仍听其贫弱自安，闭塞尤昔，旧制既未能改革，新政即无由推行，将何以巩固藩篱、奠安疆圉！"[②] 可见，他整顿蒙旗的出发点仍在于稳固边疆，保卫国家主权。

2. 开垦蒙荒和添设州县

据有关研究显示，自 18 世纪以来，人数日增的汉族移民非法迁入内蒙古草原，从寺院和各旗王公那里租种土地，汉商也逐渐进入蒙古草原。而因

---

① 《调查东三省各蒙旗情形筹拟变通办法折》，《锡良遗稿：奏稿》，第 1074—1077 页。

② 《调查东三省各蒙旗情形筹拟变通办法折》，《锡良遗稿：奏稿》，第 1077 页。

不善理财，到了 19 世纪中下叶，已有不少蒙古王公债台高筑，无力清偿。^①东三省的蒙旗也有这种情况，达尔汗王旗就是其中一例。该旗债台高筑，债主有五百余户之多，欠款至数十万之巨，涉讼时间长达二十余年之久。这使该旗债务问题变得更为复杂，刁徒讼棍掺杂其间，辗转讦控。锡良认为，若一日不结案，则民人多一日拖累，蒙旗多一日纷扰，因此主张放荒以抵偿债款。^②宣统元年二月，东三省当局设局丈放达尔汗王旗采哈新甸荒地，经过六个月，该局员能委曲指导，化解矛盾，使蒙旗浃洽，民户踊跃，最终解决了达尔汗王旗的债务问题。又有扎萨克图郡王乌泰私自将全旗地产抵押给俄国人以偿还债务，这一事件引起清政府高度重视，认为这一行为有害东三省大局。后经协商，该债务由度支部向大清银行借银三十万两，代为偿还，条件是乌泰将全旗地亩租赋路矿及北山荒地抵偿借款。但乌泰等人借口有碍台壮生计，延诿之术环出不穷，锡良不得不进行反复开导，并在垦荒价领款项和租赋免除等方面予以照顾，方才得到该旗的谅解，使扎萨克图王旗垦荒事务得以顺利展开。^③

此外，有哲里木盟长郭尔罗斯前旗扎萨克镇国公齐默特色木丕勒因财政支绌，欠银十五万余两，向锡良求助借贷。锡良认为应予以借款，可以为避重就轻之计，且体现国家优待藩封之意。但鉴于蒙旗积习，借款到手，浪费无节制，债务终难结清，因此他认为"必须彻查，为之主持，方保款不虚掷"。为此，他邀请该镇国公来奉天面商，制订详细的抵押和还债规划。^④

总的说来，锡良的这些举措赢得了蒙古王公和蒙旗的好感与支持。宣统二年三月，科尔沁扎萨克镇国公旗协理台吉己各及特扎卜为了兴办本旗学堂，捐银二千两作为开办经费。^⑤在东三省鼠疫期间，博多勒噶台亲王旗额外副管旗章京王尚忠积极参与防疫事宜，充昌图防疫事务所所长，不受薪

---

① ［美］费正清、刘广京编：《剑桥中国晚清史》（上卷），北京：中国社会科学出版社，2006 年，第 348 页。

② 《达尔汗旗采哈新甸荒地抵偿债款折》《丈放达尔汗王旗采哈新甸荒地完竣请奖出力各员折》，《锡良遗稿：奏稿》，第 900、1111 页。

③ 《派员丈放扎萨克图王旗北山荒地筹抵借款情形折》，《锡良遗稿：奏稿》，第 1216—1217 页。

④ 《蒙旗债累困苦恳求接济议由官银号借银折》，《锡良遗稿：奏稿》，第 1010—1011 页。

⑤ 《科尔沁协理台吉己各及特扎卜报效学费请奖片》，《锡良遗稿：奏稿》，第 1125 页。

金，并捐助药品，担任医务，身亲其事。[①]后来，到了民国时期，袁世凯多次有意让锡良出任库伦总监等蒙务职任，以筹划外蒙事务。

随着蒙荒的招垦，大量移民来到这些新的土地上，使大量土地得到垦辟。锡良认识到"蒙荒甫辟，非招垦不足实边；疆界既分，非设官不足以坐镇"。当时洮南府东北有镇国公旗，有毛荒二十万余坰，已得到大面积开垦，其中上、中、下熟地约有二万余坰，可以升科纳税，亟须官员经征。而参与垦荒的人员大半为客籍，人数众多，良莠不齐，加之外国人到这里游历往来络绎不绝，时常有交涉事件，并有缉捕盗匪、调和蒙汉等事，"不可无管辖之官吏以资镇抚"。锡良认为当地设官治理的条件已成熟，于是择定荒段适中之叉木挠地方作为设治地方，奏请设立镇东县，隶属洮南府。

3.兴办教育和建设道路

在筹划巩固东北边疆的过程中，巩固蒙疆边防是锡良规划中很重要的一环。因为蒙古与东三省接壤，如哲里木盟十旗，延袤三千余里，到清末，蒙古已设立郡县，早已成为国家的重要组成部分，是"屏藩东北，利害攸关"之地。然而，清末时期，蒙古的边防令人担忧。一方面，这一时期外国人借着各种名目游历，对蒙地进行窥探和渗透。他们或调查物产民风，测绘山川隘塞，或以小惠要结，利用其民人，或以图籍流传，阴行其教化，更有部分外国人练习蒙文、满语，锡良认为其"用意尤为深远"，"一旦有事，彼得驾轻就熟，收楚材晋用之功；我转势隔情揆，不免郑昭宋聋之诮"。另一方面，在清末优胜劣败的时势下，蒙民趋于愚暗，锡良认为"非浚其智识无以救亡图存"。因此，锡良到任后筹办各项蒙务，"汲汲焉以振兴学校，开启蒙民为第一要务"。但要振兴蒙古学校，遇到的第一个障碍是语言文字问题。当时蒙古文字渐就消沉，"迩以学者日少，渐至失传"，蒙文几成绝学。与此同时，要输入新知，不得不采用中文教学，但中文繁杂，蒙文简单，义例有难赅括，不得不证以满文。锡良认为，要巩固边防，首先要兴学，要兴学必先译书。为此，他选派对满、蒙、汉文字俱有根柢的蒙古右翼协领荣德承担翻译工作，将学部审定的初等小学教科书翻译成满蒙文字，用作哲里木盟十

---

① 《博王旗章京王尚忠请赏加二品衔片》，《锡良遗稿：奏稿》，第1325页。

旗及奉、吉、江三省各蒙旗学堂课本。经过一年多的时间，该员前后翻译出八册满、蒙、汉合璧小学教科书，锡良看后非常满意，称赞"词句明显，义意洽当，洵足为开通蒙智之资"。该书在当年就编印二万余册分发各蒙边学堂使用，可知其影响之大。为了更好地保护满蒙文字，锡良于宣统元年十二月专门在奉天省城设立了八旗满蒙文中学堂，收录八旗合格子弟入堂肄习。他指出，满蒙文字为八旗官学所习，"每遇派办蒙旗事务，时叹乏才"，因此"非特设专科研求有素，不足以保国粹而裨时政，立意至为深远"。可见，锡良设立该学堂显然是着眼于国家的长治久安。

在兴办教育的同时，锡良还对连通蒙旗的道路进行了建设。前任总督徐世昌筹划洮南府驿站以开辟达尔汗旗道路，该提议得到清廷的赞同。锡良继任后积极推进该计划，饬令东三省蒙务局会同蒙务行局与该旗扎萨克达尔汗亲王会商办法。锡良认为，此次放荒，是为了筹设驿站，开通洮辽道路起见，"系属经蒙始基，攸关大局"，因此非常重视，在辽源州设立蒙荒行局，派宗室德裕为总办，候补知府殷鸿寿为会办，后因人事变动，又派黄仕福兼充行局总办，都林布为帮办，留奉候补道史善治为坐办，管理该局事务。[①]哲里木盟十旗所有的土地，除了王公台庄自垦熟地准为自有产业外，其余未开之荒地，大抵属公有，并无界线。前面开放的采哈新甸荒地，系多罗郡王分地代前署扎萨克卓立可图亲王抵款还债，该郡王因未得劈分地价而非常不满，迭次来奉呈控，以致荒务稽延。因此，锡良认为，此次站荒与以往因清债不同，亟应宽予留界，体恤蒙藩，并分给地价、地租以示优异。同时，他与该郡王商定，由站荒应行报效一半地价项下提拨沈平银三万两，以一万五千两津贴该郡王，以一万五千两津贴界内台壮，以资体恤而示怀柔之处。如此，该郡王"几经劝导始获就范"，表示输服具结，永不控争。[②]

---

① 《派员丈放达尔汗旗洮辽站荒情形折》，《锡良遗稿·奏稿》，第 1281—1282 页。
② 《站荒报效地价银提银津贴多罗郡王等片》，《锡良遗稿·奏稿》，第 1287 页。

第二节 新式行政制度建立

在裁撤局所和旧有机构的同时，锡良在地方推行新式的行政制度，包括新式教育制度的确立、官吏制度的再造、司法制度的建立等，以承担起新政推广所需要的管理工作。

一、吏治制度的变革

（一）颓败的政象

作为督抚，察考人才是非常重要的工作。锡良就一再表示，为政之道首在得人。然而，清末的官场，深为治史者所诟病，官员往往以腐败无能目之。有学者指出，随着新政的推行，亟须大量新政人员，然而当时主其事者仍为传统教育培育出来的旧官僚。在新政推行过程中，官员们"贿赂、请托、勒索、钻营、排挤、倾轧，各种卑劣的心机与手腕都无所不用其极地施展出来"。^①有学者对此进行了分析，认为清末贪污腐化严重和官僚制度落后过时的原因有三：首先，这些官僚大都是通过"捐纳"制度或军功获得他们的官职的，这种做法在一定程度上造成了大量的贪污腐化。第二，高级文职官员并不熟悉政府的日常工作，这些工作实际上都经员司胥吏之手处理。第三，很多官署都没有职守，甚至官员的职责不清。^②可知清末官场存在着巨大的危机，那么，真实的清末官场又是怎样的呢？作为局中之人，锡良对清末官场进行了细致的考察和改革。

在任山西巡抚时，锡良对当地的吏治已颇忧虑。当时山西"仕途庞杂，奔竞之风日炽"，且"近年以来，习于瞻徇，仕风因之偷窳，若不亟为澄叙，

---

① 陈旭麓：《近代中国社会的新陈代谢》，上海：上海人民出版社，1992 年，第 256 页。
② ［日］市古宙三：《1901—1911 年政治和制度的改革》，《剑桥中国晚清史》（下卷），第 382—383 页。

将有江河日下之忧"。① 为此，他希望通过参劾和保奖贤员，使各员能有所遵循。

在河东河道总督任时，他指出，"河工积习，大率安于因循，专事酬应"。可知，当时官员多安于现状，大搞酬应，以为进阶之地。为此，他表示，到任后即严饬各员振刷精神，力除习染，尽心职守，保奖贤能之员，对玩泄之员则立予参处。② 随后，他升任河南巡抚。在考察河南吏治后，他认为"河南吏治疲敝，习气素深"，这些官员往往"以因循敷衍为老成，以巧滑钻营为得计"，相承既久，在各省宦场中，"习染最深"。③ 而刚刚经历庚子变乱的河南官场，由于捐纳制度大开，"少年子弟乘时报纳，强半入官，学既未成，尤鲜阅历，用膺民社，胜任实难"，故而"近日仕途尤杂"。④ 在这样的官场氛围中，庸滥不能尽除，贤才反难自见。

在热河都统任上，锡良考察当地吏治时发现"热河吏治混淆，贤否久已不辨"，贪劣之员随处皆是，以致"诸事废弛，几如草创"。⑤ 因此，他认为"若不除暴惩贪，决无以挽救颓风，推行庶政"。⑥ 有官员匿灾不报，照旧征粮，以致贫民仅靠糠秕延命，甚至求糠而不得者，"鹄面鸠形，极为伤心惨目"。经派员追查属实后，锡良认为"仅予参革，不复严追，则贪官财富自娱，转为得计，不足以示惩戒"，因此要求将贪劣之同知薛广俊交地方官严行查办看管，勒限严追，如敢"玩抗不交"，再行严参治罪。⑦ 尽管他认真整顿，采取高压政策，但风气仅得一时之缓解。当他即将离任的消息传出后，便有平泉州代理知州张兆栋故态复萌，大摆筵席，索取商民到任规礼京钱三千八百余缗，后锡良派员调查确实，即予以严参革职。⑧ 由此反映出热河吏治问题并非一时严厉政策即能解决。

---

① 《举劾属吏折》《保奖人材片》，《锡良遗稿·奏稿》，第 67、69 页。
② 《查勘两岸八厅河势工程大概情形折》，《锡良遗稿·奏稿》，第 121 页。
③ 《敬举人才折》《举劾属员贤否折》，《锡良遗稿·奏稿》，第 191、232 页。
④ 《河南遵设课吏馆折》，《锡良遗稿·奏稿》，第 223 页。
⑤ 《择尤举劾以资整顿折》，《锡良遗稿·奏稿》，第 275 页。
⑥ 《参平泉州知州陈赓飏等员折》，《锡良遗稿·奏稿》，第 304 页。
⑦ 《特参代理粮捕同知薛广俊革职勒追折》，《锡良遗稿·奏稿》，第 300—301 页。
⑧ 《参代理平泉州知州试用知县张兆栋即行革职片》，《锡良遗稿·奏稿》，第 324—325 页。

在四川总督任上，锡良详加考察后发现四川的吏治如同河南等处，"仕途拥挤，吏治废颓，加以停捐之际，各班人员纷至沓来，聚处省垣，一无所事，相率习为游惰，志气日靡"。① 在这种情况下，四川官场吏事不修，纪纲弛懈，"仕途流品日杂，风气日卑"，"必至钻营奔竞，反为吏治之害"。他认为"川省吏治，病在积疲萎靡不振"，"以致盗贼会匪无所忌惮，恣肆横行，昔年富庶之区，竟成窳败之象，可惜亦诚可虑也"，② 而"酿患之员或先安然去任，所以巧滑之吏，以敷衍因循为得计"。③

在云南，他看到了更为恶劣的官场现象。作为边疆省份，云南吏治"颓废既久，上下相蒙，庸劣牧令，固惟知一意私肥，寡廉鲜耻，几于劾不胜劾，防不胜防"，其余平庸官吏"终日昏昏"，大率以泄沓为能，宴安为乐，"几不知所居为何官，所司为何事"。对传统的事务，如治狱、缉盗等事，"犹多敷衍草率"，而对推行新政事务，"更盲无一知"。时局之安危，民生之休戚，仿佛与他们无关，"实缺如是，候补者亦遂相习成风"。④ 出现这种情况，他认为主要是因为，原有的云南大吏不太讲求吏治，多徇情面，相率营私，悠悠忽忽，陵夷以至于今日，几于全体朽烂，不可收拾，以致"智愚贤否皆沦于苟且偷安而莫辨，吏治将无澄清之望"。⑤ 在这种情形下，云南官场法纪荡然无存，"其罔利营私几于明目张胆"。⑥ 对此，锡良直言"百端颓废，比比皆然，参之不胜其参，用之不能为用"。⑦

在奉天，锡良发现"奉省各司道衙门，委用人员多者至五六十人，其中不乏环异之才，而滥竽冗食者亦居半数"，"甚至市井龌龊之辈，不官不士，钻营奔竞，差委滥膺"。⑧ 之所以出现如此众多的人员，乃是由于东三省作为新设行省的区域，创建新州县，需要大量官吏，故投效人员数目过多。

---

① 《奏设川省课吏馆折》，《锡良遗稿：奏稿》，第 357 页。

② 《甄别贪劣不职各员折》，《锡良遗稿：奏稿》，第 383 页。

③ 《奏参知县萧宜元等折》，《锡良遗稿：奏稿》，第 502 页。

④ 《沥陈滇省困难亟宜通筹补救折》，《锡良遗稿：奏稿》，第 677—678 页。

⑤ 《甄别属员贤否请旨劝惩折》，《锡良遗稿：奏稿》，第 690—691 页。

⑥ 《请将黑井提举李训鋐房屋查封入官片》，《锡良遗稿：奏稿》，第 694 页。

⑦ 《甄别属员贤否请旨劝惩折》，《锡良遗稿：奏稿》，第 690—691 页。

⑧ 《裁汰奉省各司道局处冗员片》《考察东省情形整顿内政折》，《锡良遗稿：奏稿》，第 892、926 页。

综上所述，一副颓败、奔竞而又腐化堕落的浮躁官场气息跃然纸上，可知锡良对清末地方官场现象是非常不满意的，甚至是痛恶的。

（二）吏治制度的变革

面对这一日渐颓败臃肿而效率低下的官僚体系，锡良痛恶且无奈，并试图通过各种方式加以挽救。

1. 传统的考察制度

锡良的用人之道在于平时的观察和留意。在河南巡抚任时，锡良自言"数月以来，留心考察，或于议论觇其识见，或于公牍验其措施，由显察微，听言观行，虽才具互有短长，而要皆勤奋趋公，力图治理"。① 与此同时，他在办公接见属吏之余，详细询问官场消息，并以"勤于职任，勿染时趋"相勉励。每月饬令司道督课属吏，对成绩列入一等者予以差委，而对陋劣之员则分别停扣差缺，勒限学习，以示劝惩。②

一是坚持接见属吏的制度。锡良保持着"勤见僚属"的习惯，在接见僚属时他必详细访问，"并勉以勤于职事，勿染时趋，以期吏治蒸蒸，上称意旨"。③ 如果他发现"文理荒疏、才具又别无表见"的官吏，则勒限学习，次则记过停委，以示薄惩。④

二是参劾制度。对官吏的大计和参劾，是清代地方重要的考核制度。锡良充分运用这一制度对官吏进行引导。他对地方官进行了严厉的考核，先后参劾人数不下数百人。以《锡良遗稿：奏稿》为例，在山西巡抚任时，他参劾了惠格等 27 位官员；在东河总督和河南巡抚任内，他先后参劾王锡晋等 35 位官吏；在热河都统任内，他参劾了王文翰等 8 人；在四川总督任内，他先后参劾了陈谟等 150 位官吏；在云贵总督任内，他参劾了郭金汤等 67 位官吏；在东三省任内，他参劾了张勋等 39 位官员。如此大规模的参劾，在一定程度上震慑了当时颓败的官场，起到了重塑地方官场的作用。

① 《补行年底密考折》，《锡良遗稿：奏稿》，第 199 页。
② 《河南遵设课吏馆折》，《锡良遗稿：奏稿》，第 223 页。
③ 《河南遵设课吏馆折》，《锡良遗稿：奏稿》，第 223 页。
④ 《考核属员据实举劾折》，《锡良遗稿：奏稿》，第 247 页。

2. 建立官吏学堂

锡良认为，众多冗员中未必无可造之才，若不加以教育，听其逐队随班，必致习染愈坏，而单靠参劾并非正本清源之道。因此，在河南巡抚任时，他在河南大学堂内附设课吏馆，凡候补同通州县之年富力强可资造就者，挑选入馆。在课吏馆中，酌定课程，先令其考究掌故，熟察本省情形，次及律例约章，再进以时务之学，以充其才而宏其识。严定考核制度，每月试公牍及策论一次，以察其向学之勤惰。贤者量加委任，不拘资格；其不堪造就者，即据实参核，咨送原籍。他认为如此教授和考核甄别，必能使各官员奋勉振兴，起到整饬吏治、培植人才的作用。①

在四川设立吏治馆时，他将年富力强之候补同通州县可资启迪者挑选入馆肄习内治、外交、服官当修之学。②按照章程，对这类人员进行认真考课，以经世之学为宗主，以内政外交为分端，举凡朝章、掌故、律例、约条、公法，以及时务诸书，悉令观摩；山川风土、物产民情，以及地方利弊，咸资考镜，钩元以提其要，博览以会其通。每课以公牍实事，发为问题，借文字以瞻才识，考学业以判勤惰，察言行以知贤否，按等第以定去留。③光绪三十二年，他将课吏馆改为仕学馆，分刑律、教育、警察、财政、外交五门，派员教授。到了光绪三十二年八月，锡良又饬令候补道周善培将仕学馆改设为四川法政学堂，考取官班和绅班人员。按照规划，官班人员考取候补正佐人员 60 名，绅班考取举贡生监 240 名。其中官班率先开办，于光绪三十二年九月十七日开堂，而绅班因校舍问题，延至光绪三十三年二月开办。④

3. 改革官吏任用制度

在河南巡抚任时，河南候补人员，自道府以至同通州县等官，不下数百人，而佐杂尚不在此数，人多于缺已数倍，不惟补署无期，即差使亦难遍及，以至奔走钻营风气异常严重。锡良认为，在这种情况下，想让这些官员洁己奉公，恪守官箴，是非常难的。虽然经他严定去留，将庸劣人员咨送回籍，但中材人

---

① 《河南遵设课吏馆折》，《锡良遗稿：奏稿》，第 223—224 页。
② 《奏设川省课吏馆折》，《锡良遗稿：奏稿》，第 357—358 页。
③ 《奏设川省课吏馆折》，《锡良遗稿：奏稿》，第 357—358 页。
④ 《四川改设法政学堂折》，《锡良遗稿：奏稿》，第 648—649 页。

员留省仍多。冗散太众，即激扬亦有时而穷，若非停止分发，实于吏治大有关碍，因此他向清政府要求除了正途各班照常分发外，其捐纳劳绩各项人员，自道府以至佐杂，拟请一律停止三年分发，俟年满后再行体察情形，奏明办理。①

在云南总督任上，锡良认为云南吏治腐败异常的重要原因，乃是吏部签发人员每于边荒去之若浼，部选者又多未习吏治边事，而附近流寓纨绔以及猥鄙杂流，多以输资捐纳、夤缘保举得官，大有"以官为市"的情状。他不无悲观地指出，若不加以改革，吏治将无澄清之日。②因此，他建议清廷准许按照奉天、广西的章程，"凡道、府、州、县各缺，两年之内，补署均暂行不拘文法，咨选各缺亦请扣留外补，一俟期满，再行规复旧制"。③他希望清廷准许将奏调及投效人员，随时分别奏留委署。而原来应扣归内选的缺职，"酌议多留外补"，从而能为地择人，策群才而挽积弊。此外，他在热河、奉天亦有类似的官吏任用制度的改革。

4. 奏调制度

奏调制度并不是锡良的创造，清代早期就已存在这一制度。最初，奏调制度只在比较紧急的军事行动中方才使用，到了晚清，特别是清末，这一制度逐渐成为地方督抚调动官吏，塑造地方吏治的重要手段。虽然不知道这一制度是如何逐渐推行开的，但锡良显然是较早运用这一制度的一批地方督抚。在《锡良遗稿：奏稿》中，锡良留下了大量奏调官吏的记录。在山西巡抚任内，他即奏调赵尔丰、蔡乃煌等人赴山西参与保卫山西和处理教案等事务。④在东河总督任时，锡良又奏调赵尔丰等人前来。⑤在河南巡抚任时，他奏调寿廷、阎遒竹等人前来办理新政事务。⑥但最初他奏调的人员尚比较少，到了热河都统任，锡良逐渐加大了奏调人员的力度，先后奏调了泽宣等十三名官吏前来。在四川总督任时，他奏调了陆钟岱等二十三位官吏前往四川任职。⑦

① 《请停候补分发折》，《锡良遗稿：奏稿》，第 215 页。

② 《沥陈滇省困难亟宜通筹补救折》，《锡良遗稿：奏稿》，第 677—678 页。

③ 《拟请变通补署各缺折》，《锡良遗稿：奏稿》，第 802 页。

④ 《调蔡乃煌会办晋省洋务并请改局名片》，《锡良遗稿：奏稿》，第 66 页；《湘水双鱼》，光绪二十六年八月初九日、十月十一日，《锡良手稿》，档号：甲 374-96。

⑤ 《奏调前山西河东监掣同知赵尔丰片》，《锡良遗稿：奏稿》，第 120 页。

⑥ 《调分省知府寿廷来豫差遣片》，《锡良遗稿：奏稿》，第 194、207 页。

⑦ 《锡良遗稿：奏稿》，第 325、340、345、386、458、459、466、483、498、550、554、595、605、635 页。

　　这一制度在清末督抚不断变动的情况下能尽快形成卓有成效的官僚团队，在一定程度上保证政策的实施。同时，这些奏调人员不少为从事新政的人员，故能较快地推进清末新政的展开。当然，这一制度也有其不利之处。时人胡思敬直言锡良赴四川，调蔡乃煌等十余员，"既掣乱其财政，又牵动其私人，累然如幕客官亲，相率尾之而去"，这些人"不阶尺寸资劳，昂然捷足而据要津"。①显见，这种急于求成的治理方式极大地伤害了地方政治，并且加剧了官场的浮躁风气，不利于形成具有战略远见的官场生态。而且，这些被奏调的人员中有很大一部分是因为在其他省份被参劾而通过私人关系奏调而来的，这样反而极大地伤害并破坏了既有的官僚体系。除此而外，这一制度很容易形成私人既得利益集团，以私害公，加剧政治生态的破坏和恶化。如赵尔丰自山西一路追随锡良到四川，短短数年间即由同知升为川滇边务大臣，赵渊由四川知县一路追随锡良而升为黑龙江布政使，陈宧自四川跟随锡良一路到东三省而升为统制官，沈秉钧自四川道员追随锡良，经锡良运作奏调成云南布政使，随后即升为广西巡抚，等等。②因此，它破坏了原有的官场规则，进一步加剧了奔竞之风，阻塞新进人才的培养和成长之路，不利于创建一个良好的政治生态环境。

　　不管怎么说，锡良希望通过这些制度来改善地方吏治，但实际的情况并不乐观。即便是采用了严厉的打击手段，有些地方官员仍不能改变其行为。在热河，有官员听闻锡良即将离去，故态复萌，大张筵席，大肆向地方商民索取规费。③在云南，仍有地方官员借着祝寿的名义，公然收受贿赂。④故在宣统二年三月的一份奏折中，锡良不无悲痛地指出："今日朝野上下，施措万端，无非借以救亡图存；以臣所见，则变本加厉，恐适以召乱耳。"他指出："京师所最要之筹备，内阁尚无责任也，旗制尚未变通也。士夫习于奢侈，绝少实心任事之人；朝野号为文明，率多奔竞夤缘之习。狗苟蝇营，尽丧其廉耻；釜鱼幕燕，日逐于酣嬉。各省则如学务，如警务，如自治，如禁

---

① 《国闻备乘》，"疆吏调员"条，第60页；《御史胡思敬奏新政扰乱天下请密筹善策折（续）》，《申报》1911年3月12日，第二张后幅第二版。

② 参见《锡良遗稿：奏稿》，第56、120、325、346、382、446、944、983页；《川督锡良等奏请设川滇边务大臣驻巴练兵电》，《赵尔丰川边奏牍》，第44—45页。

③ 《参代理平泉州知州试用知县张兆栋即行革职片》，《锡良遗稿：奏稿》，第325页。

④ 《请将云南补用道何光燮以同知降选片》，《锡良遗稿：奏稿》，第743页。

烟，如清理财政，如司法独立，或敷衍，或掊克，或有名无实，或似是而非，较之前十年气象，其进步欤？为退化欤？财力凋敝，民情骚动，不新不旧，不特为东西各国所腾笑，且恐上下交困，将有土崩瓦解之一日，思之可为寒心。"① 可见他认为清末社会进行的改革虽号为新，学务、警务、自治等事均有实行，但大多有名无实、似是而非，乃至上下交困，究其缘故在于"绝少实心任事之人"、道德败坏所致。因此，他对清末朝野上下的政治氛围怀有深深的担忧和焦虑，甚至是痛苦的。他在一次接见官吏时言道："我从前做知县，只知道爱民，替公家省钱，不知甚么新政，像你们这般人，真是糟糕。"又言："我做此总督，万分为难，想死还死不了。我庚子年在湖南带兵勤王，与李鉴帅同行。他好福命，就死了，我到今日受罪，你们只当我是个疯子。"② 可见他一时悲愤的情绪，也反映出他内心的痛苦挣扎。他认为，要改变这种败坏纲纪、蔑弃公理的状况，挽回危局，必须实行立宪，进行通变。所谓"通变"，即"应无贵贱上下，胥当受治于法律，先革其自私自利之心"。③ 可知，他希望杂糅中西方的道德与法律，通过立宪，使各阶层重回法制轨道，革除官吏的自私自利之心，从而重构中国政治秩序，建立更有秩序、更有效率的体制。这也是他后来积极参与国会请愿的重要原因。

二、新式教育体系的建构

（一）创办新式学堂教育

教育改革是清末新政时期非常重要的内容，也是地方督抚的重要职责。在清末之初，新式学堂仍被视为"洋务"，由地方督抚主导，因此地方督抚对地方新式教育的兴办具有举足轻重的作用。

时任河南巡抚的锡良对新式教育非常重视。他在督饬河南各地设立中

---

① 《时局危急密陈管见折》，《锡良遗稿：奏稿》，第 1126 页。
② 《黑龙江提学使张愉谷致张亮清家书》（宣统元年六月初十日），中国社会科学院近代史研究所图书馆藏，档号：户 101。
③ 《时局危急密陈管见折》，《锡良遗稿：奏稿》，第 1126 页。

小学及蒙学堂的同时，率先在省城设立大学堂，以为各地之倡。该学堂以开封游击衙署为场所改建，额定学生二百名，内附客籍五分之一，聘定总教习一人，中西教习十二人。其教法恪遵谕旨，以四书五经纲常大义为主，以历代史鉴及中外政治、艺学为辅，务使心术端正，文行交修，以除过往学院教育空疏浮薄之习。其章程则仿照山东学堂规制，由备斋、正斋而入专斋，次第毕业，无躐等亦无旷功，以收成德达材之效。同时，他规划要建设新校舍及购办书籍、仪器，并准备设立农工矿商等学堂。^①从其制度规划来看，河南大学堂仍未脱离旧学、实学范畴，且规模较为狭小。锡良认为，之所以出现这种情况，是河南风气较为保守，"地处中州，土风素朴，非通商各省习见洋务者可比"，且经费不足之故。该学堂于光绪二十八年五月廿四日开始招考，六月初一日正式开学。^②然而，创办效果并不是很理想。当时开设的课程共有三门，即中文、算学和西文。全为间日授课，中文在上午，授四小时，算学在下午，授四小时，西文则全天，授八小时。西文中又分授算学、地理、历史等课程。同时，学堂并不放暑假。时间安排如此之紧，课程安排如此之多，学生大都感到吃力，年龄大的便渐渐退了学。虽然如此，该学堂的创办无疑开创了河南风气之先，为此后河南新式教育的发展奠定了基础。此后，锡良于光绪二十八年九月调赴热河都统任。因忙于热河改制，且在热河仅待半年有余即调任四川总督，故他在热河并未大规模推进新式学堂建设。但他认为，"育才以兴学为本，兴学以启蒙为先"，因此整顿了热河驻防八旗义学，将其扩充为八旗蒙学堂，兼收承德本郡童蒙，以培养童蒙学生。^③同时，他认识到"欲开民智，以培养士气为先"，故又积极劝导热河地方人士，在热河广设中小学堂及蒙学堂，期望能栽培多士。^④

（二）建立四川教育体系

调任四川总督后，锡良见清政府积极提倡兴办学堂，但四川省办成学堂

---

① 《设立大学堂折》，《锡良遗稿：奏稿》，第177页。
② 《纪大学堂》，《大公报》1902年7月17日，"时事·河南"。
③ 《整顿驻防八旗义学并请拨围地百顷作为经费片》，《锡良遗稿：奏稿》，第309页。
④ 《热河州县加广学额折》，《锡良遗稿：奏稿》，第317页。

绝少，因此"念之莫释于怀"。他认为之所以出现这种情况，"非务名之难，而责实之不易；又非筹款之难，而择师之不易"。要改变这种局面，必须对督理学务处人员进行调整，光绪二十九年十月二十八日，他奏调博通中外之甘肃补用道王树枏担任学务处督办、才优学裕且有留日经历之邛州直隶州知州方旭担任学务处提调。① 后来，王树枏未能到任，由方旭担任督办一职。方旭等人经过讨论后一致认为，"师范不造，中小学无教习；蒙养不立，诸学科级难以躐等而进"。对此，锡良认为，现在筹办学堂，"微特教习难得其人，即管理亦罕知其法"，深恐一切教育规则"名是实非"。因此他饬令就省城高等学堂附设师范馆，并通饬各府州县集资选士，前往日本学习师范速成科。经过各地的集资和选派，光绪三十年三月，锡良最终选定一百六十余名学生，作为官费生，派赴日本就师范速成科练习，以期学成回省，能正确地管理和教授。但锡良担心留日学生"沾染嚣张之习"，奏请派在籍刑部候补主事周凤翔同往日本予以监督。② 此后，为了创办各类实业学堂，锡良又陆续派遣学生前赴日本、欧美等国学习专门之学。在他的提倡下，四川兴起了一股留学外洋的风潮。据《东方杂志》的观察，四川在此之前留学日本者不过数名，到了光绪三十年，仅两个月就陆续有三百余人前赴日本，令人不禁惊呼其"进步之速"。③ 时人将此时四川的留学成绩与教育发达之江苏、湖北等省份相提并论，④ 可见其效。

此后，他又于光绪三十一年四月饬令学务处在成都设立能容纳学生五百人的四川通省师范学堂，招收初级、优级两类师范。与此同时，他又饬令各属设立师范传习所，按照学部新章，每所额定一百五十人，僻苦地方准予酌量从减，一律以十个月为限。⑤ 由于各地情况不一，锡良亦准许各地采取"展期增额，更定课程"的方式培养师资，以俾敷各校之分派。⑥ 除了培养师资外，锡良也注意延揽留学人员或延聘西方人士直接参与教学。如他因

---

① 《办理川省学务大概情形片》，《锡良遗稿：奏稿》，第 371 页。
② 《派周凤翔监督学生赴日学习师范速成科片》，《锡良遗稿：奏稿》，第 399—400 页。
③ 《各省游学汇志》，《东方杂志》第一年第七期，"教育"，第 174 页。
④ 《赣省京官函请胡抚宪兴学》，《申报》1905 年 9 月 6 日，第四版。
⑤ 《改设通省师范学堂片》，《锡良遗稿：奏稿》，第 524 页。
⑥ 《奏陈学务情形并推广办法折》，《锡良遗稿：奏稿》，第 521 页。

川省缺乏行军之医生，创办了军医学堂，延聘法国医士罗尚德充当该堂的教习；①在办理英法文法官学堂时，锡良延聘曾出洋留学历练之员来川担任英法文教习；②在设立四川通省师范学堂时，锡良就电知赴日本留学监督周凤翔聘定日本教员二人来川教学，③等等。据不完全统计，四川在兴学热潮中先后聘用洋教习八十余人，尤以锡良督川时期为多。④这说明锡良非常注重新式教师的引入，在某种程度上反映了他认同新式教育、学习西方教育的观念。

经过锡良如此认真的筹办，四川新学师资数量在全国名列前茅。以实业学堂为例，据宣统元年各省专门实业学堂留学生出身教员统计，四川专门学堂留学生出身教员有 49 人，实业学堂留学生出身教员 17 人，其数量远远高于其他省份。⑤

在造就师范人员的同时，他饬令四川各属按照清廷制定的章程分年设立启蒙讲习所。为了能积极地劝导各地设立新式学堂，他通过奖罚制度和加强舆论宣传加以引导。为了推进新式教育的发展，他还对办学不力的官员进行了参劾。如有知县黄羡钧，到任近一年，于地方高等、初等学堂及师范传习所，"一校未设，屡奉文檄，亦置不复"。又如有剑州知州茹汉章"于学务毫无整理，只以向有之义塾十余处改名塞责"，等等。对这些官吏，锡良坚决进行了参劾。同时，他还获得对借口地方偏瘠、延不办学以及办理不协、久无端绪等类官员的考核惩办之权。⑥而对热心教育的官员和士绅，他则通过举荐和请奖等形式予以褒奖。他对热心新式教育的士绅，特别是积极捐款兴学的士绅予以褒奖。如他向清廷请求，给捐款创办四川高县高等小学堂及初级小学堂的王正纲等人以实官的奖赏。⑦

针对四川地处边陲、道路艰险、彼此隔阂、风气不开的社会状况，他于

---

① 《川省设立军医学堂片》，《锡良遗稿：奏稿》，第 400 页。

② 《设立英法文官学堂片》，《锡良遗稿：奏稿》，第 444 页。

③ 《改设通省师范学堂片》，《锡良遗稿：奏稿》，第 524 页。

④ 《四川学报》1905 年第 12 册，"公牍"。

⑤ 璩鑫圭、童富勇、张守智：《中国近代教育史资料汇编：实业教育、师范教育》，上海：上海教育出版社，1994 年，第 65 页。

⑥ 《考查川省办学守令分别优劣择尤举劾以示劝惩折》，《锡良遗稿：奏稿》，第 530 页。

⑦ 《高县绅士王正纲等请奖给实官折》，《锡良遗稿：奏稿》，第 450 页。

光绪三十年四月间饬令创办《四川官报》。除登载谕旨、奏折外，该报还选登省内外新闻，及有关学术、商务、工艺、农业等论说，"每月三本，分发各州县，散给四邻绅民购阅，使民间于朝廷政治、中外情形，了然心目"。《四川官报》的发行颇受欢迎，"绅民皆以为便近，虽边远州县亦多踊跃争购，每月销报一万余本"，川省"风气渐觉开通"。^①此后，锡良又饬令属员按照《四川官报》的宗旨和体例创办了《成都日报》。光绪三十一年三月间，锡良又饬令属员创办了《四川学报》，刊登与学务有关之惩劝和指示办法、各项章程与本省各学堂教科讲录以及译编、论说等件，"取其宗旨端正与本省风尚多有密切之关系，庶使因势利导"，以为"敬教劝学"。^②《四川学报》发行后，受到各界的欢迎，发行量达四五千份，于推行新政、普及教育不无补助。此后，四川又有画报、白话报刊出现。这些报刊的发行，对宣传新式教育和开通民智无疑起到了重要作用。

经过这些筹备后，四川教育有了大发展。截至光绪三十一年九月，川省除了设立高等学堂外，"各厅府州县中，计成都府师范、泸州川南师范各一堂，师范传习所一百一十堂，中学八堂，高等小学一百五十二堂，初等小学四千零一十七堂，两等小学三十八堂，半日学堂三十堂"，"其办而未成，成而未据禀报者，不在此数"。至此，川省的教育体系已"略具规模"。^③

1905年，随着科举停废，清政府将学政改为提学使。1906年6月，学部在奏准《各省学务详细官制及办事权限章程》中规定各省设立提学使一员，掌管全省学务。根据这一章程，1907年，四川正式设立提学使，统辖全省学务，对各属官立、公立、私立各学堂，均有督饬考察之责。^④虽然提学使的设立，在一定程度上压缩了督抚权力，但督抚仍能通过财务、人事等权力影响新式教育的进程。^⑤

此后，锡良虑及各地蒙小学堂的设立、师范人才的匮乏，因此饬令府、

① 《开办四川官报情形折》，《锡良遗稿：奏稿》，第443—444页。
② 《创办四川学报片》，《锡良遗稿：奏稿》，第529页。
③ 《考查川省办学守令分别优劣择尤举劾以示劝惩折》，《锡良遗稿：奏稿》，第530页。
④ 《筹给提学使公费折》，《锡良遗稿：奏稿》，第599页。
⑤ 关于这一问题，可参见拙作《清末江西巡抚与江西教育近代化》，《教育学术月刊》2015年第4期，第33—37页。

直隶州厅各设初等师范一区。因科举既停，年龄尚少的贡、廪、增、附生亟须入中学堂学习，锡良饬令各属推行中学堂。同时，某些年长任事的教师，或未知教育学，或通洋文而不精国学，为了使这些人能得到教育，他于光绪三十二年三月在四川贡院内附设补习学堂，吸纳这些人员入堂学习。① 此外，鉴于来川的外省官商子弟人数众多，"非专设一堂，不足以宏造就"，锡良又饬令属员比照高等学堂、中学堂的标准于光绪三十一年七月创办了客籍公立学堂。② 在锡良的倡导和督饬下，川省各属办学之风蓬勃兴起，"到了光绪末年，已有四千二百余所"，形成了较为完备的教育体系。③ 这一体系的建立，给四川社会带来了深远的影响。

（三）深化新式教育体系

光绪三十三年二月，锡良调任云贵总督。到达云南后，他发现，云南教育虽有各类新式学堂的名目，但并未有新式教育之实在内容，存在着"教科未完备""阶级多紊躐"的状况，相当多的区域"或茫无建置""或空标名目"，而"粗具形式者，且所罕睹"，这反映出云南的教育改革并未取得多少实质性的成效，但"学绅攻讦之风，学生嚣凌之习，则视腹地各省殆有过之"。对此，锡良感慨，"循是以往，学界从何发达，人材从何造就"，表现出深切的忧虑。④ 为了使云南教育体系符合现代教育的要求，锡良着手对云南教育进行调整和改革。在昆明地区，设立了学务公所和教育官练习所，并刊发教育官报，而对昆明以外的区域，锡良饬令各属设立劝学所，并酌派省视学前往视察。此外，他还饬令刊发简明办法，详细规则及各种表册，力图统一全省学务。在他的主持下，提学使革退了十余名参与停课滋事的学生，并派人至各属调查学务，作为其采取改革的依据。在此基础上，提学使将省城高等学堂改为两级师范学堂、省城官立师范传习所改为两级师范学堂附属中学堂、省城各小学堂改为附属小学堂，这些都是在学制上进行了降格

---

① 《附设补习学堂片》《奏陈学务情形并推广办法折》，《锡良遗稿：奏稿》，第 565、522 页。
② 《创设客籍公立学堂片》，《锡良遗稿：奏稿》，第 525 页。
③ 《锡良》，《清代人物传稿》下编第七卷，第 150 页。
④ 《沥陈滇省困难亟宜通筹补救折》，《锡良遗稿：奏稿》，第 678 页。

处理。与此同时，他还借着这次整顿，裁撤不合规制的学堂，利用其场地重新设立其他类型的新式教育学堂，其中有艺徒学堂，中等农业学堂，女学教育、地方师范教育学堂等项。^①经过半年的努力，云南学务逐渐名实相符。

未久，锡良调任东三省总督。他对奉天的教育甚为满意，"多规模以备，程度尚优"，但也存在着"趋重高等专门，未为教育普及之计画"，且有师资缺乏、乡镇未能遍设小学的问题。为了改变这种状况，锡良饬令各州县因地制宜，多设两等小学，参用单级多级各教法。同时，饬令各地广设半日学堂、简易识字学堂暨短期补习学堂，以造就贫民子弟。他希望通过这些学堂的设立，使"地方多一读书识字之人，即多一明理之人"，以奠定自强之基。^②为了树立标杆、模范的作用，锡良率先在奉天省城创设官立简易识字总塾一所，官立第一简易识字学塾、私立简易识字学塾各一所，并通饬各小学堂均附设简易识字夜班。而在省外，他饬令各属设立简易识字私塾，可通过各种方式加以创办，或专设、或附设，或数处、或数十处不等联合创办，等等。^③其目的显然是尽可能多地设立简易识字私塾。到了宣统三年，锡良在奉天全省设立简易识字私塾二百六十处，学生达八千七百八十五人。但锡良认为，与奉天人口相比，受教育的人数仍过少，因此，他希望能继续扩张该项教育，普及乡村各处，以使乡民知识日进，从而潜消新政之障碍，培养符合立宪的国民。

值得一提的是，锡良的教育体系中还涵盖了女学。清末女子留学日本始于1899年，到1902年女留学生有十余名，1903年后，留日女学生逐渐增多。清政府此时不得不面对现实，在1905年将女子教育列入学部执掌之中，并开始派官费女留学生。在全国女子留学大趋势的影响下，锡良开始派遣女子留学日本，但人数颇少。从目前的研究来看，锡良仅在1906年官派了一名女学生前赴日本学习编织科。^④待到云南时，锡良大力提倡女子教育，他认为，"女学为家庭教育始基，亟宜设立"。鉴于云南此前并无此项教育，他

---

① 《筹办滇省学务大概情形折》，《锡良遗稿：奏稿》，第724—728页。

② 《考察东省情形整顿内政折》，《锡良遗稿：奏稿》，第927页。

③ 《筹备宪政第二年第二届成绩并下届筹备情形折》，《锡良遗稿：奏稿》，第1116页。

④ 岳程楠：《留日学生与清末四川教育近代化》，《日本问题研究》2009年第4期。

设立了女子师范学堂,"先设预备科,并附设两等小学堂,以资实地练习"。[1]
到了奉天,锡良见当地虽设立女学,但仅限于省城,规模过于狭隘。宣统二
年十月,他饬令提学司对奉天原设之女学进行整顿,并加以扩充。[2] 至于省
外地方,锡良饬令各属均于其所在城市设立女子师范学堂或女子模范学堂一
处,规定所属乡镇按照自治区域一律筹设女子小学,"务于宣统三年视男学
有二十分之一"。[3] 虽然从时间和创办数量上可以看出锡良对女学的支持力度
并不大,但他能将女学纳入其教育制度的建构,仍具有进步意义。

三、现代警察制度和司法制度的设立

(一)建立现代警政制度

锡良认为,警察以卫民防患为指归,尤以易俗移风为效果,能起到保民
正俗的效用,内靖闾阎,外弭灾患,上辅庶政,下范群伦,诚内治之本原,
民事之总汇也。[4] 光绪二十九年,于岑春煊督川时在成都首先创设川省警察。
锡良继任后,予以整顿,实行两年后,成效益彰。因此他通饬各属一律遵
办,冲繁州县次第举办,或已保卫可资,或已规模粗备,而偏僻州县则仍处
于"极力筹谋而力图兴办"的状态。[5] 因限于地方风气和经费等问题,锡良
饬令各属先在城厢办理,以立基础,并将四乡团保切实整理,与警察相辅而
行。到了光绪三十二年,四川已有七十余厅州县设立警察。

然而,警务极为精博,为了防止因茫昧从事而滋生流弊,锡良即饬令创
办警察学堂,先后教习速成五班。光绪三十一年时,锡良感于速成班课程之
不完备,在警察局内设堂,考选八十人,聘请留学日本警察学校毕业的学生
予以教授。[6] 这一教学效果较为理想,此后,锡良调任云贵总督后即从四川

① 《筹办滇省学务大概情形折》,《锡良遗稿:奏稿》,第 726 页。
② 《督宪注重女学》,《盛京时报》宣统二年十月十五日,"东三省新闻"。
③ 《通饬各属兴办女学》,《盛京时报》宣统二年十月十八日,"东三省新闻"。
④ 《川省现办警察情形折》,《锡良遗稿:奏稿》,第 566 页。
⑤ 《四川各属现办习艺所警察折》,《锡良遗稿:奏稿》,第 489 页。
⑥ 《川省现办警察情形折》,《锡良遗稿:奏稿》,第 566 页。

奏调得力警员赴云南培训当地警务人员。光绪三十三年，锡良将云南巡警营改为警士学堂，招考文理通顺之人，于当年十二月开堂，光绪三十四年四月毕业，共有四百七十一名学员。此后，他在省城内外划分九区，区设巡官二员，司法一员，庶务长一员。同时，他又分设派出所六十三处，每所用长巡六名，即以毕业警士派充。这批巡警上任后，多能勤供职务，扫除积弊，效果明显。此后，锡良在警士学堂的基础上于高等巡警学堂附设简易科，招收五十名学员，一年毕业，同时设立省城教练所，招足百名，先开一班，以六个月毕业。①光绪三十四年，云南各属基本设立巡警，每处多者五六十名，少者亦二三十名。

随着新政的深入，警察的作用日渐凸显，规模逐渐扩大，锡良认识到"巡警为民政之要图"，举凡内地之巡警、消防、户籍、营缮、卫生与铁路之稽查、弹压、保安、防匪等事宜，均惟警察是赖。他认为警察局虽规模粗具，但未尽推行，因此需要设立专官，提纲挈领，切实整顿，方能实效，故提议设立云南巡警道，专管全省警察事宜。②光绪三十四年九月，云南第一任巡警道杨福璋正式上任。

奉省的巡警设立较早，大约在日俄战争之后即已设立，因此，当锡良出任东三省总督时，某些镇乡巡警已略具规模，但是，该省巡警仍存在着"条理未能井然，规则难言完整"的状况。锡良认为，"本原不清，难与为治，章制不齐，难以言法"，所以，他饬令属员整顿警制，颁布统一的警察通则，并订立警察制度。同时，他认为作为警察经费来源的亩捐存在弊端，因而制定了收捐制度和官绅互相监督的经费管理制度，以杜绝弊端。此外，为了使警兵人人具有卫群之思想，他又设立教练所，以图一洗从前窳败不振之习。③到了宣统二年二月，除了长白府、辉南府等新设州县外，各属警务局已成立者四十七处，"不特府厅州县巡警业经完备，即城乡巡警亦已粗具规模"。④按照民政使张元奇的报告，宣统三年全省警区有二百一十八处，分所

---

① 《滇省设立巡警学堂暨教练所折》，《锡良遗稿·奏稿》，第860—861页。
② 《增设巡警道以杨道福璋试署折》，《锡良遗稿·奏稿》，第807页。
③ 《筹备宪政第二届成绩并第三届筹办情形折》，《锡良遗稿·奏稿》，第963—964页。
④ 《筹备宪政第二年第二届成绩并下届筹备情形折》，《锡良遗稿·奏稿》，第1116页。

有六百八十七所，巡警有一万九千一百九十七名。鸭绿江、浑江两流域要冲地方，因其事关国防，易滋事端，锡良又令人添设了水上巡警，设有一总局，十五个分局，以资巡卫。① 此后，鉴于东三省局势危机，他又在乡镇创办了预备警察制度，以保卫闾阎和寓兵于民。

与此同时，锡良对吉林省的警政进行了督察。在考察吉林时，发现当地警务腐败不堪，民怨沸腾，绅民呈控各属巡官、警长讹索诈赃案件不一而足，甚至兵弁通匪劫掠，明目张胆，肆无忌惮。卫民之举转为厉民，锡良震怒，饬令将有管理巡警责任的署吉林民政使谢汝钦摘去顶戴，勒限半年整顿各属巡警，如果仍无成效，则将予以奏参。② 经过半年的整顿，谢汝钦将不得力的警员、巡弁及通匪之警兵，随时禀撤惩办，并督率属吏创办预备巡警，吉林警务颇有起色，对此，锡良非常满意，为谢汝钦奏请商还顶戴。③

（二）改良狱政

锡良认为，游民实为盗贼之源，罪人非教育不化。之所以有犯罪，乃由于失业者无所为生，因而蹈死以求生，罪犯则因无教者，方脱于法，又复为非而罹法。为了改变这种局面，锡良有鉴于东西方监狱管理之法，在四川创设通省习艺所。罪犯习艺所就是为了维护社会治安而设立的类似监狱的地方，教养游民和罪犯工艺制作技术，以利于他们改造后自谋生计。他饬令成都府文焕在省城西隅青龙街地方购买地八万二千方尺，予以建造。该所于光绪三十三年正月二十日正式开办，由省城警察总局为总办。能容纳六百人，分为内外两厂：内厂收容罪犯，外厂收容游民。其中设有办公室、讲堂、监舍、工厂、寝室、食堂、浴室、接待室、会晤室、陈列室、看守室等房间，配以文案、会计、监工、稽查、讲师、工师、医师等管理人员。其管理制度仿照日本监狱制度，明权定责，分职服务。④ 他希望先以省城为标的，然后

① 《恭报筹办宪政第三年成绩折》，《锡良遗稿：奏稿》，第1280页；《东三省总督锡良奏奉天第三年第二届筹办宪政折》，故宫博物院明清档案部编：《清末筹备立宪档案史料》，北京：中华书局，1979年，第812—814页。

② 《署吉林民政使谢汝钦摘去顶戴片》，《锡良遗稿：奏稿》，第946页。

③ 《署吉林民政使谢汝钦请赏还顶戴片》，《锡良遗稿：奏稿》，第1058—1059页。

④ 《奏开办习艺所及各项工厂情形折》，《锡良遗稿：奏稿》，第645页。

再推及省外州县，并以习艺所为嚆矢，慢慢改良四川其他狱政。

到云贵总督任后，锡良有意进一步推进狱政改良。他留心考察各属监狱月报，并亲自到省城司、府、县三监查看实际情况，发现当地监狱湫隘污秽，窳陋不堪。在这种环境中，难免罪犯瘐毙。对此，他认为应当立即予以改良。然而，由于云南通省有监狱近百，而云南财政有限且狱政人员不足，因此，他与省司道筹商后，决定先在省垣设立其规，然后渐推渐广。他认为，改良狱政应参用东西各国新式方法，"俾环居其中者，囹圄通令悟之义，而董戒于上者，刑罚代教养之功"。为此，他饬令司道人员对监狱的建筑切实规划，并研究良法，务以狱室宽敞整洁，多受空气，适于卫生，并使典狱者便于视察教导为宗旨。最终，他将省城原有的司府县三监狱概行拆除，添购民房，形成一长方形区块，长三百三十二尺，宽三百零八尺。在这一区域中，监房仿作星光形，分为特别、寻常、女犯各监并留置场。特别囚押重犯，寻常拘押监候缓决以下罪犯，女监以拘押女犯，留置场拘押军流以下各安置人犯。其中建造一楼房，为典狱住宿之所。旁设工业场，为寻常以下各犯习艺之所。此外，设立裁判室、望楼、书记室、看守长及各员住室、藏器室、会客室、稽查所、教诲感化各师住息室等房间。他认为该监狱能一洗从前简陋，总期宽敞坚洁，位置适宜。为了能使监狱更符合世界潮流，他还饬令提学司于法政学堂内开设速成典狱专科，从本省实缺、候补人员中抽调年力精壮、志趣纯正之人入科肄习，从而培养新式狱政人员。① 这一规划得到清廷充分的肯定，认为他"于监狱改良一事，筹办合法，布置周详，足见关心民瘼，能识其大"。

宣统二年正月，时任东三省总督的锡良有意整顿奉天全省的狱政。他说："狱政之良否，系乎司法之名誉。"而且狱政改良是清末宪政的重要事项，势在必行。此时，奉天省城模范监狱早已成立多时，经费较充，管理较善，成为外属寄居人犯的重要场所。而外属各地方则限于经费困难，狱吏未备，且无力更筑新的监狱。因此，锡良等人再三筹划后，提出变通办法。

第一，选定建设监狱的地域。当时各属普遍提议设立罪犯习艺所，拘

---

① 《改建省城监狱以恤罪囚而资通省模范折》，《锡良遗稿·奏稿》，第701—702页。

留人犯使之习艺，以工代监，锡良认为"其意甚善，而其法不完"，因为习艺所乃监狱之工场，可以因狱制而兼设工场，令人犯习艺则可，但若以习艺所名义而聚集囚犯使之羁禁则不可。所以，他认为，应就府厅城治地方先筑监狱，将各属习艺所全部并入监狱管理。选定兴京、锦州、新民、营口、凤凰、昌图、海龙、洮南、长白等九处设立监狱，以能容纳三百人为准，收管近邻暨所属之重要人犯。而承德、辽阳、铁岭、开原、本溪、辽中、法库等处人犯，因交通便利的原因，可以就近寄送省城监禁。

第二，扩大看守所的监管范围。对于未决犯及轻罪人等，奉天各属收禁管理的名目猥多，办法凌乱，吏掾为奸，弊害实甚。锡良认为，应按照日本、德国、俄国等国的通例，专门设立机构予以管理，并在各州县设立看守所一所，收管本境内民、刑事未决人犯，凡刑期在一年以内暨巡警局违警人犯皆得收入。该所不隶属审判厅，旧有狱署、封房、习艺所、看守所、待质所等地方，可以改设者，均令改设，并设置所官一员专理其事。在此基础上，各属审判厅内不再附设看守所，并通令奉天高等以下各厅悉令将看守所裁撤。之所以如此办理，乃因各国裁判所内拘留人犯不过二十四小时，逾期则收入监狱。倘若照此办理，则费去太半，狱政易肃，庶几可以维持司法制度。

第三，管狱之吏宜规定。按照法部和厘定官制草案的规定，省城监狱设置正典狱官，秩从五品，副官秩从六品，各州县设置典狱员，设五品以下官员。而奉天省城罪犯习艺所，分禁轻罪人数在五百人以上，为省城第二监狱。各府厅监狱收容囚犯至三百人，各州县看守所拘留人犯亦在百人以上，因此需要设官管理。锡良认为，应添设省监副官一员，秩从六品，驻守罪犯习艺所，经理该所事务。各府厅监狱应设管狱官一人，秩正七品，作为奏补之缺；各州县看守所设所官一员，秩正八品，为咨补之官。在此基础上，旧有管狱之经历、司狱、吏目、典史等官一律裁撤。

第四，造就狱官。锡良认为，随着狱政改良的深入展开，亟须大量狱政人员，而旧有狱吏不娴狱务，其狱役积弊太深，亟宜淘汰，因此他饬令在法政学堂添设狱务一科，慎选学员，添员教授，以备异日任使。[1]

---

[1] 《通筹全省狱政拟请变通成法次第举办折》，《锡良遗稿：奏稿》，第 1088—1090 页。

（三）推广审判

当时东三省奉天之省城及新民、营口、抚顺等府厅县，吉林之省城及长春府均已设立审判厅。在这些审判厅中，奉天高等审判厅基础初立，吉林之高等审判厅略具规模，其他则法律未尽深谙，案件亦多积压，法官难得，舆论未孚。锡良认为，司法独立为宪政之始基，而司法官员实与人民生命财产有密切的关系，非有专精之人不能胜任。因此，他饬令提法司在省城法政学堂内附设司法讲习科，选调人员肄习，并于省城另设检验讲习所，招收合格生徒入堂教练，为将来推广各处审判检察厅做好人才储备。① 对于贪赃枉法的人员，他则采取了高压政策，坚决予以惩处。有承德地方审判厅推事曹重、程继元等因贿赂舞弊事发，锡良即派人严密侦探，获知实情后，奏请予以照例议处，以示惩儆。②

有意识地健全审判体系。锡良认为，奉天民风质朴，财产交易，契据并不完整，遇有案件，动有繆轕，因此他认为亟应讲求登记之学，为将来实行登记法做准备。宣统二年二月，他饬令奉天提法司在检验学习所内设立登记讲习所一处，延揽教习，饬令各府厅州县每属考送学生二名，"一俟学生到省报齐，即行开办"。该所以一年为限，年满毕业，即行停止。③

宣统二年十一月，又设立了辽阳州地方初级两审判厅，因财政问题，锡良将先前设立的抚顺审判厅改为地方分厅。按照他的计划，铁岭、凤凰、法库、同江各处应于宣统三年次第设立审判厅。为了帮助司法权独立，锡良于清廷筹办宪政计划单外扩充了检察讲演会，并筹办检验学习所、律师传习所等机构。④

此外，锡良还对奉天全省的财政进行了清理。内容包括复查全省岁出岁入总数、试办全省预算决算、厘定地方税章程三项。1910 年 3 月，锡良即将此

---

① 《考察东省情形整顿内政折》，《锡良遗稿·奏稿》，第 927 页。
② 《卸署承德地方审判厅推事长曹重程继元请议处片》，《锡良遗稿·奏稿》，第 1081—1082 页。
③ 《筹设登记讲习所需用经费请立案折》，《锡良遗稿·奏稿》，第 1114 页。
④ 《恭报筹办宪政第三年成绩折》，《锡良遗稿·奏稿》，第 1280 页；《东三省总督锡良奏奉天第三年第二届筹办宪政折》，《清末筹备立宪档案史料》，第 812—814 页。

项问题提前筹办，虽然其中存在财政复杂、款项纠纷等问题，锡良仍于宣统二年八月，依限将光绪三十四年全省出入款目按季分期上报度支部，[①] 此后又将光绪三十四年及宣统元年之报告册，由奉天清理财政局汇造咨交度支部。[②]

四、地方自治机构的创设

随着清政府有意进行宪政改革，各地相应的宪政机构逐步设立。作为清末宪政的重要推动者，锡良在宪政制度的建构和地方自治机构的创设等方面有较多建树。

光绪三十四年三月，锡良遵照清廷谕旨，先后设立云南宪政调查局和云南自治局。对宪政调查局，他认为，该局主要上备宪政编查馆随时之审核，下资自治局实地之研求。为此，依照清政府之规划，设立法制、统计两科。他以该机构"其理素为精微，端绪更形复杂"而派云南提学使叶尔恺担任总办，附设于云南学务公所之内，其科、股人员均由总办遴举。同时，该机构还仿照宪政编查馆成案，编印云南政治官报，送馆备查。锡良认为，该方法虽属因地制宜，要期实事以求是，而学界各官绅，也能借此参考政治，储为有用之才。[③]

锡良认为，地方自治，实为立宪之始基。因此，他于省城设立云南自治总局，并于局内设立一自治研究所和实地调查所。仿照天津自治办法：遴派官绅局长各一员，副局长数员；调集各属明通士绅，公同研究，用为预备；仍由藩学臬三司随时到局总核其成。[④]

光绪三十四年六月，清廷发布上谕饬令各地设立咨议局。锡良认为，咨议局为采取舆论之机关，即地方议会之基础，因此"自非及时建设，无由促进步而立良规"。所以，他随即于光绪三十四年九月在省城设立咨议局筹办处一所，遴派云南藩司沈秉堃为总理，署提学使叶尔恺、候补道赵上达、在

① 《筹备宪政第二年第二届成绩并下届筹备情形折》，《锡良遗稿：奏稿》，第1117—1118页。
② 《筹备宪政第三年第一届成绩并第二届筹备情形折》，《锡良遗稿：奏稿》，第1220页。
③ 《遵设云南宪政调查局大概情形折》，《锡良遗稿：奏稿》，第780—781页。
④ 《设立自治局暨调员差委片》，《锡良遗稿：奏稿》，第781页。

籍丁忧前署贵州提学使陈荣昌为协理，在籍丁忧翰林院编修顾视高、陆军部主事金在镕、法部主事李增、浙江候补道丁彦、山东候补知府张树勋等为参议。^①客观地看，这一时期锡良在宪政上之所为，乃依照清廷意旨推进。

到了宣统元年，锡良对宪政有了更深的理解。他认为九年宪政筹备事宜，"其效力为安危所攸关"，"实为目今最切要之图"，所以对于宪政馆单开应办事宜，均应赶先筹办，次第举行。为了能使各项宪政事务切实推进，他于宣统元年五月在奉天公署内设立宪政筹备考核处，遴派熟悉宪政幕僚，随时分别详细考核。宣统二年三月该处改为宪政筹备处。^②依靠这一机构，锡良按照宪政筹备事宜清单所定计划有序地推进奉天宪政改革。他分别于宣统元年八月二十五日，宣统二年二月三十日、八月二十五日和宣统三年二月二十八日等日奏报其筹办东三省宪政事宜的情况，大体上可分为以下几项：

一、筹办奉天咨议局。锡良延续了徐世昌任内定下的修筑咨议局的提案，督饬员司，继续建筑奉天全省咨议局。^③与此同时，他推进议员的选举工作。在既有咨议局议员初选的基础上，锡良将这些议员分为八个复选区，于宣统元年四月十四日举行奉天咨议局议员选举，共得议员五十名。锡良认为选举议员乃亘古创举，需要慎重始基。他先将这些议员招集入省，进行法学通论及法政大义的学习。^④此后，他将这些议员分为两拨：一拨由政府酌给旅费，派到各地调查地方利弊，以作议案之准备；另一拨则留在省城，筹备咨议局开会的各项规则。^⑤经过这些筹备，至宣统元年九月初一日，奉天咨议局成立。奉天咨议局开会时，锡良亲自到会，并参与监督议员选举议长

---

① 《设立咨议局遴委员以资襄助片》，《锡良遗稿：奏稿》，第835页。

② 《公署内设立宪政筹备考核处片》《遵将奉省宪政考核处改为宪政筹备处片》，《锡良遗稿：奏稿》，第896—897、1130页。

③ 《建筑奉天全省咨议局请立案折》，《锡良遗稿：奏稿》，第948—949页。

④ 《吴景廉自述年谱》（上），《近代史资料》（总106号），第25页。需要指出的是，该材料存在着某些时间上的混乱。如锡良到奉担任东三省总督的时间当在宣统元年（1909）三月，但该年谱中将其列在光绪三十四年（1908）冬（第23页）；又如锡良卸任东三省总督后在很长一段时间内未出任地方职务，年谱中称锡良卸任后调为热河都统（第32页），等等。据该材料的说明，吴景廉作此口述时，已是晚年（约有70岁），所以，其中应该存在着某些记忆偏差。然其中多数史料与《锡良遗稿：奏稿》内容相符，故仍可视为较为可靠的材料。

⑤ 《筹备宪政第二届成绩并第三届筹办情形折》，《锡良遗稿：奏稿》，第965页。

等事宜，"使官绅恪守范围，不至稍逾权限"。[①]正是在他的精心关照下，奉天咨议局得以顺利成立。此外，锡良还按照清廷要求在奉省举行资政院选举。这一部分人员大体上从宗室觉罗、纳税多额人员、硕学通儒和咨议局议员等人员中选举产生。这项工作在宣统二年二月间全部完成。[②]

二、筹办地方自治。锡良深知地方自治为咨议局进行之基础，因此设立地方自治筹备处，专为办理城镇乡自治。为了养成人民自治智识和传播自治思想，他饬令在各府厅州县遍设自治研究所。他利用奉天省城研究所已毕业之一百七十三名学员，派令他们赴各属充当教员。[③]随着自治行政机关的成立和议员的确定，锡良又令各属设立自治职员研究会，并由自治筹办处将该会议决各案逐项评论，刊发月刊，以期使议员能对自治有更深切的体认。在此基础上，锡良制定了较为精详的推广奉天自治的规划，将奉天自治分为奉天府自治、冲繁各属自治，再到偏僻各属自治等三届次第办理的顺序。[④]即由城市向乡村逐渐推广自治，显然是充分考虑了城乡地方自治条件和人民智识等要素而做的规划。按照规划，自治研究所的设立分为三届逐渐进行，每届每属至少能成立一所研究所。[⑤]有序的规划和妥善的舆论宣传，使奉天的地方自治得到迅速的推进。宣统二年九月，各厅州县就开始着手地方自治的工作，如调查选举、制造名册、确定议员额数等，按照进度，奉天各属的自治事务大约能在宣统四年（1912）二月完成。其中自治研究所的功绩颇为显著，自宣统元年开办至宣统二年十二月，毕业的学员已达三千七百八十五名。这使奉天各属的自治思想得到了广泛传播，自治事务有了极大的推进。[⑥]在宣统二年二月，奉省自治区域有四十六处，最初有铁岭等十一属，八月以后，赓续举办者有抚顺等十三属，共成立了二十四处，已有过半的自治区域设立自治

① 《奉省咨议局开会闭会暨会议情形折》，《锡良遗稿：奏稿》，第1042—1043页。
② 《筹备宪政第二年第二届成绩并下届筹备情形折》《宗室觉罗互选资政院议员委金梁为管理员片》《资政院议员复加选定陈瀛洲等三名片》，《锡良遗稿：奏稿》，第1116、986、1043页。
③ 《奉天地方筹办处办理情形并预算常年经费折》，《锡良遗稿：奏稿》，第1004页。
④ 《筹备宪政第二届成绩并第三届筹办情形折》，《锡良遗稿：奏稿》，第964页。
⑤ 《奉天地方筹办处办理情形并预算常年经费折》，《锡良遗稿：奏稿》，第1004页。
⑥ 《恭报筹办宪政第三年成绩》，《锡良遗稿：奏稿》，第1280页；《东三省总督锡良奏奉天第三年第二届筹办宪政折》，《清末筹备立宪档案史料》，第812—814页。

研究所。[①]

三、调查全省人户数。锡良认为，户口调查，关系宪政，且为户籍法实行之基础，[②]因此，他对此事颇为重视。为了调查户口，锡良饬令民政使张元奇为总办，通饬各属，出示晓谕，使百姓知晓调查户数为调查口数之根据，而户口多寡则关系到宪政选举区之大小，希望人口调查能无隐匿漏藏之弊。[③]宣统二年八月前后，锡良即已得到了四十三属人口之数目，只有九属未经上报。[④]据调查，奉省正户有 111853 户，附户 521860 户。因担心人口迁徙、婚丧嫁娶等因素影响户口调查的准确性，锡良饬令各属由警察列表稽查，按季具报，以确定户口实数。而原本应为第四年方才办理的调查人口数的事项，锡良饬令各属提前举办，兴京等十属率先调查完竣。按照锡良的估计，宣统三年十月奉省户口应一律报齐。[⑤]

从以上事实可知，锡良已在有条不紊地推进宪政建设，特别是在奉天时其宪政建设做得非常扎实。需要指出的是，锡良在筹备这些立宪举措时，多能提前举办。对于锡良的努力，当时奉天咨议局议长吴景廉非常认同。[⑥]虽然其中有国会提前等因素，但这与锡良抱持着"实事求是，不敢稍涉敷衍"的态度也有着莫大的关系。这一经验使锡良认识到提前举办立宪并非不可能的事，这成为其寻求速立国会的重要依据。

---

① 《恭报筹办宪政第三年成绩》，《锡良遗稿：奏稿》，第 1280 页；《东三省总督锡良奏奉天第三年第二届筹办宪政折》，《清末筹备立宪档案史料》，第 812—814 页。

② 《恭报宣统元年奉省调查户数情形折》，《锡良遗稿：奏稿》，第 1052 页。

③ 《筹备宪政第二届成绩并第三届筹办情形折》，《锡良遗稿：奏稿》，第 965 页。

④ 《筹备宪政第三年第一届成绩并第二届筹备情形折》，《锡良遗稿：奏稿》，第 1220 页。

⑤ 《恭报筹办宪政第三年成绩》，《锡良遗稿：奏稿》，第 1280 页；《东三省总督锡良奏奉天第三年第二届筹办宪政折》，《清末筹备立宪档案史料》，第 812—814 页。

⑥ 观《吴景廉自述年谱》，吴景廉虽未明言称誉锡良，但我们依然能从字里行间体会其赞誉之情。如谈及预备立宪事，吴景廉称清廷预备立宪，本系用延宕手段缓和国人革命心理，然各省督抚官吏事事掣肘，不切实筹办。而锡良却采取了颇为切实的举措，如选举事宜，锡良就听从了吴景廉的方法，认真举办；又如锡良能利用咨议局议员选举和正式开会的时间差，举办宪政讲习所，培养议员法律意识等；又如其他地方收押国会请愿代表，锡良以人民请愿系出爱国行动，对代表并未加以处分，等等。而对于徐世昌和赵尔巽这两位与锡良前后任的总督，吴景廉对他们的评价并不高。相较之下，吴景廉显然对锡良存有称誉之情。参见《吴景廉自述年谱》（上），《近代史资料》（总 106 号），第 23—30 页。

五、社会改造的尝试

随着地方行政体制变革的深入，锡良逐渐意识到有必要对民众进行改造。虽然他没有明确提出什么主张，但其所作所为已经明显反映出他的这种意识。其中尤以他对禁烟运动的大力支持最为显著。

（一）扶养民生、靖绝乱源

四川生齿最繁，人口甲于他省，民生之难亦甲于他省，因贫而成乞丐者至众，省城每到冬季，裂唇露体者十百载途，呼号哀怜者充衢盈耳，偶遇风雪，死者枕藉，相沿有年，为"南北各省皆所未见"。这不仅影响市容，也为外人所指摘。而且"游民实盗贼之源"，因为"弱者必死于沟壑，黠者必迫为盗徒"。[①] 这成为历任四川总督需要应对的难题。岑春煊担任四川总督时就向清廷奏请设立四川劝工局。然由于岑随即调任，实则由锡良接续创设，其职责主要为兴工艺而化游惰，从而振兴四川商务、矿务事业。[②] 到了1905年，锡良认为，川民游手好闲之辈较多的原因在于童年失教，故省城无主无业幼孩流离相属。为此，他下令在宝川局厂基上设立劝工外厂，专收穷苦幼孩学习工艺，聪颖者进以识字读书，使他们能各谋生业。此后，锡良专门设立农政局，并开辟试验场，专门讲求农田、蚕桑、树艺、畜牧等科目。[③] 但这些机构显然难以使如此众多的流民得到安置。1906年8月，锡良饬令警察局总办周善培于省城设立乞丐工厂，取以工代赈之意，将街道上的乞丐一律收入。其年轻质敏者学粗浅手工，年壮质拙者服官私劳役，所得工资，由厂按名收储，三月期满后出厂再发放给他们，使他们小有资本，不再流离游荡。而年幼者则特设幼孩教工厂，八岁以下不能做工者，课以初等小学之学，八岁以上能做工者，教以容易自存之艺，等他们到十四岁有自立之能后即令出厂。对于年老的乞丐，则特设老弱废疾院予以收养。该年10月设立东南乞丐工厂二所，先后收入精壮乞丐一千五百余人；将警察总局左侧

---

① 《奏开办习艺所及各项工厂情形折》，《锡良遗稿：奏稿》，第644、646页。

② 《委道员沈秉堃总办商矿片》，《锡良遗稿：奏稿》，第346页。

③ 《宝川局地分设农工局片》，《锡良遗稿：奏稿》，第526页。

的纯阳观庙改为幼孩工厂一所，收容乞丐中之幼孩及幼失父母或家贫无力自养之子，共五百人。又将北门圆通寺改设老弱废疾院一所，收容老弱废疾男妇一百余人。此外，他还在北门外建筑苦力病院一区，专为收养因力致病之人，因为四川行旅皆资舆荷，故有肩背自食者，一有疾病，不仅无以谋生，且俯仰事畜之路绝。这一举措实行后，省城向来街面不忍见闻之状，一举净绝，耳目气象为之一新。同时，使民众皆知惰民之不可为，能各谋立业自存之道。因此，锡良有意先由省城分别创办，并饬令各州县依法创办。他认为，实行该举措，主旨以扶养民生、靖绝乱源为归，因为游民即犯罪之由来，"不养则莫救目前，不教则难以自立"，所以设立这些机构主要是"欲救民之死亡，止民之犯法而教民之各能自食其力"。① 可见，他希望有计划地对民众进行改造，以使游民获得自立的能力，自谋生路，从而遏止犯罪。

此后，他在奉天积极维持由前督臣徐世昌创办的贫民习艺所。他说："贫民习艺所系为教养贫民而设，事关地方善政，自应设法维持。"② 除此之外，锡良还创设了八旗工艺厂、八旗女工传习所、八旗女工习艺所等工厂和培训机构，力图"教育实业并进兼营"，对八旗制度进行变革。③

（二）严厉禁烟、唤醒民众

锡良认为，鸦片之害甚于水火之灾和兵戈之祸，因为其毒之所流，遍于荒僻，伤之所中，遂以终身。"上至缙绅，下迄台隶，不惟束缚庸懦，亦且毁废贤豪"。在他看来，中国近世之所以国弱而受外侮，其原因在于民气不张，民力不竞，皆根源于鸦片之毁坏。因此，他认为，戒烟者实中国求富强之基。④ 他的这一认知并非一时的感触，而是来自深厚的地方基层行政历练。

早年，锡良在参与丁戊奇荒等荒旱的赈济时就已认识到鸦片的危害，因此对禁烟非常赞成，并曾因办理禁烟出力尤多受到时任巡抚张之洞赞许，张

---

① 《奏开办习艺所及各项工厂情形折》，《锡良遗稿·奏稿》，第 645—646 页。
② 《请将粥厂余银拨作贫民习艺所成本片》，《锡良遗稿·奏稿》，第 1118 页。
③ 《奉省八旗工艺厂办有成效拨款扩充折》，《锡良遗稿·奏稿》，第 1272 页。关于这些机构的具体情况，可参见前章内容，此处不再赘述。
④ 《川省设立戒烟总局并拟办法折》，《锡良遗稿·奏稿》，第 650 页。

还代为向清廷请奖。^①在四川时，锡良指出："川民户齿倍前，耕辟地穷，工商利夺，游闲充牣，农末困窘。况复侈费寝以成俗，虽服畴力稿者，米粟居一，财币居三。必得钱而后用饶，唯罂粟乃能获利，春畦菽麦，渐变烟苗，丰年之粒食犹昂，歉岁之阻饥立告。"^②光绪三十三年前后，云南灾荒严重，前督丁振铎就曾因灾荒向各省督抚发出救援电报，提及有地方"多以麦秣充饥，路有饿殍，卖儿鬻女，惨不忍闻"的情形。^③但是，"山多田少"的滇省却为"产土之乡"，所在皆是，在水旱频仍的境遇下，米粮变得尤为匮乏。锡良到任之初，滇省"斗米之值，至十三金"。^④可知，在锡良的人生见闻中，鸦片对社会造成了巨大的伤害，成为威胁清王朝统治的重要因素之一。

然而，自鸦片战争以来，鸦片在中国一直被作为合法交易的商品，且鸦片税收逐渐成为清政府重要的财政税收来源。在筹建川汉铁路时，锡良就曾通过增收鸦片落地厘来筹集铁路官款股本。^⑤在云南，土药税厘是云南地方"内销外销各款大宗"。^⑥因此，锡良虽较早即对鸦片之害表示痛心疾首，却终致莫可如何。光绪三十年四月，锡良向清廷表示，鸦片为毒害生民之物，以征为禁，多征税也不为过。^⑦可见他对鸦片的厌恶感一直存在着。

光绪三十年八月间清廷颁布禁烟诏令之后，锡良迅速行动起来。在接到

---

① 时任巡抚曾国荃在总结丁戊奇荒发生的原因时一再表示罂粟的栽种是粮食缺乏的重要因素。曾国荃在丁戊奇荒后曾言："晋省荒歉，虽曰天灾，实有人事。"（参见《申明栽种罂粟旧禁疏》[光绪四年正月二十六日]，《曾国荃全集》第 1 册，第 282 页）"自境内广种罂粟以来，民间蓄积渐耗，几无半岁之粮，猝遇凶荒，遂至无可措手。"（《办赈难拘定例请变通赈济疏》[光绪三年十二月二十一日]，《曾国荃全集》第 1 册，第 269 页）"晋省人稠地厄，本地产粮无几，二十年来种植罂粟，犹夺五谷之利，故小歉则谷价翔贵，大饥则颗粒如珠。"因此，曾国荃即提出要立即铲除此毒苗，"而嘉谷之应亟为种复"。（《致翁叔平》，《曾国荃全集》第 4 册，第 26 页）可知，在曾国荃的眼中，罂粟的种植严重危及粮食的生产。而身临其境的锡良显然对此有更多的切实体验。也可参见《陈明禁种莺粟情形折》（光绪九年十二月十二日），《张之洞全集》第 1 册，第 202—204 页。
② 《覆奏陈钟信请整顿积谷折》，《锡良遗稿：奏稿》，第 427 页。
③ 《云南督抚丁来电》，《锡良督川时与各处往来电稿·外省来往各电报》，中国社会科学院近代史研究所图书馆藏，档号：甲 374–124。
④ 《滇语》，《邓之诚日记》第 8 册，第 504—505 页。
⑤ 《加收一倍土厘》，《锡良遗稿：奏稿》，第 454 页。
⑥ 《沥陈滇省困难亟宜通筹补救折》，《锡良遗稿：奏稿》，第 678 页。
⑦ 《川省土药难办官运及招集商股设立公司折》，《锡良遗稿：奏稿》，第 407 页。

清廷发布诏令和政务处咨文后，他即刊布各处，使民众均能知晓。[①]而针对禁烟的法令，锡良亦制定了颇为详备的方案，予以实施。

1. 成立禁烟机构

对于禁烟机构，锡良非常重视，每至一地，或添设该项机构，或对原设之机构进行修补。在四川，锡良成立了禁烟总局，派署盐茶道沈秉堃，候补道林怡游、周善培等人出任总办，专任筹划戒烟、次第禁革医治之责。[②]在云南，锡良到任后即率司道于省城创设禁烟总局，并饬令各属联合绅商，设立分局，筹备方药，分班轮戒，制定规则，逐日检查。[③]在奉天，虽然禁烟已推行有年，但机构设置仍未合理，查禁民间吸烟，各属也有不同的方法，因此颇为混乱。锡良到任后即饬令将奉省原设之官吏禁烟查验所改为禁烟公所，除仍兼办官吏查验事宜外，亦查验普通民众的禁烟。他亦令人在省城四关分别设立戒烟分所一处，"广给良药，劝禁兼施"，并饬令各属一律遵照省城办法办理。[④]他显然希望如此办理能收速成之效。

2. 宣传鸦片之危害

早在1904年，锡良就曾发布告示，向四川民众宣传吸食鸦片之害。[⑤]在清廷明确禁烟的情况下，锡良又将清廷的政策刊布各属，令民众周知。到云南后，针对鸦片种植造成米粮匮乏，锡良饬令各地方官传集村乡绅董，指陈利害，反复开导。[⑥]在奉天，锡良饬令属员办理禁烟时"劝禁兼施"，可知锡良颇注重宣传之作用。

锡良的宣传亦取得了不错的成绩。在云南，据《字林西报》的记载：民众在街头阅读政府发布的布告，多"点头称是"，并对布告所描述的吸食鸦片的后果，"露出了十分恐惧的表情"。[⑦]在奉天，绅民则以更为直接的方式

---

① 《川省设立戒烟总局并拟办法折》，《锡良遗稿：奏稿》，第650页。
② 《川省设立戒烟总局并拟办法折》，《锡良遗稿：奏稿》，第650页；《各省内务汇志·四川》，《东方杂志》第四年第二期，内政，第86页。
③ 《为实行禁烟拟请改缩期限力图进步折》，《锡良遗稿：奏稿》，第768页。
④ 《奉天改设禁烟公所折》，《锡良遗稿：奏稿》，第967页。
⑤ 《督宪劝民勿吸烟缠足示》，《四川官报》（第七册）甲辰（1904）三月下旬，公牍，第1—2页。
⑥ 《为实行禁烟拟请改缩期限力图进步折》，《锡良遗稿：奏稿》，第768页。
⑦ 上海市禁毒工作领导小组办公室、上海市档案馆编：《清末民初的禁烟运动和万国禁烟会》，上海：上海科学技术文献出版社，1996年，第150页。

参与禁烟活动，拟于各属设立禁烟会，^①显然，奉省绅民认同了锡良禁烟的行动，其中无疑有政府宣传的功劳。

3. 设立鸦片专卖场所

对于鸦片的贩卖，锡良的政策则存在着一些细微的不同。在四川时，锡良拟令各地烟馆在光绪三十三年正月初一日至六月底前一律关闭。考虑到戒除烟瘾之不易，锡良拟在省城设立官膏店，其他各州县设立官许烟土店，令有吸食牌照的烟民到指定的店面购买鸦片。在云南，锡良在到任之初，即饬令各属封闭烟馆，禁止制造烟具。待到其提出云南于光绪三十四年底禁戒净尽之后，他严令膏商、土栈亦须于该年年底一律革除，改营他业。对于云南境内的已报税之土药，锡良准许其于阳历 1909 年 4 月 20 日前装运出境。可知，云南仍存在着鸦片专卖场所，只是随着锡良严禁举措的推出，这些场所亦逐步列入了被打击之列。在奉天，锡良曾有"本省各土店可以领护照自赴外埠购运烟土，但不准外客贩运烟土入境"规定。^②这说明奉省亦有经官方准许方能买卖的烟土店。由上可知，锡良所辖区域内的烟土店或为官方专卖，或为经官方特许方能开卖，如此，则官方对烟土店面的数量与数额有了一定的控制。

4. 禁种、禁吸举措

最初，锡良对禁种颇为注重，认为"限种罂粟一条，尤为本中之本"。^③因此，在四川时，他就有拟令全省各属分阶段实施禁种罂粟，每年减少五分之一，争取五年内禁绝的计划。在云南禁烟之时，他仍坚持这一方法，饬令属员调查种烟地亩，并限年递减，改种其他粮食作物。^④待到清廷推出缩短禁烟期限的命令后，锡良则一改逐步减种之计划，限于规定时间内禁绝。在云南，他规定应于光绪三十四年底戒绝种烟，在奉天则定于宣统下半年起全面禁绝。

这并不是说锡良不重视禁吸。在四川时，禁吸亦是其禁烟举措的重要方

---

① 《奉省禁烟拟照咨议局议案再行缩短折》，《锡良遗稿：奏稿》，第 1068 页。
② 《奉天改设禁烟公所折》，《锡良遗稿：奏稿》，第 966—967 页。
③ 《川省设立戒烟总局并拟办法折》，《锡良遗稿：奏稿》，第 650—651 页。
④ 《为实行禁烟拟请改缩期限力图进步折》，《锡良遗稿：奏稿》，第 768 页。

面。他拟令文武官员据实举报吸烟之人，对吸烟之官员，限期断瘾，对吸烟之兵弁则一律革换；清查全省烟瘾人数，发给吸食牌，以为宽往防来之计，并派人到粤东购买戒烟药丸，设立戒烟病院，帮助瘾民戒烟。① 在实施过程中，锡良对文武官员禁吸甚为严厉，均勒令这些官员于六个月内戒断，逾期则对其严行参劾。在云南，锡良对逾期未戒断烟瘾的部分官吏，如参试用周德懋，云州吏目王德恩，试用知县李焕绂，试用盐大使卢廷襄，补用游击蔡凯臣、李文庚，尽先补用守备杨德清等官吏，做出了严行参革、永不叙用的处分。② 在奉天时，他先后对奉天府调查员候补知县张镇龄、采木公司委员四川补用知县范迪煌等处以即行革职、永不叙用的处分。而对声称已戒烟，但实际上仍在吸烟之人，锡良亦毫不手软，分别对戒烟复吸之署岳熊、正红旗骁骑校绍明、协领兴奎等人处以即行革职、永不叙用的处分。③ 而对普通民众，锡良则要求其于规定的时间内戒断。此后，无论是在云南还是奉天，锡良均照此办理。随着禁烟的深入开展，锡良将禁吸与禁种放在同等重要的地位来看待。④

以上为锡良在禁烟过程中所采取的基本方法。这些方法的最终目的是有意将禁吸贩运纳入法制的轨道，开始由散乱向政府管理过渡。而在实践过程中，锡良亦不遗余力地照此推行，并取得了不错的效果。

在四川，锡良循此方法推行了雷厉风行的禁烟政策，但在实施各项禁烟举措后未久他即调任云贵总督，因此其成效未能显著，却为四川的禁烟活动奠定了基础。⑤ 到了昆明后，锡良再次推行其严厉的禁烟政策。经过半年的努力，云南的禁烟行动收到了较好的成效。据锡良的奏报：光绪三十三年各地汇报的烟亩数量，较之上年已减少了三成至六成。这显然使锡良和有识

---

① 《川省设立戒烟总局并拟办法折》，《锡良遗稿：奏稿》，第 650—651 页。

② 秦和平：《云南鸦片问题与禁烟运动（1840—1940）》，成都：四川民族出版社，2001 年，第 175 页。

③ 《查明戒烟不力各员据实参劾折》《戒烟复吸之张镇龄等请革职永不叙用片》《协领兴奎违禁吸烟请革职永不叙用片》《奏参戒烟不力之孟庄嵩庆二员片》，《锡良遗稿：奏稿》，第 971—972、1051、1171、1125 页。

④ 《奉天改设禁烟公所折》，《锡良遗稿：奏稿》，第 966 页。

⑤ 参见《四川鸦片问题与禁烟运动》，第 109 页。

之士看到了提前禁绝鸦片的希望。[①] 这一情况也得到了清末海关报告的证实。《中国海关十年报告》指出：自 1907 年开始，蒙自周围地区的鸦片烟馆遭到关闭，鸦片烟具亦为禁止出售，有 45% 的鸦片吸食者戒了烟。而在同一时间，云南的另一城市思茅亦采取了类似的做法，关闭烟馆，统计吸食鸦片者人数，成立机构向有钱者出售戒烟药物，并向贫困的阶级提供免费的特别药品。[②] 可知，云南禁烟确在很短的时间内取得了良好的成效。禁烟大臣亦在比较各省督抚的禁烟办法后认为锡良所订办法"最为完善"，拟通饬各省一律按照办理，以期速收实效。[③]

随着云南禁烟政策取得一定成效，锡良利用这一时机，向清政府提出了禁烟期限过宽所造成的危害，谓：

> 无如下级人民，因循习惯，吸食者尚多借口限期，种烟地亩递减之法，又须按年挨户造册清查，恐滋烦扰。况各省禁令张弛不一，即使本省烟苗尽绝，而外省土药输入行销，致烟商种户以坐失其利无济于事为言，民心转滋疑惑，地方官虽仍勒禁，不足以服其心，故办理殊多窒碍。现象如是，若任辗转迁延，互相牵制，窃恐勇者退而勤者怠，则终无断绝之时矣。[④]

因此，他向清政府表示，要在云南加快禁烟的步伐，决定在一年之内全面实行禁吸、禁种和禁贩，即云南定于光绪三十四年底即实现禁绝种烟的目标。具体而言：

> 自光绪三十五年正月初一日起，通国不准再有吸食之人、贩烟之商、种烟之户。上下一心，务期达此目的。阳奉阴违者，查出照章惩治，不

---

① 《为实行禁烟拟请改缩期限力图进步折》，《锡良遗稿·奏稿》，第 768 页。
② 郭大松、张志勇译：《中国海关十年报告（1902—1911）选译——清末禁烟运动史料》，《近代史资料》（总 111 号），北京：中国社会科学出版社，2005 年，第 137、138 页。
③ 《滇督禁烟善法》，《大公报》1908 年 6 月 17 日，"北京"。
④ 《为实行禁烟拟请改缩期限力图进步折》，《锡良遗稿·奏稿》，第 769 页。

稍宽假。至于文武官吏，当为齐民之表率，原限六个月已逾，倘再讳饰欺蒙，立予参劾。即有体弱瘾深，或因禁烟而受亏损，亦无所用其顾惜，以绝亿兆观望之私。似此直截办理，进口洋药，无地售销，不禁自绝。[①]

与锡良有着同样想法的还有江苏、安徽、河南、福建、黑龙江等省的督抚，他们亦向清廷奏请缩短期限。这些督抚之所以如此积极地投身于禁烟活动，其背后有着中央与地方之间争夺地方财政权的因素。原来，清中央在日俄战争后已大规模整顿和控制地方的鸦片税收，推出了八省土膏统捐和鸦片统税政策，其成效颇为明显。所以当清廷提出确定禁烟政策时，多数督抚仍持观望态度，因为他们担心清廷进一步侵蚀其鸦片税厘收入。同时，为了谋取更大的财政利益，抵制清中央的政策，当时各省正在筹划鸦片专卖事宜，但这一计划却遭到了度支部的强力阻止，其专卖计划已然无实现可能。因此，难以获得鸦片税收利益的各省督抚决定加快禁种罂粟的步伐。[②]然而，缩短禁烟期限，却并非清中央所乐见。因为此时清中央财政收入中已然有大部分来自鸦片税收，若缩短禁烟势必使其财政面临严重的困难。因此，度支部力主禁吸为先，反对各督抚的禁种和禁运政策。但是，当时督抚权势日重，地方与中央的利益格局很难立即改变，因而清廷不得不对地方利益予以兼顾。所以，在数省督抚的压力下，清廷改变了立场，转而对各省缩短禁烟的要求予以肯定。[③]在回复云南的咨文中，会议政务处指示：“滇省既称踊跃，禁烟自不必拘定十年之限，且禁种禁吸渐次禁绝，则外省土药之输入，亦无地销售，此在该督一力坚持，以收令行禁止之效。”[④]接到咨复之后，锡良即按照上文所示，督饬各属官吏，雷厉风行地推行了其措施。

此时，锡良的政策遭到了部分人的反抗。在楚雄地区，“三十四年冬，镇南三乡因禁种烟苗，办理未善，愚民惊变，界连楚县所属前、后河哨

---

① 《为实现禁烟拟请改缩期限力图进步折》，《锡良遗稿·奏稿》，第769—770页。

② 参见刘增合《鸦片税收与清末新政》，北京：生活·读书·新知三联书店，2005年，第385—389页；刘增合《度支部与清末鸦片禁政》，《中国社会经济史研究》2004年第1期。

③ 《电询禁烟限期》，《大公报》1908年10月28日，“要闻”。

④ 《政务处议复云贵总督奏禁烟改缩限期折》，《申报》1908年5月30日，“要折”；《速请一律改缩禁烟期限折》，《锡良遗稿·奏稿》，第814页。

地"。① 随后，锡良视抗拒者为土匪，② 发兵剿抚。在这次镇压行动中，楚县死亡一百一十八人。

　　尽管如此，到 1909 年初，云南的禁烟已取得明显的效果，鸦片种植已减少十之八九，鸦片销数亦减其半。③ 在昆明，锡良令人将成千上万没收而来的烟具装饰各处城门。在蒙自地区，鸦片出口量从 1908 年的 2116 担降至 527 担，4 月以后即不再有鸦片出口。在思茅地区，地方官员挨户查访，逐人登记吸食者，并令这些人到禁烟局接受治疗。到了 1909 年前后，该区域内已经停止罂粟种植，只是在边远的山区仍存在少量的高价鸦片买卖。④ 在腾越地区则存在少数吸食者通过高价秘密购买鸦片的情况。⑤ 有研究表明，当时除了滇西及滇西南个别偏远的民族聚居村落尚有偷种现象外，云南大部分地区罂粟的种植得到了有效的制止。⑥ 在实行禁烟之后，云南的粮价亦有了大幅度的回落，由锡良初任时的十三金降至二金。⑦ 种种迹象都已表明，锡良的禁烟举措得到了较好的贯彻，云南的禁烟已取得了良好的效果。清政府对于锡良的禁烟行动予以高度的评价，并拟饬令各省依照云南禁烟办法，实施禁烟。⑧ 无怪《清史稿》称："滇多烟产，土税为收入大宗，锡良毅然奏请禁种，各省烟禁之严，惟滇为最。"⑨

　　有了良好的禁烟效果，锡良对早日实现禁烟有了更强的信心。1908 年 4 月，锡良致电禁烟大臣处，要求缩短禁烟的期限。⑩ 其后，他又向清政府指出各省不能同时实行禁烟将造成严重的危害，曰：

---

① 杨成彪主编：《楚雄彝族自治州旧方志全书·楚雄卷》，昆明：云南人民出版社，2005 年，第 1101 页。

② 《致吏部电》（光绪三十四年十二月廿四日），《北京来往电（云贵总督任）》，档号：甲 374-10。

③ 《锡清帅禁烟之效果》，《大公报》1909 年 3 月 6 日，"要闻"。

④ 《中国海关十年报告（1902—1911）选译——清末禁烟运动史料》，《近代史资料》（总 111 号），第 137、138 页。

⑤ 《中国海关十年报告（1902—1911）选译——清末禁烟运动史料》，《近代史资料》（总 111 号），第 139 页。

⑥ 黄百灵：《清朝云南的罂粟种植及其对农村经济的影响》，《四川大学学报（哲学社会科学版）》2004 年增刊；许焕芳：《清末西南四省禁烟运动研究》，河北师范大学硕士学位论文，2007 年，第 23—24 页。

⑦ 《滇语》，《邓之诚日记》第 8 册，第 504—505 页。

⑧ 《滇督禁烟之成效》，《大公报》1908 年 9 月 8 日，"要闻"。

⑨ 《清史稿》卷 449，第 12532—12533 页。

⑩ 《两督请减缩禁烟期限》，《大公报》1908 年 4 月 10 日，"要闻"。

设或各省禁令彼此张弛不一，宽严互殊，则邻省随地运销，势将禁不胜禁。非特本省烟商、种户必以一隅坐失其利，疑怨横生；吸烟之人，亦仍不恤多方购致，难期禁绝。[1]

此后，随着万国禁烟大会的召开，锡良再次向禁烟大臣表示："中国禁烟一事必为外人所注目，万不可再行延缓，请即通知各省用强迫之办法，限于宣统元年一律禁净，决不至肇意外之变，且滇鲁等省成效昭然，即祈实行，无庸过虑。"[2]在锡良和各督抚的努力下，清廷同意了奉天等十八行省于1909年下半年全面实现禁种的计划，但仍让陕西、甘肃、四川、贵州等省至1913年方才实现这一目标。[3]锡良认为，如此一禁一弛，"不特四省烟害未能遽绝，即已禁种之省份难保不迟疑观望"，这将严重影响禁烟大局。在他看来，禁烟成功与否在于疆吏是否实心奉行，而并不在于各省存在的其他现实问题，因此，他再次向清政府建议"明降谕旨，无论未已禁种省份，统限宣统元年下半年一律禁绝"。[4]

对此，清政府难以下定决心，因为禁烟已使清政府面临着严重的经济压力和社会压力。[5]事实上，对于地方督抚亦是如此。在云南，鸦片税收是当地财政的重要来源，常年厘税约有四五十万两。[6]在实行禁烟之后，锡良未能从其他地方获取相应资金填补这一缺口，以致财政异常困难。[7]但是由于地方督抚未能获得相应的利益，所以仍坚持缩短禁烟。而在这些督抚中，锡良与端方表现得颇为积极。当锡良、端方等人再次提议缩短禁烟期限时，清政府则以财政困难等因素而不为所动，仍持原议。

对此，锡良极为不满。他向清政府提出质疑，鸦片最多、占全省财政税收比重较大的云南、山西两省均能实现这一目标，反而四省却不能实现？这

---

[1] 《速请一律改缩禁烟期限折》，《锡良遗稿：奏稿》，第 815 页。

[2] 《力请强迫禁烟》，《大公报》1909 年 2 月 19 日，"要闻"。

[3] 《议定禁种罂粟确期》，《大公报》1908 年 10 月 24 日，"北京"。

[4] 《部议禁烟年限太宽恳请缩期禁种折》，《锡良遗稿：奏稿》，第 930—931 页。

[5] 参见《鸦片税收与清末新政》，第 328—382 页。

[6] 《停收土药厘税片》，《锡良遗稿：奏稿》，第 840 页。

[7] 《预筹土药税抵款》，《大公报》1909 年 1 月 8 日，"要闻"。

四省的迟缓禁烟势必影响整个禁烟的进程，此举不啻为弛禁之令，鸦片流毒仍将危害社会。[①]

无奈之下，锡良只得加强其辖区内的禁烟活动。他限令奉省吸食者在二十个月内实现减禁，具体而言，他派人详细调查，颁发牌照，按两个月换照一次，每次递减一成，以二十个月减尽，不准再有吸烟之人。[②]此后，锡良又以奉省咨议局请求缩短禁烟为由，一改二十个月内禁绝之目标，提前至宣统二年十二月为全省禁绝之期。[③]此一时期，奉天私贩鸦片的行为日渐增多，不少不法奸商为了获取更多利益，"多方夹带"入奉省。锡良又请清廷饬令税务处、邮传部转饬大连海关暨京奉铁路总局协同严缉，以杜绝此弊。[④]他还向直隶总督端方请求通饬各分局卡，对进出奉省的土药进行严密的查验。[⑤]与此同时，锡良加强了对官员禁烟活动的管理，如发现禁烟官员有不法行为，将进行严厉的惩处。其中处分最多的是官员违禁吸食鸦片，据统计，锡良在东三省时对孟庄等二十名违禁吸烟的官员，以专折的形式向清廷提议采取永不叙用的处罚方式，皆为清廷所采纳。[⑥]此外，锡良也对侵蚀禁烟专款的官员实行了严厉处分，如有官员赵长魁意图私占禁烟公款，经查证后，锡良立即对其实行撤销议员资格，永不准干预公事的处分。[⑦]锡良的禁烟活动还触及了边远的蒙古旗盟。他曾因听闻康平县属宾图王蒙界仍有种植罂粟之事，饬令地方官前往彻查，勒令去除。[⑧]

正是由于锡良的认真和措施的得当，奉天的禁烟活动已取得了显著的成绩，成为清末最先实现禁种的五省之一，到了1911年，外国洋药从法律

---

① 《复云南沈护院电》（宣统元年七月十九日），《锡良任东三省总督时外省来电》，中国社会科学院近代史研究所图书馆藏，档号：甲374-17。

② 《奉省改设禁烟公所折》，《锡良遗稿：奏稿》，第967页。

③ 《奉省禁烟拟照咨议局议案再行缩短期限折》，《锡良遗稿：奏稿》，第1068页。

④ 《请饬税务处邮传部协缉私贩土药片》，《锡良遗稿：奏稿》，第1068—1069页。

⑤ 《致端午帅》（宣统元年七月初八日），《锡良任东三省总督时外省来电》，档号：甲374-17。

⑥ 《戒烟复吸之张镇龄等请革职永不叙用片》《查明戒烟不力各员据实参劾折》《奏参戒烟不力之孟庄嵩庆二员片》《协领兴奎违禁吸烟请革职永不叙用片》，《锡良遗稿：奏稿》，第1051、971—972、1125、1171页；《锡督特参烟员》，《盛京时报》宣统二年四月初二日，"东三省新闻·奉天"。

⑦ 《候补佐领赵长魁请革职片》，《锡良遗稿：奏稿》，第1315页。

⑧ 《饬查蒙界私种罂粟》，《盛京时报》宣统二年六月二十二日，"东三省新闻·奉天"。

上也不准再进入，理论上已完成了禁烟的重任。[①]需要说明的是，在这五个最先禁种的省份中，云南与奉天两省的成绩多是在锡良任职期间取得的。此后，宪政编查馆在对比各省新政后发现东三省的禁烟新政可列入"优等"。[②]

　　总的看来，因清政府政策的转变和自身的认识等因素，锡良对禁烟一事非常积极，一度将禁烟视为"国家唯一之要政"，在他看来，"天下事固气为之也"，若能借民气复苏之时，因势利导，即可荡涤污垢，从而培养民众"转弱为强之精神"。正因如此，在他所辖的区域内，禁烟的成效颇为明显。当然，锡良的禁烟活动也存在着诸多不足，如其利用官方力量强制限期禁绝鸦片的种植，但由于禁烟太急，许多补救性的措施未能发挥作用。这不仅使清政府面临着严重的财政危机，亦使广大民众的生活难以为继。在个别地方，反抗官府铲除烟苗的活动屡有发生，官民矛盾尖锐，影响了地方社会的稳定。[③]在禁烟过程中，锡良非常注重疆吏的作用，将疆吏看成禁烟活动成功与否的关键，[④]这就使其禁烟活动出现了某种不确定性。如在云南，李经羲接替锡良出任云贵总督后，原先严厉的禁烟举措逐渐被放弃，禁烟活动出现了反复。

---

① 参见《晚清奉省禁烟运动探微》，《世纪桥》2007 年第 2 期。
② 《东三省特优之新政》，《大公报》1910 年 8 月 21 日，"北京"。
③ 《云南鸦片问题与禁烟活动》，第 182 页。
④ 《部议禁烟年限太宽恳请缩期禁种折》，《锡良遗稿：奏稿》，第 931 页。

第四章　预备立宪时代中央集权与
地方分权的改革论争

　　受到西方政治思潮的影响，西方的政治制度对中国的影响愈发深刻。特别是随着《辛丑条约》的签订和清末新政的展开，为了适应新式的军事、教育文化制度的推行，新式管理机构在各地逐步建立，新的治理方式逐渐进入中国政治体制。而立宪派的兴起和革命党人的起义活动，无疑使清政府敏锐地意识到了需要新的治理方式。于是，清廷在 1905 年派五大臣出洋考察宪政，为预备立宪做准备。1907 年，清廷又发布预备立宪诏书，一场更为深刻的政治体制改革提上了日程。然而，政治体制的改革往往触及权力的重新协调和利益的重新分配，即谁将获得、何时和如何获得的问题。正当这一改革即将展开时，清王朝的掌舵人慈禧太后和光绪帝于 1908 年先后去世，"懦弱"的醇亲王带着宣统皇帝溥仪匆忙上台，要带领大清王朝走向新的未知的政治方向。而少壮派满蒙亲贵粉墨登场，推行"中央集权"政策，试图整合中央与地方的政治关系，有意收回地方权力，这使地方督抚与清中央的矛盾冲突日渐加剧。在宣统年间，地方督抚与清廷之间围绕着这一问题展开了诸多博弈，这使得原本就纷繁复杂的局势变得更加诡谲，成为清末政局剧变的重要因素之一。在这一博弈过程中，颇为知名的有盐政改革、督抚联衔请愿国会等事件，而锡良作为地方督抚的重要代表（常以领衔人的身份）积极参与其中，因此，透过锡良我们能更直观地看到这一时期中央与地方行政关系的演进。

第一节 集权与分权之争：盐政的集与分

在清末新政举办的过程中，地方督抚通过练兵、筹饷等活动进一步扩大了军权和财权，使清廷更加难以控制。这时，清廷迫切希望能够加强中央集权，削弱地方督抚的权力，而地方督抚则试图维持和扩大其权力，这使清末中央与地方的关系日趋紧张。而这种紧张在宣统二年二三月间爆发的地方督抚与度支部争夺盐务的权力之争中表现得较为明显。

一、收回盐权的提出

盐税是中国历代统治者的主要财政来源之一。到了清末，由于地方督抚势力的膨胀，这一税收的大部分已然为地方督抚所掌控。当时，地方督抚所办"新政举行，罔不取诸盐利"。[①]而随着新政改革的推行，盐税更是地方督抚增加财政收入的重要来源。

正因如此，面临严重财政困难的清中央有意收回这一利权。当时，各地盐务管理颇为紊乱，矛盾百出，这就给了清中央介入地方盐政的机会。时任度支部尚书载泽即以盐政要政立待整顿，非切实筹画不足以除弊为由，与清廷商议设立盐政处，专司筹办一切盐务事宜。[②]由于这一盐政改革会损害地方督抚的利益，因此清廷并不愿贸然做出决定。此后，载泽委派晏安澜[③]等人对各地盐政进行考察。晏安澜等人大约自宣统元年六月至十月间，历时半年，对江苏、浙江、河南、安徽、江西、湖南、湖北等七省盐务进行了

---

① 《清史稿》卷 123，第 3637 页。

② 《度支部请设盐政处》，《大公报》1909 年 3 月 23 日，"要闻"。

③ 晏安澜系江浙人士，1909 年 3 月充宪政编查馆参议官，不久署右参议，官四品。他曾上书载泽，建议盐法改良，对食盐官卖、就场征税以及官运商销等方法进行分析，指陈利弊。他强调："以上三法关系重大，其中有无窒碍，亦非切实调查不可。"（金兆丰：《镇安晏海澄［安澜］先生年谱》，《近代中国史料丛刊》第 491 册，台北：文海出版社，1969 年，第 173—180 页）其建议为载泽所采纳。

调查。晏氏回到北京后，将这一次的调查结果向度支部做了报告。在该报告中，晏氏指出盐务整顿不应"规目前之小效"，而应"务根本之远图"，建议将用人和行政事权控制在中央手中。其言曰：

> 今为整顿盐务计，而徒于淮浙一隅画地为理财，尔疆我界，仍有灌注之虞。此盈彼亏，公家又乏酌剂之术，政令既涉分歧，办法亦多牵掣，自非总持全局、统一事权不足以素龃纲而齐权政。应请将各省盐务用人、行政宜厚集中央，以资整饬。①

载泽将这一意见向清廷奏明，于是有了督办盐政处之设。宣统元年十一月十九日，度支部再次向清廷奏陈"各省盐务纠轕纷纭，疲敝日甚，非统一事权、修明法令无以提挈大纲，维持全局"，建议设立督办盐政大臣，"凡盐务一切事宜，统归该督办大臣管理"。②此时，清廷显然以为掌握了各省盐政积弊，即可对各省盐政进行整顿，因此，任命度支部尚书载泽为督办盐政大臣，产盐省份各督抚则为会办盐政大臣。随即，载泽致电各督抚要求整顿盐政积弊。③与此同时，为了约束和纠正各地盐政的混乱，督办盐政处开始着手起草和制定整顿盐政办事章程。待到宣统二年正月十九日，载泽率先将督办盐政章程的主要内容电达各省督抚，即"巧电"，曰：

> 各省制台抚台鉴。洪。本月十六日，本处合奏督办盐政章程，奉旨：依议。钦此。自应以奉旨之日为施行之期。查章程内开及：收发、征存、动拨款项、核覆、奏销、考成、交代等事，均由部办理；一切增革损益事宜，由督办主持，合部办理；用人行政，一切均由督办主持；其向由督抚具奏之件，即由督办主稿，会同督抚办理；遇有重要事件，得由督办单衔具奏，凡与地方关系事件，由督办会商督抚办理；紧

---

① 《镇安晏海澄（安澜）先生年谱》，《近代中国史料丛刊》第491册，第197—199页。
② 《督办盐政大臣载泽奏为拟请裁撤督办盐务大臣将盐务归并度支部直接管理事》（宣统三年五月十三日），中国第一历史档案馆藏，录副奏折，档号：03-7510-027。
③ 《关于整顿盐务之要电》，《大公报》1910年1月21日，"要闻"。

急不及会商者，即由督抚办理，仍电咨督办查核；各省督抚于该省盐政改良方法，得随时咨商督办核办；缉私各营，统归督抚管辖，仍由督办节制；各省盐务新旧正杂一切款项，应由运司及各总局详请督办报部候拨，外省不得擅动；其各省动支款项，先经奏咨核准者，得详请督办核明，照旧接收；向系捐助地方义举等款，应报明督办查核；各衙盐务规费，由运司盐道各总局详明督办酌量办理，运司盐道各总局遇有要事，应报督办得径行详禀，应行报部事件，由督办转咨等语。兹举大要，先行电闻，余俟咨达，并希转饬运司盐道等一体遵照。督办盐政处。巧。[①]

从该电内容上看，该章程明显地将各督抚动用盐款、用人行政、奏事等权限剥夺，如按照该章程进行，盐政一切事宜均须经过督办之手，各督抚在其中虽亦有建言盐政改良方法、管辖缉私各营等职责，并可在督办核查和允准下动用盐款，但只是协助督办进行管理工作，不再能相对自由地动用盐款。事实上，依照督办盐政处的规划，地方督抚在盐政方面的权力将会极大地压缩，被剥夺盐政的财政权和人事管理权，从一个主管盐政的领导者，变成盐政处的附属者。这对极为依赖盐政款项的各省督抚而言，无疑是巨大的灾难，是难以接受的方案。因此，在得到该电后，各督抚间即纷电交驰，一致表示要联合反对此政策。

二、中央与地方之博弈

（一）第一次盐政电争

当时出产和销售盐的省份和地区，主要是两淮、长芦、闽浙、山东、广东、云南、四川、奉天等。从目前的研究和资料来看，最先表示要向盐政处发难的是直隶总督陈夔龙。他认为盐政处设立以来，"对于整顿盐务各事既

---

① 《度支部来电》（宣统二年正月十九），《锡良任东三省总督时京师来电》，档号：甲 374–45。

无一定办法，专为中央集权计，置会办大臣于不问"。① 因此，他颇为不满，于二月十八日发通电给各督抚，请各督抚讨论盐政处章程，以便联合反对。此时距盐政处所发"巧电"的时间已有一个月，督抚的联合似乎显得略为缓慢。一种可能的解释是，各有盐省份的督抚拿到盐政处章程和咨文，经过一段时间的研究、通气和酝酿后，意识到盐政改革将触及他们共同的利益，因此有针对地指摘盐政处所列纲目草案，提出各自的意见。此时陈夔龙能拿出联衔电奏的初稿，表明他在此之前已与部分督抚进行过沟通，具有了初步联奏的意向。

在该初稿中，陈夔龙对盐政处奏定章程第十八条、二十一条、二十四条、二十八条等条目进行了批驳，亦围绕着盐款、用人行政、奏事权限等问题一一指出盐政处之非，谓：

> 查运司盐道既有事，故需员署理，势必不容迟缓，如由督办盐政大臣核明派署，邻近各省已难朝发夕至，其在边远省份，履任必需时，窃恐旷日持久，贻误滋多。盐属各员，向系按班序补，最为公允。今以预保之员，酌量补用，其未经列保者，终身无补署之望，未免向隅。各省司道府等官，年终密考，系由督抚亲草缮呈，何等慎重。若专将运司盐道咨由督办盐政大臣核定会奏，既不足以昭画一，且所谓密考折，专备恭呈御览，如彼此事先商酌，再行核定，尚复何密之有？运司盐道大计及盐务大臣大计甄别，亦与年终密考情事相类，似应仍由督抚一并就近考察举劾，较为核实。至盐务新旧正杂款项，当此清理财政之时，外省自不得擅动，然遇有紧急之需，亦不得不先行酌拨，俾免贻误，惟须分别奏请，以备查核。②

尽管该稿中有"但期盐纲有盈，决不稍参私意于其间"之语，陈夔龙仍明显地表达了对盐政处剥夺督抚动用盐款、用人行政及奏事权限的不满，反

<hr />

① 《直隶反对盐政处之政见》，《申报》1910 年 4 月 6 日，"紧要新闻一"。
② 《陈筱帅来电》（宣统二年二月十八日），《锡良任东三省总督时外省来电》，档号：甲 374–17；《督抚反对盐政》，《盛京时报》宣统二年三月十四日，"中外要闻"。

对盐政中央集权。他认为,"督抚虽有会办之名,仅负缉私之责,而于用人行政各端,悉难过问","揆之政体,似有未宜",可见其责问之意仍很浓厚。幸此稿乃初稿,陈夔龙亦在文末言明"尊处如以为然,即请电复,以便会列台衔电奏","原稿如须增改之处,亦祈详示遵办"。①

关于这次督抚商议的资料,笔者目前未能查找到完整的记录。但可以肯定的是,经过往复电商后,督抚联衔电奏的定稿最终成型,于宣统二年二月二十四日由陈夔龙处向军机处电请代奏。②相较于陈夔龙的初稿,这一次电稿批驳的主旨并未发生多大变化,只是添入了盐政章程第十条作为批驳对象。在该稿中,最大的变化当为措辞更为委婉了。如谈及督办盐政处难以通过预保盐官时,说"至如云南提举一官,向由知县通判升补,寻常委署尤不拘盐职,经由司道就通省各员反复精选,尚难称职,兹仅责盐道就到省盐职加考补用,更难收因地择人之效";又如谈及督抚无法动用盐款的弊端时,说"其在受协省份,接济未到,往往挪东补西,边饷要需,无论何款先行凑拨,止能于年终奏销划清。若非特别动支,亦难随时咨报"等语。而在指出盐政处所定章程存有诸多弊端后,锡良等人并不似初稿那样直接责问,而是谓:

> 良等……详查情形,于用人行政诸端,不无窒碍难行之处。督办大臣公忠体国,中外交推,当议章之时,固期认真整顿,兴利除弊。第于各省情形或未深悉,良等忝膺疆寄,既有见及此,若竟缄默不言,转恐将来弗利推行,诸多贻误,未免失内外相维之意。兹经往返电商,意见相同。所有督办盐政大臣原奏章程,宜如何酌量变通以资遵守之处,应请旨敕下会议政务处详察,核议施行。再盐务纠纷,各省情形不一,兹仅略举大纲,其余详情应由各省随时分晰具奏,合并察明。谨请代奏。③

总的来看,锡良等人试图以载泽等人缺乏地方经历,难以了解地方政府

---

① 《陈筱帅来电》(宣统二年二月十八日),《锡良任东三省总督时外省来电》,档号:甲 374-17;《督抚反对盐政》,《盛京时报》宣统二年三月十四日,"中外要闻"。
② 《陈筱帅来电》(宣统二年二月廿四日),《锡良任东三省总督时外省来电》,档号:甲 374-17。
③ 《陈筱帅来电》(宣统二年二月廿四日),《锡良任东三省总督时外省来电》,档号:甲 374-17。

运作的复杂性，无法及时、快速地调整盐务人员等因素，说明盐政处章程之不合理性，并以内外相维之意，希望清廷能维持现状，仍由督抚掌管盐政事务。值得注意的是，这次原本由陈夔龙组织发起并由其实际主稿的电奏，未知何故，最后变成了由锡良领衔，直督陈夔龙、粤督袁树勋、滇督李经羲、江督张人骏、川督赵尔巽、东抚孙宝琦、晋抚丁宝铨、奉抚程德全、浙抚增韫等九员参与的电奏。这是督抚们第一次联合反对盐政处所定章程。

对于此次联奏，锡良的态度亦颇为积极。除了领衔外，锡良在接到陈夔龙的初稿后，当日即予以回复，表示赞同，认为"承示大稿，语语破的，至深钦佩，请即挈衔会奏"，同时他就东三省情形请陈夔龙添入符合其利益的文字。如锡良以东三省系设立盐局派委总办，拟请增入第十八条后，添入"第十条，各关栈局所总办，由督办盐政大臣遴选京外合格人员，分别奏咨派充"等语；又"遵查运司盐道"句下，拟请增入"暨盐局总办"五字；又如"由督办盐政大臣奏明派署"句，拟请改为"由督办盐政大臣奏署委派以并政处一并核议施行"等句。① 这些建议部分在定稿中有所体现。但总体上，锡良在此次电奏中仍属于参与者的身份。

清廷在得到督抚的电奏后，于次日即发来谕旨"各省情形不同，随时与督办大臣商酌办理可也"。② 此后，清廷又发布谕旨"盐政关系重要，必须内外相维，着督办盐政大臣会商各该督抚详议具奏"。从这些谕旨来看，清廷一方面要求地方督抚"随时"与督办大臣商酌盐政，另一方面又要求盐政督办大臣要内外相维，须会商各该督抚详议具奏。这样的态度似乎暧昧，但实际上清廷显然在肯定督办盐政处的作用，要求地方督抚与盐政处商议盐政事务。

因此，尽管遭到各省督抚的反对，盐政处仍主张推行盐政的中央集权。到了三月初四日督办盐政处复电各督抚，对各督抚的奏陈逐一进行拒驳。对于委署，盐政处认为，"运司盐道偶有事故，应行派署，该省自有预保之员，即预保无任，亦可由督抚临时遴员电商，经本大臣核定，一面电派赴任，一面会衔具奏"，"此项派署人员，既不须由京赴省，何致贻误日期"，至于各

---

① 《复陈筱帅电》(宣统二年二月十八日)，《锡良任东三省总督时外省来电》，档号：甲374-17。
② 《陈筱帅来电》(宣统二年二月廿五日)，《锡良任东三省总督时外省来电》，档号：甲374-17。

局总办，"如因前办之员期满，派员接充，即非刻不容缓之事，其遇有事故，急须派员接充者，亦可照派署运司盐道办法办理"。盐政处以浙省有温处盐局总办一差，由浙抚电保三员，经盐政处核定，并未出现贻误情况为例，证明其能迅速及时地做出反应，这一方面应无须过虑。对于督抚提出的拨款问题，盐政处认为，其所谓拨款问题乃指未经度支部会咨核准之款，"盐务系奉旨归本大臣管理，未经核准拨用，外省自未便擅动，将来如果有紧急之需，必须动用盐务款项，飞电相商，自可酌量拨给"，若挪用盐款而不先行咨报，则与定章不符，碍难通融办理。对于盐员委署差委，盐政处则表示愿意稍予变通。至于年终大计密考，盐政处认为，其负责督办盐政，自有考核盐官之责，"惟运司盐道年终密考，既未便事先商酌，即应由督、会办大臣各抒所见，分别填注，自行陈奏，无庸会奏"，其他则仍应照章办理。最后，盐政处表示"以上各节均经详细声明，其稍有窒碍者，亦经酌量变通"，"惟盐务关系重要，章程一日不定，即办事无所遵循，诚恐往复互商，徒稽时日，拟即由本大臣专折具奏，候旨定夺"。^①随即，载泽将此意上达清廷，请得谕旨。三月初四日，内阁即发布了上谕：

> 督办盐政大臣载泽奏遵旨详议一折，各督抚电奏盐政章程不无窒碍各节，既据该大臣详细声明，酌量变通，应如所奏办理。各省盐务纠轕纷纭，非统一事权，不足以资整顿。各该督抚等务当谨遵上年十一月十九日谕旨，与该大臣和衷共济，妥协办理，以副朝廷整饬盐纲之至意。^②

从锡良所存档案来看，这一谕旨率先由督办盐政处于三月初五日向各省督抚通报。^③由上可知，督办盐政处无疑认为，用劝说等方式与地方督抚进行电文上的协商，难以消弭双方的制度理念和利益纠葛的鸿沟，因此直接向清廷奏明请旨办理，希望用清廷的权威压制住督抚们的不满。而清廷在谕旨中指出督办盐政处已详细声明，回应了各督抚所提窒碍的问题，要求各督抚

---

① 《督办盐政处来电》（宣统二年三月初四日），《锡良任东三省总督时京师来电》，档号：甲374-45。
② 《光绪宣统两朝上谕档》第36册，第57页。
③ 《督办盐政处来电》（宣统二年三月初五日），《锡良任东三省总督时外省来电》，档号：甲374-17。

"应如所奏办理"，并再次强调各省盐务"非统一事权，不足以资整顿"，鲜明地支持督办盐政处的主张。对于盐政处的回复和清廷步步紧逼的盐务集权要求，各省督抚并未轻易放弃抗争，而是迅速协商，筹议应对之方。

（二）第二次盐政电争

在接到盐政处复电后，陈夔龙于该年二月二十五日表示，"各省情形不同，随时与督办大臣商酌办理可也"，希望各省督抚各自与盐政处大臣接触。可知，他认为不应再集体与清廷抗争了。陈夔龙之所以做此回复，关键性的原因是担心再次联奏，会给清廷留下与中央争夺权力的印象。这从后来部分督抚的言论中也可见一斑。

经过一段沉寂后，各督抚显然并不甘心就此妥协，于是再度向锡良请教方法。如四川总督赵尔巽三月初六日来电："督办盐政处来电，尊处如何办法，祈示。"[1] 云贵总督李经羲三月初八日来电："盐政大臣啸电告，昨已电传谕旨，尊处如何办法，事关大局，敬祈教示。"[2] 对此，锡良认为有继续集体抗争的必要。三月初八日，锡良致电直隶总督陈夔龙，表示："盐章未允变通，关系甚大，卓见如何，仍祈筹示。"[3] 对此，陈夔龙虽表示督办"各省盐政竟不许督抚单衔具奏，窃恐无此体制"，"鄙人对于此节，殊觉难表同情"，但认为此时盐政处的奏咨尚未到达，各督抚在接到原奏后，"如有卓见待抒，似不妨各自陈述大局，亦未便一味依违"。[4] 由此可见，陈夔龙也有意继续抗争，但态度暧昧，希望"各自陈述大局"，又"未便一味依违"，只是不知是向清廷各自陈述，还是督抚间各自陈述？

性格"卞急"[5] 的锡良显然已看出各督抚已有联合的意向，随即致电各督抚表示"新定盐务章程窒碍甚多，关系甚大"，"鄙意似仍以联衔为妥"。为此，他还拟定了电奏初稿，发给各省督抚会商增改，表示"尊见如以为

① 《成都赵次帅来电》（宣统二年三月初六日），《锡良任东三省总督时外省来电》，档号：甲374–17。
② 《李仲帅来电》（宣统二年三月初八日），《锡良任东三省总督时外省来电》，档号：甲374–17。
③ 《致陈筱帅电》（宣统二年三月初八日），《锡良任东三省总督时外省来电》，档号：甲374–17。
④ 《陈筱帅来电》（宣统二年三月初十日），《锡良任东三省总督时外省来电》，档号：甲374–17。
⑤ 沃丘仲子（即费行简）：《近代名人小传》，北京：中国书店，1988年，第54—55页。

然，请即电复，以便会奏"。① 由此，锡良已从反对盐政章程的参与者变为反对盐政章程的组织者。以往的研究认为，第二次领衔发起反对盐政处章程的人物是两江总督张人骏，② 这显然并不确切。

陈夔龙在看过该稿之后，率先于三月十二日电复锡良，表示"大稿剀切详明，足补前奏所未及具见，苾筹周密，钦佩莫名"，"如各省意见多数相合，即请挈衔电奏"。③ 三月十三日，两广总督袁树勋电复称"盐政关系至重，自应据实上陈，以冀一当"，还以咸同之"中兴诸臣"为例，认为疆臣在内外臣工不负责任的情况下，当毅然任天下之重，并对中央集权进行了批驳，称"财政、军政两端尤惧惊集权之虚名而受实祸"。对于锡良的电稿，他认为，"来稿词意详尽，极佩"，"乞即挈衔入奏"。④ 浙江巡抚增韫于该日表示"承示各节，鄙意深以为然。完其事后，多所窒碍，弗若事前披沥直陈，愿列衔名"。⑤ 丁宝铨亦表示"承示会奏电文，筹虑周详，持论尤极警透，遵当随同列衔"。⑥ 赵尔巽认为"卦稿（锡良前电稿发出时间为韵目代日的"卦日"，故称"卦稿"。下"卦电"同）周至，佩甚"，"如各省同情，即请挈衔会奏"。同时，他还指出，"朝廷重在事权统一"，但盐政因各省盐务复杂，且"若果用人行政皆可集权中央，则督抚可不设矣"。直言中央集权之非，并指出盐务直接之难。⑦ 三月十四日，两江总督张人骏复电称"卦电悉。具征语担斥两，裨益盐纲，实非浅鲜，敬请挈同敝衔会奏"。⑧ 同日，云贵总督李经羲亦表示，"卦电读悉。奏稿指陈利弊，勿欺有犯，老成谋国，极佩公忠。督办前奏，独断独行，已失一'会'字主义，皆由不持大体，未谙外情，度不过二三好事组织其间，徒以中央集权为唯一目的，此稿层层说透，当能动听。鄙意极表同情，设再无效计，惟有我行我素，请即挈衔具奏，并

---

① 《致各省督抚电》（宣统二年三月十二日），《锡良任东三省总督时外省来电》，档号：甲 374-17。
② 何亮：《清末盐政改革——以中央与各省关系为视角》，《华中师范大学研究生学报》2009 年第 4 期。
③ 《陈筱帅来电》（宣统二年三月十二日），《锡良任东三省总督时外省来电》，档号：甲 374-17。
④ 《袁海帅来电》（宣统二年三月十三日），《锡良任东三省总督时外省来电》，档号：甲 374-17。
⑤ 《增固帅来电》（宣统二年三月十三日），《锡良任东三省总督时外省来电》，档号：甲 374-17。
⑥ 《丁衡帅来电》（宣统二年三月十三日），《锡良任东三省总督时外省来电》，档号：甲 374-17。
⑦ 《赵次帅来电》（宣统二年三月十三日），《锡良任东三省总督时外省来电》，档号：甲 374-17。
⑧ 《张安帅来电》（宣统二年三月十四日），《锡良任东三省总督时外省来电》，档号：甲 374-17。此处"具征语担斥两"，疑为摘录之误，然手头无原文，只能暂时如此。

宜从速决定，勿再增删"。①

当然，有部分督抚担心再度联衔电奏，与中央争权的迹象太明显，故有迟疑、反对的声音。三月十五日，闽浙总督松寿婉转表达反对意见。他回电称："督办不候会商，遽行奏复，所议仍多窒碍，自是实情"，"惟疆臣一再联衔电驳，近于争权，且各省盐务情形不一，似不如单将利弊泣容陈奏，较为合宜"。②山东巡抚孙宝琦虽表示"督办不候会商，遽行复奏，不顾各省之窒碍，令人难堪"，"此事一再联衔电驳，近乎内外争权，政府难以转圜，不如单省从容各自陈奏，出以和平，亦必可变通"，但最后表示"近来中央政令行不通者太多，疆吏掣肘不止，盐政似不值为此争气，尊见云何，倘各省均允列衔，琦亦不敢独异，仍祈示遵"，态度颇为圆滑。③此外，陕甘总督长庚迟至三月廿日方才回电，称"读卦电，佩甚！"此时他虽亦受孙宝琦之电的影响，请锡良"思其次之意"，但表示"此事所关甚巨，不知各省奉复尊处者云何。如以联衔为是，即请俯挈贱衔具奏，否，亦希裁夺"。④只是，此时督抚联奏电稿早已拍发，故未列其衔。

总的看来，多数督抚均对锡良电稿联衔的主张非常赞同，部分督抚虽有不同意见，但明显反对盐政处的主张。但这并不表示该稿完全由锡良一人主导写就。事实上，陈夔龙在其议复之电中即对具体文字进行了修正、增添，此后，还曾有意对文稿进行修正，只是电稿已发未能添叙。⑤赵尔巽亦在其回电中对盐政款项管理、挪借和用人行政之意进行了表述，请锡良采纳。李经羲亦曾奏请锡良"来电间有讹字，译奏时望饬细加核对"。因此，该电稿是各督抚集体讨论之结果。

这一次电奏于三月十五日早晨发电，仍以锡良联衔，参与者则有陈夔龙、张人骏、赵尔巽、袁树勋、李经羲、程德全、丁宝铨、增韫等九人。相较第一次复电，人数略为减少，但若考虑到因回复过迟而未能参与的孙宝

① 《李仲帅来电》（宣统二年三月十四日），《锡良任东三省总督时外省来电》，档号：甲 374–17。

② 《松鹤帅来电》（宣统二年三月十五日），《锡良任东三省总督时外省来电》，档号：甲 374–17。

③ 《孙慕帅来电》（宣统二年三月十五日），《锡良任东三省总督时外省来电》，档号：甲 374–17。

④ 《长少帅来电》（宣统二年三月廿日），《锡良任东三省总督时外省来电》，档号：甲 374–17。

⑤ 《复陈筱帅电》（宣统二年三月十五日），《锡良任东三省总督时外省来电》，档号：甲 374–17。

琦、长庚二人，则此次电奏实有扩大之趋势。

在这一约一千一百六十字的电奏中，锡良等人进一步阐发了第一次联奏的内容。主要是围绕盐政章程，进一步阐述载泽等督办盐政处人员难以适时、准确地把握复杂的地方政府运作。如该稿言及"盐务巨细事件至为纷繁，如修滩、筑坨、开井、增灶、建仓、添卡，以及盐引之借销、配运，暨井灶滩户之酌借成本诸事，不胜枚举"，"若改由督办主持，边远省份文牍往返，经年累月始得奉批，万一贻误盐运，或致酿事端，谁执其咎"。并且随着督办盐政处剥夺各督抚的权力，地方督抚与督办盐政大臣之间的权力将会出现错综复杂的情况，这样反而会进一步削弱政府对盐政的控制力，"恐新章颁布后，督抚之命令既有所不行，督办之考察亦有所不及，机关窒滞，庶务因循，将成痿痹不仁、涣散无纪之盐政，理乱益梦，其贻患有不胜言者"。在该稿中，锡良等人指出载泽等人侵夺地方督抚权限，甚至违反清廷旨意的问题，有"嗣准督办盐政大臣电告复奏大意，并称往复互商，徒稽时日"之语。①

因此，此稿使各督抚处于颇为有理、有利的地位。但是，第二次督抚电奏在实际上全盘否定了盐政处改革的合理性，无怪乎最初孙宝琦等人有督抚争权之忧。当然，也有督抚对此不以为然。如李经羲认为"若虑生意见，意见早成矣"，然使"疆臣人人无权，督办亦无从措手"，因此主张再次向清政府表达反对之意。而在督抚第一次电奏之后，清廷内部也出现了反对盐政章程的声音。首先，御史胡思敬等人以盐政处所行整顿盐务章程多欠完善，称此章程"揽权靡费"，"用人冒滥"，对其进行指摘。②各军机大臣亦对督抚的电奏表示同情，并认为盐务非各项行政可比，万非中央集权所能收效，加以盐务处所筹订章程诸欠妥善，无怪各督抚不认同，因此，他们有即奏请盐政处另行改订之意。③对此，载沣阅奏后"大为动容"。④

---

① 《至军机处电》（宣统二年三月十五日），《锡良任东三省总督时京师来电》，档号：甲 374-45。
② 《泽尚书拟辞督办盐政》，《盛京时报》宣统二年三月初十日，"中外要闻"；《盐政处并入财政处之先声》，《盛京时报》宣统二年四月十三日，"中外要闻"；《盐政处章程被指摘》，《大公报》1910 年 2 月 7 日，"要闻"。
③ 《枢臣对于盐务章程之抗议》，《大公报》1910 年 4 月 17 日，"要闻"；《对于盐务处章程之抗议》，《盛京时报》宣统二年三月十一日，"中外要闻"。
④ 《各疆臣会奏盐务续闻》，《盛京时报》宣统二年四月初四日，"中外要闻"。

　　未久，军机处向各督抚发来电旨："奉旨：锡良等电奏督办盐政大臣原奏章程用人行政诸多窒碍等语，着督办盐政大臣会商各该督抚，详议具奏。"①清廷的言语并未有太多的情感，一副公事公办之情。若对照前后两次督抚联合电奏，可以看出清廷的态度已有了些微的变化。第一次督抚电奏后，清廷将谕旨由盐政处拍发给各督抚，其潜在意思是盐政处为中央机关，各督抚在盐政问题上为盐政处附属。而在第二次督抚电奏后，清廷的谕旨则由军机处这一传统权力机关来传达，表明清廷已偏向中立，督抚与盐政处大臣有内外相维之意，企图以此来缓和日渐激化的中央与地方的关系。即便如此，由军机处这样的传统中央核心机构传达谕旨，强调督办盐政大臣的作用，无疑表明盐政集权中央乃是清廷的某种共识。

（三）第三次盐政电争

　　三月二十日，载泽以督办盐政处的名义通电（即"皓电"）各督抚，表示其毫无成见，请各督抚就"原章窒碍之处，究应如何变通，使督抚与督办各分权限"，但又坚持"盐政处仍不失为直接行政权限"，"此次会商未经定议以前，盐务一切事宜，仍暂照原章办理"。②可知，载泽虽摆出了与各督抚协商的立场，但仍旧希图维持其盐政中央集权的立场。

　　于是，督抚再一次互相电商应对之策。因为已有两次督抚联衔电奏，中央与地方争权之迹已非常明显，这一次督抚们对于是否继续进行联奏出现了明显的意见分歧，部分督抚对此更为忌惮。所以，当得到盐政处的电文后，张人骏即有意直接与盐政处会商。他通电各省督抚表示"盐务情形，各省不同，既准来电，骏拟就两淮应行变通事宜加以参酌，电请盐政处会奏"。③可知，他不愿再度联衔电争。增韫则有意由锡良代表督抚先与督办盐政大臣载泽相互电商，待商定办法后，"请仍由清帅主稿与督办商定后再行会奏"。④显然，他也有担心争权之意，因此提出由锡良代表督抚，以督抚群体的力量

① 《军机处来电》（宣统二年三月十六日），《锡良任东三省总督时京师来电》，档号：甲374-45。
② 《督办盐政大臣来电》（宣统二年三月二十日），《锡良任东三省总督时京师来电》，档号：甲374-45。
③ 《张制台来电》（宣统二年三月廿一日），《锡良任东三省总督时外省来电》，档号：甲374-17。
④ 《增固帅来电》（宣统二年三月廿一日），《锡良任东三省总督时外省来电》，档号：甲374-17。

与盐政大臣商议的迂回方法。

对此，袁树勋则并不认同。他颇为赞同李经羲意见早成之说，谓："中央集权之说，则仲帅来电所谓'督抚无权则中央亦无从措手'，一语破的。此次皓电，既筹及督抚与督办各分权限，而下文又云'盐政处仍不失为直接行政机关'，是权而仍无所谓限也。窃谓中央如头目，各省如手足，以头目为发纵指示，以手足为捍卫，正交资为用。若曰头目径可以代手足之劳，而夺其捍卫之方法，犹日日责手足之运动，夫岂其然？故今日欲划分权限，无非复还其手足捍卫之能，如云头目仍可直接，似根本上仍有错误。"因此，他提议"此次会议必应针对原定章程而附以各省之利害，似宜各抒己见，即日汇电清帅处，仍请清帅主稿转咨，庶为一线"。①此后，他又提议针对原奏盐政章程中事关公共者，"则请清帅主稿、汇咨"，"事关一省利害有所变更者，则自应单衔奏咨"，"诸公意见相同，则应径推清帅起草，各省各抒所见，即电清帅"。②此电赢得了督抚们的支持。李经羲认为"海帅䜣电，头目手足之喻，精卓极佩！马电谓'针对原奏章程事关公共者，请清帅主稿汇咨，事关一省利害有所变更者由各省单衔奏咨'，所论至为扼要"，"此次会议应仍请清帅主稿会衔电复"。③赵尔巽认为，"盐务两番会奏，全系谋国谋办事利便，督抚负责任而非争权，此意可表白于天下。仲帅后段尤高，可否添入，祈酌。海帅漾电极正大极透澈，可释中央之疑，鄙见以为将此意由公主稿另函达枢，用益更大，咨复内暂可不言。高明以为，然否？"④可见，袁树勋的意见影响之大。

三月二十一日，陈夔龙致电锡良"仍祈主稿，挈衔电复"，"两次电奏力争之件，请分别叙入"。⑤赵尔巽则致电锡良、陈夔龙表示："顷准督办电，请详细议办。查此事重在明定大纲，各省地位相同，似仍应两公妥筹主稿。"⑥

---

① 《袁海帅来电》（宣统二年三月廿一日），《锡良任东三省总督时外省来电》，档号：甲 374-17。
② 《袁海帅来电》（宣统二年三月廿二日），《锡良任东三省总督时外省来电》，档号：甲 374-17。
③ 《李仲帅来电》（宣统二年三月廿五日），《锡良任东三省总督时外省来电》，档号：甲 374-17。
④ 《赵尔巽来电》（宣统二年三月廿五日），《锡良任东三省总督时外省来电》，档号：甲 374-17。
⑤ 《陈筱帅来电》（宣统二年三月二十一日，廿三日补钞），《锡良任东三省总督时外省来电》，档号：甲 374-17。
⑥ 《赵次帅来电》（宣统二年三月廿一日），《锡良任东三省总督时外省来电》，档号：甲 374-17。

此后，张人骏致电锡良等人："各帅电以各省盐务大纲相同，请由台端主稿会奏，骏亦表同情，俟即拟稿另电就商"，[①] 表明他同意联衔电奏。

至此，主张联衔电奏的督抚仍占多数，因此，锡良又成为督抚联衔电奏的主稿者。由上亦可知，各督抚已然展开了对联奏稿件内容的讨论。而从后来锡良组织的联奏初稿及定稿看来，很多言论均为锡良所采纳，所以，此次联奏的初稿与定稿仍是督抚群策群力的结果。

在得知多数督抚支持联奏后，锡良即于三月二十二日致电各督抚，明确表示要以力保督抚用人行政权限为其稿件的主要目标，谓：

> 鄙意此事最要主脑在明定用人行政。权限果应属，断难稍涉迁就，盐务若认督抚有用人行政之权，则原章触背各条自应删改，即各省窒碍情形，亦毋烦缕述，以后办事，内外不生意见，上下不至隔阂，实于盐务有裨。[②]

在此电中，锡良将用人权限和行政权限列为会商之对象。关于用人权限，锡良认为，派署运司盐道及派充盐局总办，由督抚预保或临时选员咨请督办大臣会奏派任，自可遵办。其余大小盐员，由于京外遥隔，督办大臣"未能周知"，一切补署调委，概由督抚主持并详报督办备案即可。此外，对于盐员的考察、举劾、大计、密考，督抚由于切近属员，故仍请由督抚奏参，督办仅负纠察之责，以示彰瘅。关于行政权限，锡良认为，督办大臣总理全国盐政，"但当规画大端"，"如有大兴革及特别重要暨关系数省或全局者，该管官得条具办法，分禀督办核示，督办亦得随时直接查询、会商督抚办理。其余之件，仍照前由督抚主持。既免彼准此驳之嫌，而公事亦无停滞耽延之弊"。遇有重要事件，督抚亦应有专折奏事之权，即便为会奏之件，"未公定稿，经督抚确知为窒碍难行者，亦应陈述所见，上达宸聪，方不失内外相维之意"。在锡良看来，"盐政坏乱至此，不先筹所以改善之法，而先

---

① 《张安帅来电》（宣统二年三月廿四日），《锡良任东三省总督时外省来电》，档号：甲374-17。
② 《致各督抚电》（宣统二年三月廿二日），《锡良任东三省总督时外省来电》，档号：甲374-17。

削督抚用人行政之权，可谓无治人无治法"。^①可知，锡良对于督办盐政处的做法非常不满。

三月二十三日，锡良又向各督抚发布了其对联奏草案增补的内容。这一次，他增加了督抚掌管盐款一条，谓：

> 养电计达。原稿"用人权限"一条内，拟改为"除盐官补缺应仍按班次外，一切委署委差自由概由督抚主持"；又"奏事"一条，拟添入一曰"奏事权限"一句，以清眉目；而另添"拨款权限"一条，文曰："盐务正杂各款照章固不得擅动，然遇有紧要急需，亦实难过于拘泥，应请准由督抚奏明指拨，分咨查核；又度支部前经奏明外销款项，果系实在应用，即予划留；现在外销均经报部，一省之大，巨细用款几于无日不有，若概须咨准始得动用，必致诸事束手，以后凡实在应用之款，应请准在报部外销盐款内随时支用，列册汇咨查核，如督办拨用各省盐款，亦知照各省备案"等语。祈裁酌。良。漾。^②

细绎前后两电，锡良意在从盐政处手中夺回用人、行政、奏事和盐款调用等方面的权限，这无疑会使督抚的权力在此次盐政改革中毫无损伤，如此则督办盐政处的权力亦将会完全被架空。若再读前两次督抚联衔电奏之内容，我们会发现，锡良此电的内容只是将前两次督抚的要求集中在一起，因此可以说，锡良的要求代表了各督抚的共同心声。所以，阅读了锡良两电后，不少督抚随即予以回应。陈夔龙说："顷奉漾电，更为周密，即希叙入前稿。"^③增韫说："养漾两电敬悉。原文于用人行政奏事拨款权限诸大端，规画分明，斟酌尽善，深佩卓见，请赐列名会复。"^④丁宝铨称："养漾两电均悉。尊电谓用人行政须定权限果应属，断难稍涉迁就，自是不易之论"，"详

---

① 《盛京来电》(宣统二年三月二十二日)，《赵尔巽档案》卷81，盐政处筹办会商盐政章程、开用关防、裁撤官运局、盐茶道改盐运使事与川督的来往文电，中国第一历史档案馆藏，档号：425。

② 《致各督抚电》(宣统二年三月十三日)，《锡良任东三省总督时外省来电》，档号：甲374-17。

③ 《陈筱帅来电》(宣统二年三月廿四日)，《锡良任东三省总督时外省来电》，档号：甲374-17。

④ 《增固帅来电》(宣统二年三月廿五日)，《锡良任东三省总督时外省来电》，档号：甲374-17。

绎来稿，所定用人办法及行政一应事宜"，"荩筹卓见，钦佩良深"，"至拨款一节……语尤透切，遵当随同列名会复"。① 即便此前对于是否联奏态度颇为游移的张人骏在阅读此电稿后也有了重大的转变，表示："台端拟于原稿添叙各语，益征周密，请即照办，大稿推阐备至，吾辈值此时势，祗期于事理推行无阻，现准赵袁两帅漾电用意正复相同，恳即汇达盐政处，弟不另行复陈矣。"② 至此，此次由锡良等八人组成的督抚会奏已然形成。较之前次电奏，此次联奏缺少了程德全，③ 但联奏的督抚区域并未改变，影响亦未减弱。

当然，这一电稿仍有许多不足之处，各督抚纷纷对该稿进行了修正。如赵尔巽指出："大稿于用人行政最为扼要，惟运司盐道派署及各局总办向来奏派者，自可咨商督办会奏派任。其不必奏派者，督抚可一面按格遴委，咨明督办。盐款通挪，似宜提及。凡奏咨有案协解各款，虽未指定盐款者及本省紧急需用，准督抚于盐款内先行凑拨，一面奏咨。至荀子曰一段后数语，似过重，或删或改，请妥酌定稿。"④ 陈夔龙亦指出："大稿赅括精当，极佩，请即挈衔译发。惟应请将'督抚奏参以示彰瘅'句，拟易为'仅可随时考核，奏明办理'。又'毋庸分禀'句，拟删去，可否，仍祈裁酌。"⑤ 袁树勋则对督抚之缉私、委署、奏参等管辖权限进行了阐述，指出："质言之则今日责任内阁未成立，而各省督抚尚能毅然自负责任，徒以事权尚属耳。并此去之，则各省乃无复负责任之人，而事不可闻矣！此言中央集权者所当深知，更非内外争权之比。我辈居今日，既恪遵谕旨，本于内外一致，则外省利害不能不尽情相告，毫无意见之存。如虑督抚权限，其为私也，则督抚之去留，固在朝廷，谁能自专？其为公也，则同为国家办事，何苦去其手足而自危头目乎？此语似宜道破，以释中央之疑，至于盐务根本上整理，尚非数言所能尽，似应由各省体察情形，分别奏咨，饬部详细考核，以期实行改

① 《丁衡帅来电》（宣统二年三月廿五日），《锡良任东三省总督时外省来电》，档号：甲374-17。
② 《张安帅来电》（宣统二年三月廿五日），《锡良任东三省总督时外省来电》，档号：甲374-17。
③ 奉天巡抚程德全因权力多为总督锡良所掌握而请求裁去其缺，后调补江苏巡抚。第三次盐政讨论开始后，他仍未到新任，因此未能参与该事。
④ 《赵次帅来电》（宣统二年三月廿四日），《锡良任东三省总督时外省来电》，档号：甲374-17。
⑤ 《陈筱帅来电》（宣统二年三月廿四日），《锡良任东三省总督时外省来电》，档号：甲374-17。

良，鄙见如此，乞清帅采择，汇咨并赐示。"①等等。

总之，在各督抚的联合协作下，第三次督抚联衔电稿方才得以完成。此次电稿系致电督办盐政处，请其会商盐政章程，以便代奏。这一稿件于三月廿六日晚上由锡良发至该处。②在该稿中，锡良等人再次从用人、行政、奏事及用款等四方面对盐政处章程进行了议复，其内容并未超出前两次电奏之范围。只是为释清廷争权之疑，这次联奏增加了袁树勋的头目之喻，并且删去了对盐政处责问的重话。即便如此，这一稿件仍难脱其浓重争权之本质，但各督抚对此评价颇高。如张人骏说："大稿逐层阐发，裨补盐纲，实非浅鲜，弥深感佩，大局挽回在此一举，且看如何。"③李经羲亦认为："会复盐政处电，语语切直，偏劳苤画，感佩莫名。"④

载泽在接获该电后，一面将其呈递给载沣等人，一面已准备好辞呈，拟辞去盐政大臣之差。早在第一次督抚联衔电奏后，载泽就颇为抵触，有意开去督办盐务大臣兼差，另简专员接替，以避嫌怨。⑤待到第三次督抚联衔会商后，载泽见无法开去兼差，拟将盐政事务附入本部财政处办理，以裁撤盐政处。⑥这显然不是清廷所愿看到的。

四月十一日，清廷发布上谕，对此次争权的地方督抚与督办盐政处均进行了申饬，谓：

> 督办盐政大臣载泽奏遵旨会商一折，朝廷慎重盐政，特派大臣督办，原令直接管理，以一事权而资整顿。惟因疏销、缉私关涉地方，故命各督抚会同办理。将据锡良等电奏，盐政章程，诸多窒碍，当经谕令该大臣会商各督抚详议具奏。兹据复陈会商各节，朕详加披览，该督等拟将用人行政悉归会办之督抚，是与从前督抚兼管盐政无异，朝廷何贵

---

① 《袁海帅来电》（宣统二年三月廿五日），《锡良任东三省总督时外省来电》，档号：甲 374-17。

② 《致各省电》（宣统二年三月廿七日），《锡良任东三省总督时外省来电》，档号：甲 374-17。

③ 《张安帅来电》（宣统二年三月廿九日），《锡良任东三省总督时外省来电》，档号：甲 374-17。

④ 《李仲帅来电》（宣统二年四月初二日），《锡良任东三省总督时外省来电》，档号：甲 374-17。

⑤ 《泽尚书拟辞督办盐政》，《大公报》1910 年 4 月 15 日，"要闻"；《泽尚书拟辞督办盐政》，《盛京时报》宣统二年三月初十日，"中外要闻"。

⑥ 《盐政处并入财政处之先声》，《盛京时报》宣统二月四月十三日，"中外要闻"。

有此特举耶？且于前两次谕旨，毫未仰体。至该督办大臣，受国重寄，应如何力任其难，认真筹办，乃此次仅据该督等复电具奏，意存诿卸，殊负委任，均着传旨申饬。所有盐务用人行政一切事宜，仍着照奏定章程办理，将来如有应行变通之处，着该督办大臣随时体察情形，奏明请旨遵行。盐务关系重要，自此次严切申谕后，务各懔遵前两次谕旨，和衷共济，相与有成。若各怀挟成见，因循积习，龂龂权限，贻误要政，惟该大臣与各督抚等是问，恐不能当此重咎也。将此通谕知之。①

虽然督抚与督办盐政处同时受到申饬，清廷亦鲜明地对督办盐政处的工作进行了支持，希望盐政改革能继续执行下去，但清廷并未采取进一步的措施给予盐政处帮助。对此，各督抚显然颇为了然。云南布政使沈秉堃在阅读了这一电旨之后，向锡良表示："恭读十一日电旨，朝廷势处两难，只得以一并申饬了之。"②可知，清廷在面对督抚们一致要求的情况下不得不与各督抚妥协，督抚们在此次盐政改革的博弈中获得了暂时的成功，这为后来各督抚们请愿国会等重大联合行动做好了准备。

此后，盐政处虽仍有整顿各省盐政之意，如盐政处曾向各省财政监理官查明各省盐务情形、设立盐务公所情形等，③但遭受的阻碍颇多。不得已，盐政处再次通咨各省会办大臣，嗣后各省盐务章程如有应行改订之处，务将各条详细签注送由本督办大臣详加核复议准后，方能照办，不得径行独断，致使将来无凭考核。④宣统三年五月，当时有评论评说，"督办盐政处自设置以来，迄今已历两载，而核其所办之事，除停选盐官而外，别无表见，但即此一事言之，亦全无所表见"。⑤为此，载泽在宣统二年九月间再次向清廷提

① 《光绪宣统两朝上谕档》第 36 册，第 99 页；《督办盐政大臣来电》（宣统二年四月十二日），《锡良任东三省总督时京师来电》，档号：甲 374-45。

② 《滇藩沈方伯来电》（宣统二年四月十六日），《锡良任东三省总督时外省来电》，档号：甲 374-17。

③ 《盐政处侦察各省盐政情形》，《盛京时报》宣统二年四月十七日，"中外要闻"；《各省设立盐务公所》，《盛京时报》宣统二年三月十九日，"中外要闻"。

④ 《盐政处与督抚》，《大公报》1910 年 11 月 19 日，"北京"。

⑤ 《盐政处竟沦落至此》，《申报》1911 年 5 月 30 日，"紧要新闻一"。

出辞职之请，① 只是未被清廷所采纳。到了宣统三年五月十三日，载泽再次奏陈要将盐政归入度支部管理。其在折中谓：

> 计自开办至今，一年有余，当盐纲困散之时，正新政繁兴之日，各省官绅或议筹款，或议变法，论说纷纭，盐务更不免大受影响。幸蒙圣明主持于上，臣得以粗举职事，尚无贻误。而任重才轻，时虞陨越。伏读钦定行政纲目，盐务职掌为直接官治，现在内阁成立，度支部已设国务大臣，盐务为财政之一端，自应隶于度支，拟请裁撤督办盐政大臣，将盐务归并度支部直接管理，以清权限而专责成。②

该折隐隐地透露出载泽对盐政改革遭到各省官绅抵制，难以有作为的无奈心境。由此亦可见，各督抚抵制盐政改革之坚决。而清廷因盐务为国家税收的主要来源，关系甚重，令载泽照常督办，不准其裁撤督办盐政处之请。③ 但清廷也清楚地看到督办盐政处已难完成改革盐政之重任。到了八月，内阁奏称："今日盐务难于整理者，其故有二，一在各省自为风气，不能祛官与商弊蠹；一由各省自保藩篱，不能谋国与民公益，是以销数则彼此悬殊，引地则动成争执。"根据这种状况，内阁提出改定盐政官制，设立专员，拟将督办盐政处改为盐政院，各省督抚裁去会办兼衔，惟盐务与地方关系事件，仍由各省督抚饬属办理，原设之各盐运使、盐法道，俱改为正监督或副监督，为盐务专官实缺。④ 清廷亦认为，盐政"事体重大，头绪纷繁，非设立专官，无以收挈领提纲之效"，遂谕令照其所议办理。⑤ 这是一个比较彻底的将盐务管理集中于中央的改革方案，也是改变过去盐务管理机构长期处于

---

① 《泽公拟辞盐务大臣差》，《大公报》1910 年 10 月 15 日，"要闻"。
② 《督办盐政大臣载泽奏为拟请裁撤督办盐务大臣将盐务归并度支部直接管理事》（宣统三年五月十三日），中国第一历史档案馆藏，录副奏折，档号：03-7510-027。
③ 《光绪宣统两朝上谕档》第 37 册，第 126—127 页。
④ 《清实录》第 60 册，《附宣统政纪》卷 61，宣统三年八月庚戌，第 1083—1085 页；《清代地方官制考》，第 421 页。
⑤ 《光绪宣统两朝上谕档》第 37 册，第 240 页。

附属地位，从而达到独立、自成体系的改革方案。[①] 这项改革却未来得及实施，因为不久即爆发了武昌革命，最终，清王朝盐政集权的梦想亦成泡影。

由上可知，自盐政处设立以来，清中央一直把盐政集权列为重要政策，虽然其间遭到督抚的一再抵制，这一政策始终未有改变。然而从实际效果上看，这一政策没有达到预期的目的。

从上文来看，盐政处的设立似乎是为了解决盐政纷乱的问题，实质是清廷试图推行中央集权、收回地方财政权力的活动，这自然引起了各省督抚的强烈反对。虽然如此，清廷并不为所动，仍坚持要推行中央集权的政策，这无疑进一步加剧了近代以来中央与地方的离心力，成为清末政治纷乱的重要因素。此后，地方督抚与清廷还在地方军队管理权、清理财政、编制财政预算、官吏公费等方面展开了诸多博弈。随着这些斗争的不断展开，锡良等人有了进一步联合的趋向，因为在这些斗争中督抚往往会由于利益的一致性而抱团。同时，锡良等人逐渐将自己的触角向中央展开。

第二节　督抚的反击：领衔督抚国会请愿运动

虽然盐政问题因地方督抚的强烈反对而停顿，但由此引起的余波却并未平息。随后清政府推出的地方官员公费、财政预算编制等财政体制的变革，在清末中央与地方财政均出现困顿的情况下使双方的矛盾进一步激化，清末政局变得更为动荡。

宣统元年五月间，赵炳麟在面见载沣时已提出宪政筹备应从预算逐年经费下手，量度财力而行。若不量度财力，逐年算定，仅凭京内外官员文牍往返，将重陷顾炎武所言"明之亡国，由于法制纷歧，上下相蒙"之祸。后来

---

① 丁长清、唐仁粤：《中国盐业史》（近代当代编），北京：人民出版社，1997年，第27—28页。

他专门上奏折，指出，巡警、教育、司法、自治等行政举措需费浩繁，倘不分年算定预筹的款，恐纸上之政治与事实之政治全不相符，"从纸片上观之则百废俱举，从事实上核之则百举俱废"，官员将"虚应故事"。同时他指出，自甲午庚子以来，新旧赔款不下十余万万，洋货侵入，土货不销，商务漏出者十年来不下二十万万，而练兵、新政以及铜元之损失等费皆取给于民众，"八口之家，不聊其生者，比比皆是"。因此要求清廷饬令各省确定行政经费并筹划民众生计，以使"民利可兴，用之不尽"。[①]考该折之内容，其旨意在于指出当前各省新政有名无实，且财力难以为继，因此需要核实各省经费，以确定应办之行政的轻重缓急，使行政与财政相匹配，防止出现上下相蒙、空文误国的状况。但该奏折并未引起清廷的重视。到了宣统二年，赵炳麟回籍省亲，见湖南民穷财尽，故再次向清廷要求检出原奏发交京外各署，速将九年筹备单内所列新政经费共需若干，从何筹定，分年列表，以轻民累。该折引起社会舆论极大的关注。随后，湖北布政使王乃徵向清廷上《预备宪政酌分缓急折》，他们共同认为新政须与财政相符合，需要名实相符。在这样的背景下，如何更有效地构建新的体制，这不仅涉及财政体制问题，也关乎政治体制本身的思考，最终引发了督抚联衔请愿国会等重大事件的发生。

一、借款造路论的提出

在清末督抚国会请愿中，锡良与瑞澂乃联衔电奏的领衔人物。所以，在有关请愿速开国会运动的研究中，他们受到的关注亦最多。国会请愿运动结束后不久，《东方杂志》即刊登了一篇署名为宣樊的文章——《宪政筹备问题》，对督抚参与请愿活动的前因后果做了论述：

　　　　此次缩改国会年限之动机，盖有远因、有近因焉。其远因则因近

---

① 《赵御史奏请确定行政经费》，《申报》1910 年 6 月 7 日，第一张第五版；《赵御史奏请确定行政经费续》，《申报》1910 年 6 月 8 日，第一张第五版。

年中央集权，事事掣督抚之肘，督抚之不慊于中央之所为非一日矣。中央、地方意见既分离，而各省督抚中之翘出者，则有东督锡、鄂督瑞二公。瑞与度尚有姻娅之亲，故对中央政府号敢言，锡则身受东省之祸变，大有不堪终日之势。而机会恰至，二督同时入觐，乃合谋国是，倡借债之议，通电于各省，以征意见。各省督抚既受度支部之牵掣，日苦无方，骤闻此论，而又重以锡、瑞二公号称最开明、最有力者之所倡，则虽有或虑其议之不行，然动机自此发矣。于是因谋借债而防流弊，因防流弊而思及国会、内阁之不可缓，及其结果乃舍借债之问题而有联合电请速开国会之举。请愿代表从而援之于下，资政院同时具奏，而此事乃告成熟。此其近因也。①

这段记述虽在一定程度上反映锡良与瑞澂之动机所在，并亦有助于后人了解督抚联衔奏请内阁和国会的来龙去脉，但其中仍有颇多史实值得商榷。从上文的分析得知，锡良、瑞澂二人是因"入觐"的机缘，乃得以"合谋国是"，倡言借款，但未说明双方为何要接触，为何是从借款入手，而不直接从国会问题出发。依据上文所示，锡良发起该议的原因是东三省"祸变"，瑞澂则似乎只是对清廷的中央集权政策怀有强烈的抵触情绪，且因其与度支部尚书载泽有亲戚关系，所以，二人就敢于联合电奏，这样的解释对暗潮汹涌、充满诡谲的官场显得过于理想化、简单化。

从前文可知，锡良、瑞澂均为奉命到京"入觐"，但二人的接触确有较多"巧合"。据报章报道，东三省总督锡良与湖广总督瑞澂，一人于二十三日午前到京，一人于二十三日午后到京，颇为凑巧。②锡良的政治顾问郑孝胥在日记中对此事做了记述：

> （宣统二年七月）廿三日，九点登车，晚七点到京入贤良寺。闻瑞莘如已到，亦居寺之西院。
>
> 廿四日……瑞莘如移归其宅，清帅移入西院。③

---

① 宣樊：《宪政筹备问题》，《东方杂志》第七年第十一期，论说，第278—279页。
② 《政海风云记》，《盛京时报》宣统二年七月二十七日，"中外要闻"。
③ 《郑孝胥日记》第3册，宣统二年七月廿三日、廿四日，第1272页。

可知，瑞澂率先到京，入住贤良寺，随即锡良到了该处所。但郑孝胥的记载指出，锡良是在瑞澂搬出西院之后方才入住的，这似乎是在暗示锡良并未直接入住贤良寺，如此，双方就不能在此时有所接触。然而，消息灵通的《大公报》颇为笃定地指出，锡良自入京后即居住在贤良寺内。[①] 而郑孝胥的日记并未说明锡良七月廿三日的行踪，因此，我们有理由相信二人是同住在贤良寺的。虽未知二人在此之前的交往情况，但同在屋檐下的两位总督显然免不了有一番礼节往来，这至少使二人有了初步的接触。此后，锡良与瑞澂又因商议要政，在庆亲王奕劻的府邸碰面。[②] 只是限于材料，笔者未能发现锡良直接与瑞澂有更进一步接触的证据。值得注意的是，在京期间，锡良的政治顾问郑孝胥与瑞澂的幕友诸贞壮[③] 有较多的交往。郑孝胥在其日记中留下了不少记录：

> （宣统二年七月）廿四日……诸贞壮来，谈久之乃去，还余吴仓硕所画《海藏楼图》，以《借债造路策》使携示瑞莘如。[④]
>
> 廿六日……诸贞壮来，言"借债造路，锡、瑞约会奏"。
>
> 廿八日……诸贞壮来，示诗一首，以裁厘加税案使余审定。
>
> 廿九日，诸贞壮来……[⑤]
>
> （宣统二年八月）初四日，诸贞壮来……
>
> 初五日……诸贞壮来，示会奏借债造路折稿，杨晳子来。[⑥]

案之前文可知，郑孝胥于到京之次日即通过诸贞壮向瑞澂展示了其《借债造路策》，又过了两日（即七月二十六日），锡良与瑞澂就达成了会奏借

---

① 《锡清弼国尔忘家》，《大公报》1910 年 9 月 5 日，"要闻"。

② 《枢臣会于庆邸密议要政》，《大公报》1910 年 9 月 13 日，"要闻"；《庆亲王府特开大会议》，《盛京时报》宣统二年八月初四日，"中外要闻"；《庆亲王府特开大会议》，《大公报》1910 年 9 月 4 日，"要闻"。

③ 诸贞壮，名宗元，别号大至居士，浙江绍兴人。其为南社诗人，在瑞澂幕府中颇多年数。（参见郑逸梅编著《南社丛谈：历史与人物》，北京：中华书局，2006 年，第 276 页）

④ 《郑孝胥日记》第 3 册，宣统二年七月廿四日，第 1272 页。

⑤ 《郑孝胥日记》第 3 册，宣统二年七月廿六日、廿八日，廿九日，第 1274 页。

⑥ 《郑孝胥日记》第 3 册，宣统二年八月初四日、初五日，第 1275 页。

债造路的意向。由此可知，郑孝胥的行为乃是在锡良授意之下进行的。从诸贞壮向郑孝胥告知双方达成会奏的行为来看，锡良与瑞澂显然在此期间曾就借款造路计划进行过深入的交谈。

至于二人为何能如此迅速达成联合奏请的意向，其中的原因颇为复杂。对于锡良而言，他此次晋京的一个目的就是为了实现锦瑷铁路借债计划。为了增加其计划实现的可能性，锡良需要寻求尽可能多的支持。而瑞澂与度支部尚书载泽是亲戚，当时锡良在很多财政问题上是与载泽存在着分歧和矛盾的，因此，若能交好瑞澂，势必会增加其计划实现的可能性。郑孝胥也向锡良建议"宜结好于泽、瑞，引为同志，如三联盟可成，必甚有力量"。[1] 所以，锡良显然展开过积极的活动，意图拉拢瑞澂。甚至在讨论借债造路过程中，锡良还请瑞澂直接对"各省有应复者联名径复"。[2] 这既表明锡良与瑞澂已有较强的政治互信，也表明在诸多问题上二人有着相似的观点。此后，无论是借债造路计划，还是速立国会问题，锡良与瑞澂均能达成一致，保持联合的态势，亦可证明双方拥有较多的一致性。而此时，瑞澂之所以选择与锡良展开合作，一个重要的原因是他也有借款造路的需要。早在张之洞任湖广总督时就有借债修造粤汉铁路的举措，宣统二年，出任湖广总督的瑞澂提出建设湘鄂铁路的想法，[3] 本已困窘的两湖财政难以支撑这些铁路的修筑，借债造路就成为其合理的选择。因此，当锡良提出借债造路之议，瑞澂与之一拍即合，迅速商议相关事宜。

正是在这一思路主导下，锡良与瑞澂在入觐时联合向摄政王载沣提出了借债造路之请，于是载沣要求二人拟定折件详细奏陈。[4] 此后，锡良、瑞澂二人的折件递上之后，载沣甚为赞成，但因事关全局，所以他又将该折件

---

[1] 据报道，锡良与载泽在盐务、币制解款借款等方面长期存在着矛盾冲突。此次锡良在京时又与载泽就纸币等问题当面发生冲突，不欢而散。为此，载沣还出面为他们进行调解。(《谕饬锡督泽尚之述闻》，《大公报》1910 年 9 月 7 日，"要闻"；《东督与度尚之龃龉》，《大公报》1910 年 9 月 5 日，"要闻")《郑孝胥日记》第 3 册，宣统二年七月廿八日，第 1273—1274 页。

[2] 《郑孝胥日记》第 3 册，宣统二年八月十二日，第 1276—1277 页。

[3] 《瑞督借款修路之办法》，《盛京时报》宣统二年九月十七日，"中外要闻"；李细珠：《张之洞与清末新政研究》，上海：上海书店出版社，2003 年，第 213 页。

[4] 《锡瑞两督联衔会奏之原因》，《盛京时报》宣统二年八月十七日，"东三省新闻·奉天"。

分交各部院议复。隔日,载沣召集军机大臣提及此事,又以"实行稍一不慎则贻误匪浅",饬令将该折件抄示各省督抚议复。^①这比较符合载沣暗弱、犹豫、摇摆不定的处事方式。

在该折件中,锡良等人分析了当时的立宪救国之说并提出了异议,认为"欲以政治兵力争胜于各国,一时万难倖胜,故上下内外今日种种设施,俱非解决根本之论,尤属缓不济急"。于是,他们提出"为今之计,惟有实行借债造路,可为我国第一救亡政策","借债乃十年以内救亡之要着,造路乃十年以外救亡之要着"的观点。在他们看来,该政策有两大优点:一则"吸收外债,以厚国力,以苏民困,则财政可一",筹备立宪"可以进行而无阻";一则可以"御中控外,势增百倍,斯时采用各国行政之法,决无扞格难行之虑",如此亦可以纠正清末各省新政"名谓百事具举,实则一事无成,耗时失时"之弊。于是,他们对造路和借债两方面进行了规划和分析。关于铁路,其言曰:

> 拟请朝廷速定大计,指明我国亟应兴筑之粤汉、川藏、张恰、伊黑四段干路,准以本铁路抵押,募借外债,以十万万为度,即由度支部、邮传部主持;一面议定借款,一面议定包工,限期十年完竣。其附属于铁路事业经营者,则责成路线所经各省将军、督抚、都统,妥为规画,次第兴办。即商民所立之实业公司亦准其以实有之资产抵借外债,以为补助。惟当由部臣定一商借商还之法令,不使与国际相涉。此令一下,世界当为震动,我国债票必将日涨,各国债票必将日跌。

在他们看来,此计划若能施行,"不特十年之后,可收铁路之益;即十年之内推行币制之时,可免于危险;不特国内宪政进行更速,即各国图我之谋,亦必苦财力不给,因而大挫"。所以,他们认为此乃釜底抽薪之法,若能先发制人,"可以不战而屈人"。为此,他们提出了"财政四时期"说:

---

① 《锡瑞二督封奏寄交各督抚议复》,《大公报》1910 年 9 月 21 日,"要闻";《锡瑞二督封奏寄交各督抚议复》,《盛京时报》宣统二年八月二十一日,"中外要闻"。

言者更征诸古今中外之历史，国家之盛衰，实视财政为消长。盖政治、兵力之竞争，万万不如财政竞争之有效，约而数之，可分为四时代：一曰本国财政完全之时代；二曰借债维持之时代；三曰债主代为维持之时代；四曰债主监督财政之时代。今日我国所处之阶段，即由借债维持时代渐入于债主代为维持之时代；情见势绌，实逼处此。惟有利用借债政策，乃可复还其财政完全之时代；如不善于借或不敢于借，或借债以供扩张军备及一切不能生利，徒为耗失之事，皆足蹈于债主代为维持及债主监督之二时代也；至财政受人监督，则国事不忍言矣。[①]

他们在此处提出的四个"财政时期说"是想让清廷能体察自身情况，以意识到借款的紧迫性。就整个折件而言，锡良等人提出的借债造路可以统一财政和统一行政的说法，正是当时清廷试图推行的中央集权政策所想取得的成效。在他们的借债造路计划里，度支部、邮传部是这一计划的主持部门。同时，这两部门提出颁布了"商借商还"的法令，应当是针对借款所造成的利权损失、交涉困难等情况而言的，这也是清廷不允许地方督抚借款的重要原因。由此可见，他们希望以清廷关注的中央集权作为切入点，试图说服清廷借债造路计划可以化解中央与地方的矛盾。这是他们真实的想法，还是他们为了迎合清中央集权政策的权宜之计，我们不得而知。若是真实想法，锡良、瑞澄二人为满蒙旗人督抚，其中意味颇值探察。相较而言，此处权宜之计的意味更为浓烈。当然，无论是何种想法，锡良与瑞澄提出借债造路计划本身就代表了他们试图挽救清王朝危亡的努力。该计划提出的借债可以"裕财政而弱敌势"，仅是借债的正面作用，并未谈及借债的危害性。并且，锡良等人的借款计划过于简单化、理想化且失之系统化，看起来更像条陈而非庞大的借债计划。或许有人会说，这可能是限于奏折格式，没有展开详述。但按照清代的奏折制度，详情可以以附片或附单的形式上奏，所以这并不能成为其计划简陋的理由，这也是后来督抚们反对该计划的重要原因。造

---

① 《密陈筹借外债以裕财政而弱敌势折》，《锡良遗稿·奏稿》，第 1204—1206 页；《东鄂两督密陈救亡大计余闻》，《盛京时报》宣统二年八月十九日，"中外要闻"；《锡瑞两督主张借债筑路之大计划》，《国风报》第一年第廿二号，宣统二年八月十一日，第 107—108 页。

成这一状况的重要原因当是锡良、瑞澂等人在入京之前并未想到有此一庞大计划，待到双方在北京一拍即合后，临时起意，仓促书写成该折件。值得注意的是在该折件中，锡良并未提及其孜孜以求的锦瑷铁路。按照马陵合的解释，"清政府基本上放弃了锦瑷铁路的借款计划，不将此路列入可能是为避免清政府的反感"。[①]

对于该折件，载沣似为所动，又以关系重大，将该计划交至邮传、外务、农、度支四部议复。对于锡良、瑞澂的计划，徐世昌明确表示反对，[②]其理由为此事乃某名士"故作大言，出一难题"。[③]而度支部尚书载泽则坚持了其推行财政中央集权的理念，且恐借此巨款致起外人监督财政之念，加以议驳，[④]并称，如该两省决计借用外债，将来即责令该两省自借自偿，事前本部既不愿与闻，事后本部亦不能负责。[⑤]这种看似有所保留的态度，实则表明他坚决反对。此后锡良等人虽然积极运动，极力争取，但终难获得清政府的赞同，因此他们将目光转向地方督抚，试图以督抚群体的力量迫使清政府认可，这成为清末借款造路救国论与速立阁会救国论讨论的张本。

二、借债造路救国论与速立阁会救国论之争

（一）关于借债造路的讨论

借债造路救国论在锡良、瑞澂合奏后，即得以在社会上传播，引发各界士绅与督抚的关注和讨论。载沣饬令将锡良等人的计划送达各督抚，不料引起了极大的政治风潮。之所以能引发这么大的关注，仍与清政府推行的中央集权政策有着密切的关系，诚如前文《东方杂志》所言"其远因则因近年中央集权，事事掣督抚之肘，督抚之不慊于中央之所为非一日矣"。此时，清

---

① 马陵合：《清末民初铁路外债观研究》，复旦大学博士学位论文，2003 年。

② 《借债政策难言》，《民呼·民吁·民立报选辑》，第 386 页。

③ 《东鄂两督密陈救亡大计余闻》，《盛京时报》宣统二年八月十九日，"中外要闻"。

④ 《东督借款之心不死》，《民呼·民吁·民立报选辑》，第 387 页。

⑤ 《泽尚书未来之封奏》，《大公报》1910 年 9 月 21 日，"要闻"。

廷又有意进一步收缩地方督抚的财政权力，向各督抚散发赵炳麟的《确定行政经费折》以及湖北布政使王乃徵的《预备宪政酌分缓急折》，希望他们加以讨论。①

赵炳麟和王乃徵在各自的奏折中对预备立宪规模浩大、清廷又面临着严重财政困难的情况进行了批评，认为如此预备立宪势必有名无实且难以为继。因此，他们强烈要求划定筹备宪政的范围，"就财力之缓急，以为筹备之先后，而政府全力注重财政，一切形式之法令，繁碎之科条，凡事无实效而款无确源者，暂罢勿举。然后取筹备案中所列事项，分别估计其费额，必须款有着落，乃能责以实行"，并认为若不理财政，"百政俱废，乱且立至"。② 他们的言论无疑契合了清政府收缩财政、进一步集权中央的要求，因此得到清政府的积极认同，折件随即被转发各督抚讨论。③

然而，对于赵、王二人的奏折，督抚们迟迟未加回复。直到宣统二年八月，云贵总督李经羲才率先向各督抚发出通电（即"微电"）予以回应，而此时锡良、瑞澂的借债造路救国论已在社会上广泛传播，无怪《东方杂志》认为这次讨论的"动机自此发矣"。在微电中，李经羲对赵炳麟等人"折衷补救"的言论深表赞同。他指出，清廷徒为细碎调停改革，而"诸部各自为谋，亦无次序"，无补于预备立宪的大局，最终将至财尽民散的地步。他认为，出现"旧政轮廓难存，新政支离日甚"情况的根本原因在于"无人""无主脑"。如不改变此种状况，"本借宪政以固人心，转因宪政以速国祸"。因此，他希望各督抚借这一讨论财政与预备立宪关系之机，"皆能言异旨合，直陈无隐，并于维新根本各贡条陈"，最终达到使清廷"隐收变通之益，幡然一决"的目的。④ 李经羲的电文反映了与清中央争夺预备立宪主动

---

① 参见李振武《李经羲与国会请愿运动》，《学术研究》2003 年第 3 期；李振武：《督抚与请愿速开国会运动》，中国史学会编：《辛亥革命与二十世纪的中国》上册，北京：中央文献出版社，2002 年，第 70—79 页。

② 《赵御史请确定行政经费》，《申报》1910 年 6 月 7 日，第一张第五版；《赵御史奏请确定行政经费续》，《申报》1910 年 6 月 8 日，第一张第五版；《湖北布政使王乃徵奏请变通宪政办法折》，《东方杂志》第七年第七期，"文件第一·奏牍"，第 88—92 页。

③ 《严催各省确定行政经费》，《盛京时报》宣统二年五月二十六日，"中外要闻"。

④ 《滇督通电各省筹商要政》，《国风报》第一年第十二号，宣统二年八月十一日，第 109—111 页；《各省督抚筹商要政电》，《国风报》第一年第廿六号，宣统二年九月廿一日，"文牍"，第 65—66 页。

权的目的，这使当时困于清政府推行中央集权之苦的督抚们看到了主动出击的机会，因此，它受到各督抚的积极响应。

宣统二年八月初六日，锡良将李经羲的"微电"给郑孝胥观看。① 在郑孝胥的建议下锡良再次联合瑞澂将此前上奏的折件内容略加修改，于八月初九日通电各省督抚（即"佳电"）。② 在这份通电中，锡良等人重申了化解中央集权与地方矛盾及清政府财政困难的观点后，谓：

> 拟请朝廷决计借外债数万万，将粤汉、川藏、张库、锦瑷诸干路及其他紧要支路，限十年造成，一面借款，一面包工，以免将借款移用他用，铁路所用工料，悉取于国内，外人所得，不过利息、工价而已。此款留布于民间十之七八，则十年之内可救民穷之困，十年之后，铁路陆续告成，行政之易，亦如破竹，民间风气自开，收效之速成，何止十倍？

最后，他提出"世变之亟"，难有三五十年让清政府整军振武、修明政治，而借债造路应该是宪政简单入手之办法。在锡良看来，借债造路计划若得以实施，"庶可与列强竞存于世"，因此他希望各督抚能"合词入告，力持此议"。③ 相较前面的奏折，锡良似更为详细，但该电稿仍未能矫正奏折简单化、理想化、缺乏系统性的罅漏，这对复杂而充满冲突的清末铁路修筑工作

---

① 《郑孝胥日记》第 3 册，宣统二年八月初六日，第 1275 页。

② 《郑孝胥日记》第 3 册，宣统二年八月初七日，第 1275 页。

③ 《锡瑞二督主张借债筑路之大计划》，《国风报》第一年第廿二号，宣统二年八月十一日，第 107—108 页。需要说明的是，马陵合认为该电发布在锡良上奏折之前，即在九月十日，锡良奏折上达的时间当在九月十二日，现尚未知其依据所在。笔者在阅看《郑孝胥日记》后，发现郑孝胥在八月二十六日至九月九日期间一直在忙着帮助锡良修改铁路说帖和筹划联络瑞澂联奏等问题，待到九月九日，《郑孝胥日记》有"今日锡、瑞二督合奏"之句。同是该日，锡良等人接到了李经羲致各省督抚的电文。次日，郑孝胥"仍请锡瑞二公以借款修路之策为天下倡"，拟电李经羲及各省督抚。其中"仍"字，可知锡良、瑞澂等人此前已然合奏。其时间当在佳电发表之先。此后，郑孝胥颇为空闲，参与了其友人的社交活动。直至随锡良离开北京，郑氏的日记中未再提及借款造路相关信息。因此可以确信，佳电发表的时间当在奏折上达之后。（参见《郑孝胥日记》第 3 册，宣统二年八月廿六日至九月十三日，第 1272—1276 页）此外，时人报刊所录电文中存有粤汉、川藏、张库、锦瑷等路之名称，中国社会科学院近代史研究所图书馆所藏《庞鸿书讨论立宪电文》则为粤汉、川藏、张恰、伊黑等路之名称，可知其内容已略有改易。

而言是致命的失误。

锡良的电文一出，与李经羲的电文一同引起了各督抚的热烈讨论。相较而言，锡良的电文传播的范围更广，因为他不仅通电了内地的各省督抚，而且向边远省份的将军、都统传达了此意。而李经羲仅通电各省督抚和部分都统。所以，在此后的复电中，有些地方大员对两个提议都进行了议复，而有些则仅仅针对锡良、瑞澂的借债造路之说进行了回复，这在某种程度上亦反映了锡良、瑞澂拥有更为丰富的政治资源。

对于锡良等人的主张，赞成者有之，依违其间者有之，但极少有绝对否定者，他们更多的是对借款计划的可行性提出质疑。

湖南巡抚杨文鼎于八月十二日电致锡良说："崇论宏议，直截痛快，寻绎再三，敬佩之至。重要简单入手办法，此为最善，时局艰危，岌岌不可终日，除此实无他策可以挽救"，表示愿附名联奏。①

两广总督袁树勋虽认为锡良、瑞澂的提议"用意甚美"，但又强调"大难在无主脑"。他明确提出所谓主脑者，"曰责任内阁，曰国会"，但担心国会成立尚非旦夕之事，责任内阁的成立则"仅有负责之形式"。因此，在他看来，内阁与国会"两无所当"。② 在随后的电报中，他又指出借款筑路之法并不适用于全国铁路，而救亡之策"似另系一问题"。尽管如此，他还是指出锡良借款造路计划中提及的款项流布民间之难，认为"铁路借款，往往工程师购料两层，操之外人掌握，且吾国铁厂所出，尚未敷全国筑路之用，洋工程师更借词挑剔，为彼国森林及工厂销运之局。阅历年各路所用木料可覆指也"。③ 可知，他的救亡之策重在立定主脑，并率先提出了立定主脑在于国会、内阁，但他亦虑及国会、内阁存在的问题而不敢擅下断言。

当时对锡良的计划持有较多反对意见的是南北两洋总督。直隶总督陈夔龙从预防借债弊端的角度出发，对借债造路所造成的隐忧一一予以指出。他首先强调中国财政艰难，除以各路抵押外，"恐无如此巨数"，而"路经抵

① 《湘抚来电》（宣统二年八月十二日），《锡良任东三省总督时外省来电》，档号：甲374-18。
② 《借债筑路大问题》，《东方杂志》第七年第九期，记载第三·中国时事汇录，第241—242页。
③ 《各省督抚会商要政电》，《东方杂志》第七年第十期，记载第三·中国时事汇录，第277—278页；《袁海帅来电》（八月十二日），《锡良任东三省总督时外省来电》，档号：甲374-18。

押，则彼已隐持操纵之权"，加以如此巨款，"断非一国所能担任"，若由各国合筹，则国内将会划分为数界，显然难以达到锡良、瑞澂等人所强调的打破各省隔阂的目的，"为患何可胜言"。接着，他对锡良等人提出的款项流布中国民间的说法提出了质疑，认为中国铁轨制造水平低下，又缺乏有经验的工程师，这势必使造路工料皆取之外洋，如此，何谈"借款仅仰利息"。此外，他也虑及路修成后养路之费难以筹措的问题。最后，他还强调借债造路的势必引起各省士绅强烈反对的问题。因此，请锡良等人将其提议送交资政院讨论，"以释群疑而昭慎重"。① 两江总督张人骏与陈的观点基本一致，也从借债造路的弊端出发对锡良等人的借债计划提出了意见，但他更为注重外国侵略的一面。他认为借用外债首先在借款之初即因折扣的因素对款项造成了损失，而外国人借出如此巨款，必然会要求中国采用其材料及工匠，这就使锡良等人强调的款项流布民间之说无从谈起。其次，他认为中国"关税厘卡，抵债略尽，所借既多，势将指抵丁粮"，若有外人参与税赋，财政权势必旁落，"大局何堪设想"。再次，他强调修路过程中士绅因抗拒洋人，"购地程工，均将横生阻碍"。最后，他亦以士绅抗拒借款风潮为忧，且担心外人借口别生枝节，产生觊觎之心。因此，他向锡良等人表示"兹事体大，尚望苾筹"。② 可知，陈夔龙与张人骏对借债造路论存在着巨大的忧虑，虽未明言反对，但其反对之意昭然若揭。此后二人致电军机处，"力陈借款虽是要图，而如此办法流弊滋多，期期以为不可"。③ 值得注意的是，张人骏与陈夔龙均未在其回电中将借款造路问题与阁会问题相联系，这当与二人不认同或反对督抚联衔国会请愿有关。

　　八月十三日，江苏巡抚程德全对锡良的提议进行了回复。他因为曾在东北为官多年，对锡良的主张颇有同感。他认为借款筑路具有内政和外交的双重作用，对内而言，"普筑铁路以利政治之推行，固为重要简单入手办法"；

---

① 《借债筑路大问题》，《东方杂志》第七年第九期，记载第三·中国时事汇录，第 241 页；《各省督抚筹商要政电》，"直督陈电"，《国风报》第一年第廿六号，宣统二年九月廿一日，"文牍"，第 76—78 页。

② 《借债筑路大问题》，《东方杂志》第七年第九期，记载第三·中国时事汇录，第 238—239 页；《各省督抚筹商要政电》，"江督张电"，《国风报》第一年第廿六号，宣统二年九月廿一日，"文牍"，第 67—69 页。

③ 《借款之主张与反对者》，《申报》1910 年 9 月 25 日，"紧要新闻一"。

对外而言，直接向美借款，"有百利而无一害，不特路款有益，且于国家大有关系"。他亦虑及养路和偿债问题，希望用募公债兴实业的方法作为后备。但程德全最后认为借款造路需要有责任内阁和国会作为监督，对锡良提出的铁路告成，则行政势如破竹的说法提出异议。他说："既无主脑，又无群力，内外梦乱，上下蒙饰，则虽铁路告成，而政治之不能推行也如故。"[①] 可知，他认为应先设立责任内阁和国会。

山东巡抚孙宝琦虽赞成借款筑路，但并不赞成锡良所提出的庞大的造路计划，对以路作抵提出疑问，指出这几条干路大多处于边远地区，"客货必少，行车进款，断难匀还本利"，建议"借款筑路，似应先尽腹地"。同时，他认为，"宪政根原，要在三权分立，而尤在组织内阁，使国务大臣同负责任，所谓天君泰然，百体从令。国会亦宜早日召集，庶免局外訾论，溷乱是非，单简重要之方，以此为急"。[②] 可知，孙宝琦所主张的亦是速立内阁和国会。

安徽巡抚朱家宝于八月十五日电致锡良表示，借款造路对于东北、西南两处而言可谓良策，因为"若借款以救危亡，造交通而资牵制，败棋中劫着，且范围既狭，操纵尚可自由，偿还亦易为力"。但就锡良整个计划而言，朱担心"造端过大"，"实非仓猝间所敢臆断"。他对李经羲提出的"无主脑一语"颇有同感，认为"见证最真"，因此，"极表同情"。但他并未表态支持哪种观点，只是希望"各省共定办法，联衔电复"。[③]

云贵总督李经羲虽亦认同借债造路为"不得已之办法"，但他认为"惟此等大计划，似非疆臣电函集议而成，必先政本更新，始有主持机关；财政整理，始免债主干涉；朝野合谋监察，始能于借时免舆论反对，用时免当事虚糜，欲实此三主义，非设内阁国会不能办到"。他也颇为认同其他督抚所

---

① 《程雪帅来电》（宣统二年八月十三日），《锡良任东三省总督时外省来电》，档号：甲374-18；《各省督抚筹商要政电》，"江抚程电"，《国风报》第一年第廿六号，宣统二年九月廿一日，"文牍"，第69—71页。

② 《各省督抚筹商要政电》，"鲁抚孙电"，《国风报》第一年第廿六号，宣统二年九月廿一日，"文牍"，第75—76页。

③ 《朱经帅来电》（宣统二年八月十五日），《锡良任东三省总督时外省来电》，档号：甲374-18；《各省督抚筹商要政电》，"皖抚朱电"，《国风报》第一年第廿六号，宣统二年九月廿一日，"文牍"，第78—79页；《各省督抚会商要政电》，《东方杂志》第七年第十期，记载第三·中国时事汇录，第277—278页。

议"路款之浪掷，工程之窳惰"，"国民怨谤猜疑，驯至激成反动，外人乘势侵略，实行监督财政，恐路未成而国会愈不堪问"，因此，强调"借款办路为救亡要策，然行之于未有内阁国会以前，转虑足以速祸"。他认为出现这一状况的原因"在无主脑"，而其所谓主脑即是内阁和国会。同时，他对各督抚虑及内阁仅具形式、议员毫无经验等问题进行了答复。他认为，内阁国会的设立，可以避免清廷当前"政出多门，彼此矛盾之事"，"兼有国会监察，庸者既难滥竽，滑者尤难敷衍，欲不负责任，势有不能"。至于议员无经验的问题，他认为"国家政策须以理想立进取标准，以实验定施行方法"，"阁臣富于经验，议员富于理想，两相调剂，进步始稳健和平"，且可禁遏士绅的"局外雌黄"，如此，"内阁国会相维，犹之定医乃可议方，对镜方能辨影"。所以，他提出"救现在先着，尤非有内阁国会不可"，请锡良等主稿，联衔入告。① 李经羲的电文解释颇合情理，极具说服力。此外，他还从督抚们"身当其危"的处境出发，要求各督抚讨论"危亡大计"，这无形中增加了各督抚对其提议的支持。此电一出，多数督抚纷纷转向了国会请愿问题的讨论。

尽管如此，锡良在此后仍收到了不少商议借债造路的电稿。四川总督赵尔巽于九月初一日致电锡良，表示认同锡良、瑞澂对宪政前途及财力困难的说法，表示"倘诸公商决入告，窃愿从之"。② 新疆巡抚联魁对这一计划极为赞成，认为其为"综振靡遗，切当不易"之论，"应请坚持此议，挈衔合词入告"。③ 察哈尔都统诚勋认为"时际阽危，欲图补救于目前，舍此亦遽无善策，即请尊处挈衔入告为幸"。④

浙江巡抚增韫则对锡良、瑞澂借款的目的进行了限定，认为应用于生产用途，"以办铁路为主，银行为辅，并可推广事业"，"万不可用之于消耗之地"，否则"救亡适以促亡"。他还虑及借款过巨，会引起金融风波，因此，

① 《各省督抚筹商要政电》，"滇督李电"，《国风报》第一年第廿六号，宣统二年九月廿一日，"文牍"，第73—75页。

② 《成都来电》（宣统二年九月初一日），《锡良任东三省总督时外省来电》，档号：甲374-18。

③ 《联星帅来电》（宣统二年九月初一日），《锡良任东三省总督时外省来电》，档号：甲374-18。

④ 《诚果帅来电》（宣统二年九月初二日），《锡良任东三省总督时外省来电》，档号：甲374-18。

他提议用资政院、国会等机关加强对这一款项的监督。①显然，他对借款造路计划并不赞同，而更希望采用速立国会之策。

广州将军增祺并不认同锡良的计划。他认为，"中国财政万分支绌，久为外人所真知，苟无大欲所存，恐不能轻报巨资，为我借款，势必债主操权"，因此难有公平之合同条件，如此则"所谓流布民间十七八者亦难如愿以偿"。而且，在当时的环境中，民众对借款造路颇为反感，易于引发风潮。同时，他亦虑及锡良等人提出伊黑、张恰、川藏等路，多路长费重，地旷人稀，路利所入难敷养路之费，更何谈偿还借款。②

荆州将军魁鹤虽虑及路债引发风潮问题，但认为"果能行无阻碍，不妨合词请行"。③溥良认为，国会"若得请，则修路之策，宜可续陈"。④可知，他并不赞同锡良借债筑路救国之政策。乌里雅苏台将军奎芳认为锡良的计划"洵为善举"，表示"但使有裨国民，端赖婉词主稿，望即联入敝衔，合词入告"。⑤伊犁将军对锡良的借债造路计划亦深表赞成，只是他认为，"十年内难得多数人材，内地工料亦不敷用。外债如能径向各国商民借贷，不由政府干预，并兼募国债，庶免争路权、拒路款冲突"。⑥

从锡良所存档案来看，至此，督抚间关于借款造路的讨论基本上结束了。不难发现，锡良、瑞澂的借债造路计划因其自身存在的文本罅漏，且难以代表各督抚的利益而遭到部分督抚的摒弃。然而，这一计划仍受到了较多督抚、将军和都统的追捧。这一方面是由于这些督抚、将军、都统多地处边远地区，存在着修筑铁路，加强与内地联系的需求；另一方面是因为李经羲的电文并未发至这些督抚、将军和都统的手中，因此，他们极有可能因为困于边地信息闭塞，要求加强与内地联系而赞同锡良等人的提议。当然，从复电情况可以看出，这些边地地方大员多为旗人，其中是否有因旧谊等因素而选择支持锡良等人的计划，不得而知，但不能排除这种可能性。

---

① 《增固帅来电》（宣统二年九月初一日），《锡良任东三省总督时外省来电》，档号：甲374-18。
② 《广州将军来电》（宣统二年九月初一日），《锡良任东三省总督时外省来电》，档号：甲374-18。
③ 《荆州将军来电》（宣统二年九月初三日），《锡良任东三省总督时外省来电》，档号：甲374-18。
④ 《溥书帅来电》（宣统二年九月初七日），《锡良任东三省总督时外省来电》，档号：甲374-18。
⑤ 《台将军来电》（宣统二年九月初七日），《锡良任东三省总督时外省来电》，档号：甲374-18。
⑥ 《伊犁将军来电》（宣统二年九月初九日），《锡良任东三省总督时外省来电》，档号：甲374-18。

无论是阁会还是借款筑路，如此多的督抚参与其中讨论，这反映出各督抚已感受到清王朝统治的危机，希望通过变革加以挽救。原本主持国家大政的权力是掌握在中央的手中，而此时诸多督抚对国家的大政方针进行集体性的探讨，一方面反映了督抚们对于中央集权政策的不满，另一方面也说明了督抚们权力增大，他们试图通过集体的联合，迫使清中央推行符合他们利益的改革举措，因此这些活动也带有与中央集权政策抗争的色彩。

而锡良与李经羲均是基于如何更好地利用有限的财政办理宪政，从而纠正各省办理新政存在的弊端。锡良试图利用借债造路计划来获取各省督抚的支持，从而迫使清廷同意其借用外债以修筑锦瑗铁路和开发东三省实业等事项，达到挽救东三省危局的目的。锡良的借债造路计划更具功利性、局部性的特点，难以代表督抚群体及整个清王朝的利益，这也是其计划遭到督抚反对的深层次的原因。而李经羲的电文则从"维新根本"的角度出发，与各督抚商议"补救大局""固结人心"之事，其立意显然更胜一筹，代表了督抚的整体利益，这是后来大多数督抚选择李经羲国会请愿的根本原因所在。

此时，随着疆臣讨论的深入，锡良与瑞澂等人亦意识到该计划存在着巨大的缺陷。瑞澂最先放弃了借债造路救国的主张，他于八月廿四日发电给锡良称："各处复电想已鉴及，诸公既多数主张请设责任内阁、开国会，洵属探本之论。"① 锡良随即回电瑞澂，对其所言深表赞同，曰："各处复电自以仲帅效电为最透彻，请设责任内阁并开国会，尊意即请仲帅主稿"，"稿成后，电商各省赞成者，均列名，诚为妥善之办法"。② 而锡良从回复电文中探知尚有不少督抚未能收到"效电"，因此，他表示"前电未发各省督抚，即由敝处会衔补发"。与此同时，他致电李经羲表示"效电深切著盼，佩甚"，"惟各省将军、都统、督抚似宜遍告，以征同意"。③ 可见，锡良转向国会请愿之后，影响范围亦随之扩大，此后，各省督抚开始集中讨论速立阁会事宜。

虽然督抚们均转向了速立阁会之讨论，但借款造路的讨论显然对晚清政局产生了巨大的影响。此后，清廷向英、美、德、法四国提出的借款计划，

---

① 《瑞莘帅来电》(宣统二年八月廿四日)，《锡良任东三省总督时外省来电》，档号：甲 374-18。

② 《复瑞莘帅》(宣统二年八月廿四日)，《锡良任东三省总督时外省来电》，档号：甲 374-18。

③ 《致李仲帅电》(宣统二年八月廿四日)，《锡良任东三省总督时外省来电》，档号：甲 374-18。

就是在督抚们讨论借款筑路计划后提出的。这一借款计划引发了全国性的保路运动，成为清王朝最终覆亡的导火线。据报章报道，四国借款中的三分之一款项被用于筹办东三省的实业。[①] 前文已述及，锡良提出借债造路的一个目的就是希望引入欧美势力以抵制日俄的侵略，同时，他亦希望借此开发东三省的森林矿产，发展东三省实业，并以移民实边的方式来开发边疆，起到挽救东三省危局的效果。只是，此时清廷或因中央集权的考虑，将借款的主动权掌握在自己手中。

（二）关于速立阁会的讨论

此时，已达成一致要向清廷请求速立阁会的督抚们开始就如何撰写阁会电稿展开了往返电商，而其主稿者则群推李经羲。关于这一时期督抚间的阁会讨论，其事实已基本清楚，此处兹不赘述。[②]

从目前的资料看来，锡良并未参与此后的宪政讨论。其原因或是锡良的政治顾问郑孝胥忙于筹备葫芦岛开埠事宜，他是锡良宪政电稿的主要撰拟者，[③] 在国会讨论期间，他前赴青岛、大连湾、秦皇岛等地考察海堤情形。[④] 但是，锡良仍对速立阁会寄予了极大的关注和投入。

---

① 《外人实行监督我财政矣》，《大公报》1911 年 5 月 10 日，"要闻"。

② 关于督抚的辩论，可参见张玉法《清季的立宪团体》，《"中央研究院"近代史研究所专刊》（28），台北："中央研究院"近代史研究所，1971 年，第 438—440 页；侯宜杰《二十世纪初中国政治改革风潮——清末立宪运动史》，北京：人民出版社，1993 年，第 312—325 页；韦庆远、高放、刘文源《清末宪政史》，北京：中国人民大学出版社，1993 年，第 330—334 页；李振武《督抚与请愿速开国会运动》，《辛亥革命与二十世纪的中国》上册，第 70—79 页。

③ 从中国社会科学院近代史研究所图书馆藏的《锡良档案》中看，督抚们为讨论铁路借款和速立阁会问题而往返电商，锡良得到此类电稿后多会在电文后面标示"随送郑"。（参见《锡良任东三省总督时外省来电》[宣统二年八月—三年三月]，档号：甲 374-18）如宣统二年八月十二日"湘抚来电"下面即标着"随送郑"，宣统二年八月十三日程雪帅来电下面亦标注"随送郑"，等等。郑其实就是郑孝胥。这也可以从郑孝胥的日记中得到印证。如《郑孝胥日记》中记载："宣统二年八月十二日……陈小石、袁海观、丁衡甫、杨慕甫皆电论借债修路事。陈、丁虑难办，请交资政院议决；袁谓苦无主脑；杨赞成会奏。清帅来谈。袁又来真电，申论主脑即责任内阁及国会之意"；"十三日……程雪楼、孙慕韩来电论借债造路，意皆以责任内阁、国会为先着"；"廿三日，各省督抚来电，多数主合词请立责任内阁并开国会，欲令李仲仙主稿"；"廿四日……为清帅复电赞成，且请其补发各省将军、督抚以征同意"，等等。（《郑孝胥日记》第 3 册，宣统二年八月十二日、十三日、廿三日、廿四日，第 1276、1277、1278、1279 页）

④ 《郑孝胥日记》第 3 册，宣统二年八月廿四日、九月初六日至廿六日，第 1279、1281—1284 页。

　　到了九月中旬，督抚们就国会问题基本上达成了一致。就在这时，清政府有意阻止这一活动。当李经羲方面第一次电奏稿件完成，拟将入告之时，某邸①即向各督抚施加压力。在督抚联衔电奏的国会请愿运动中颇为积极的李经羲，原本被公推领衔，但因某邸密电阻止，方才表示不愿领衔电奏。②承受着如此巨大的压力，督抚联衔电奏之事一度有从缓之势。③显然，中央有意阻止督抚这一挑战其权威的举动。

　　对此，锡良主动联系瑞澂，表示"设立阁会，系迫于今日时势，不得不然"，"惟各省政是不一，多议论而少成功，似未便强为联合"，但有意请瑞澂方面主稿，联合奏速立阁会，表示"是非利害，当以我两人任之"。④可知，锡良颇为焦急，希望能完成此次督抚联合奏请的活动。从事态发展来看，瑞澂部分地赞成锡良的说法。于是，瑞澂致电各督抚，表示其愿意领衔入奏。⑤九月二十日，瑞澂得到国会请愿代表的请愿书已递上的消息后颇为焦急，认为"我辈会奏势不可缓"，建议将奏稿改为电奏，请锡良领衔，如此"则九鼎一言，更易动聪"。⑥锡良随即应允担任领衔之责，因为同一日锡良也收到了李经羲所主稿的电稿。该稿件详细阐述了阁会召开的利弊，认为"阁会权责机关，不容假借。舍此则主脑不立，宪政别无着手之方；缺一则辅车无依，阁会均有逾辙之害。程度不足，官与民共之，不相磨砺虽百年亦所不进。法律难定，情与俗碍之，互为参考，历数载可望实行"。而此时日

① 据当时的舆论看来，笔者以为某邸当指庆亲王奕劻，因其对国会请愿运动颇为反对，且又是权倾一时的权贵，因此颇为舆论所诟病。如《大公报》曾报道某邸颇为憎恨朱家宝、孙宝琦等人参与会衔之事，而朱、孙二人皆与奕劻关系颇为密切。（参见《某邸对于各督抚之恶感》，《大公报》1910 年 11 月 3 日，"要闻"）又如当庆亲王奕劻以退为进地向载沣表示要求开缺之时，直隶总督陈夔龙、两江总督张人骏、闽浙总督松寿、陕甘总督升允、山东巡抚孙宝琦、安徽巡抚朱家宝、河南巡抚宝棻即电请清廷挽留庆邸，为其制造声势。（参见《各督抚对于庆邸之感情》，《盛京时报》宣统二年十二月十五日，"紧要新闻"）

② 《滇督忽不愿领衔》，《盛京时报》宣统二年九月十六日，"中外要闻"。

③ 《督抚奏开国会之从缓》，《大公报》1910 年 10 月 22 日，"要闻"；《督抚奏开国会之从缓》，《盛京时报》宣统二年九月廿三日，"中外要闻"。

④ 《致瑞莘帅电》（宣统二年九月十六日），《锡良任东三省总督时外省来电》，档号：甲 374–18。

⑤ 《瑞督为国会事领衔》，《盛京时报》宣统二年九月十八日，"中外要闻"；《瑞制军不惮领衔入奏》，《大公报》1910 年 10 月 17 日，"要闻"。

⑥ 《瑞莘帅来电》（宣统二年九月廿日），《锡良任东三省总督时外省来电》，档号：甲 374–18。

本吞并韩国，"列强均势政策，皆将一变方针，猛厉并进，时局危险已远过德宗在位之日"，因此阁会克期成立"缓无可缓，待不可待"，"上下犹恐后时，奈何以区区数年期限争持不决乎"，要求清廷"亲简大臣，立即组织内阁，特颁明诏，定于一二年内开设国会"。而李经羲亦虑及国会请愿代表已递上请愿书，"倘不蒙允转圜，更难联请"，要求采用电奏的方式陈奏。但此时尚有陈夔龙、增韫、松寿、信勤、恩寿等五人未回复，李经羲一时未能决定是否列其名字。① 而以往的研究多认为，各督抚是因为听到了国会于宣统五年成立的风声方才焦急万分的，此说显然不确。②

对于李经羲的电稿，锡良颇为满意，认为"大稿赅博精详，语语破的，至佩，祈即附名电奏"。与此同时，锡良以曾收到赵尔巽愿列名领衔的回复，因此，请李经羲在联衔名单中添入赵尔巽。③ 但李经羲则因在公事上与赵有芥蒂，认为"径添衔名，恐怒"，因此他拟将该电迟发一日，以待锡良、瑞澂电商赵尔巽后再行电奏。④

九月二十三日，陈夔龙不允联奏，率先向清政府单独上奏，请求待到宣统五年资政院议员期满、与宪政相关的各项机关已具规模的情况下再设内阁和国会。⑤ 陈夔龙反对速立阁会的主张，因此，当他致电军机处的消息传来时，锡良更为焦急，担心清廷会率先采用陈夔龙的主张。锡良认为，"非速开国会，仍无以促进步"，电奏不能再迟，他随即致电李经羲和瑞澂，请他们于九月二十四日出奏。⑥ 未久，赵尔巽即来电表示愿列名会奏。⑦ 此后，会奏名单又有了一些变化，闽浙总督松寿表示愿意列衔，而河南巡抚宝棻迫于

① 《李仲帅来电》（宣统二年九月廿日），《锡良任东三省总督时外省来电》，档号：甲374-18；《云南督帅李来电》，钱永贤、耿明、邵白整理：《庞鸿书讨论立宪电文》，《近代史资料》（总59号），北京：中国社会科学出版社，1985年，第54—57页。
② 参见李细珠《立宪派、地方督抚与清廷之间的互动关系——围绕国会请愿与责任内阁制问题的探讨》，中国社会科学院近代史研究所政治史研究室、苏州大学社会学院编：《晚清国家与社会》，北京：社会科学文献出版社，2007年，第310页。
③ 《复李仲帅电》（宣统二年九月廿日），《锡良任东三省总督时外省来电》，档号：甲374-18。
④ 《李仲帅来电》（宣统二年九月廿二日），《锡良任东三省总督时外省来电》，档号：甲374-18。
⑤ 《陈筱帅来电》（宣统二年九月廿三日），《锡良任东三省总督时外省来电》，档号：甲374-18。
⑥ 《致滇鄂两帅电》（宣统二年九月廿三日），《锡良任东三省总督时外省来电》，档号：甲374-18。
⑦ 《赵尔巽来电》（宣统二年九月廿三日），《锡良任东三省总督时外省来电》，档号：甲374-18；《瑞莘帅来电》（宣统二年九月廿三日），《锡良任东三省总督时外省来电》，档号：甲374-18。

压力则"已允而复悔"。① 所以,以往有研究说,宝棻、张鸣岐、广福名字的删除和赵尔巽、松寿名字的添加是在第二次联奏时方才完成的,这一说法也不确切。② 而在此期间,李经羲又依照其他督抚的意见对原稿进行了润色,使"义更周",但基本内容并未大变。③ 到了二十四日晚,李经羲方才将以锡良为领衔人的电稿发至清廷,要求速即在一二年内设立内阁和国会。

督抚联衔电奏的出现使原本毫无希望的第三次国会请愿运动有了转机,④ 但这引起了庆亲王奕劻等人的强烈不满。有报道称,当督抚因公事与资政院发生冲突时,某邸竟称:"谁教他们也随同请愿国会,未到国会成立,资政院就与他们为难,将来国会果开,尚不知如何指摘我们,大可不管,坐看若何结局。"⑤ 反映出清中央对于锡良等人敢于挑战其权威的强烈不满。

这时,陈昭常针对陈夔龙的电稿提出了不同的意见,认为"若事事求备,则三年犹恐多疏","若立意促行,则咄嗟亦可立办",因此,他提议再次联奏,申说"不必缓期之请"。⑥ 此议一出,得到了部分督抚的回应。深感"事机迫切,不可延误"的李经羲在未阅读电文的情况下表示"诸帅既极抚许,羲无不赞成","拟请清帅酌夺定稿,联衔速奏"。同时,他还论证了阁会成立的时间,认为"内阁、宪法、官制有一年可次第议定,国会选举有一年尤可办成,若明春设立内阁,明年底后年春国会成立,均先降明诏,昭布天下,是为两全"。⑦ 可知督抚们试图通过论证阁会成立的合理性,一方面反驳那些延缓设立阁会的要求,一方面则进一步对清廷施压。

对此,锡良一开始并不认同,认为"阁会事,业经联奏,刻下似难续

① 《李仲帅来电》(宣统二年九月廿五日),《锡良任东三省总督时外省来电》,档号:甲 374-18。
② 李振武:《督抚与请愿速开国会运动》,《辛亥革命与二十世纪的中国》上册,第 76 页;侯宜杰:《二十世纪初中国政治改革风潮——清末立宪运动史》,第 315 页。
③ 《李仲帅来电》(宣统二年九月廿六日),《锡良任东三省总督时外省来电》,档号:甲 374-18。
④ 《国会大有转机之望》,《盛京时报》宣统二年九月十九日,"中外要闻"。
⑤ 《枢臣对于各督抚之冷观》,《大公报》1910 年 11 月 7 日,"要闻"。
⑥ 《吉林抚台陈来电》(宣统二年九月二十四日),《庞鸿书讨论立宪电文》,《近代史资料》(总 59 号),第 58—59 页。
⑦ 《李仲帅来电》(宣统二年九月廿七日),《锡良任东三省总督时外省来电》,档号:甲 374-18。

奏"。①增韫也认为，联奏之事，应在清廷回复后再定续奏与否。②但是，山西巡抚丁宝铨的说法一举改变了锡良的看法。丁宝铨致电锡良称："尊处外交难，各省尤难，若其后一半年间设出有不可思议之现象，又将何策以图救。故国会一举，对外较对内为尤亟，鄙意仍由公联衔联合各省续请速开，此后事之来，万不得已时可由国会议决，天下后世方不归咎于一二人。尊意如何，仍祈酌核示复为幸。"③对此，锡良回电称："宸虑甚远，惟恐日内奏入而命已下，难望其收回成命，反成落空，将来再争亦归无效。如果内意未决，日内尚未即降旨，则不妨续请，以回上意。"④可见，深陷边疆危机的锡良虽然一度并不愿再次向清廷施压，但严重的边患使其认识到必须速立阁会方能摆脱这一危机，因此他希望抢在清廷尚未宣布最终决定之前再次致电清廷。

随即，远在北京的施肇基⑤亦来电告知锡良，清廷有意于初三日降旨宣布国会定于宣统五年召开之议。⑥锡良认为"趁此惟奉明诏之先，联电续陈较为有效"，于是在未与各省督抚电商的情况下，于九月三十日夜再次请清廷"宸衷独断，立颁明诏，内阁、国会同时并举，以慰民望"，"若又迟以三年，则三年之内风潮万状"。⑦

锡良的电奏，得到了各省督抚大臣的谅解和好评。如安徽巡抚朱家宝说："忧国之忧，赴机之敏，必能契合天聪，幸附骥尾，佩慰实深。"⑧江苏巡

---

① 《复滇鲁晋浙桂吉各帅电》(宣统二年九月廿七日)，《锡良任东三省总督时外省来电》，档号：甲374-18。
② 《增固帅来电》(宣统二年九月廿九日)，《锡良任东三省总督时外省来电》，档号：甲374-18。
③ 《丁衡帅来电》(宣统二年九月廿九日)，《锡良任东三省总督时外省来电》，档号：甲374-18。
④ 《致丁衡帅电》(宣统二年九月廿九日)，《锡良任东三省总督时外省来电》，档号：甲374-18。
⑤ 施肇基因在哈尔滨担任过哈尔滨关道的职务，深为锡良所赏识。锡良曾当面称施肇基"官声甚好，所有改革确于公家有利"，因此让施肇基成为滨江关道实授的第一人。后来，施肇基因外务部奏调为外务部右丞，锡良还一度加以挽留，试图奏请让其担任吉林交涉司。可知，锡良对施肇基之器重，亦可见二人关系颇好。此时，显然是锡良有意向其探听消息，所以他给锡良发电。(施肇基：《施肇基早年回忆录》，台北：传记文学出版社，1985年，第68—69页)
⑥ 《郑孝胥日记》第3册，宣统二年九月三十，第1285页。
⑦ 《盛京督帅锡来电》(宣统二年十月初一日)，《庞鸿书讨论立宪电文》，《近代史资料》(总59号)，第58—59页。
⑧ 《朱经帅来电》(宣统二年十月初三日)，《锡良任东三省总督时外省来电》，档号：甲374-18。

抚程德全说:"召集国会既有再迟三年之风说,自宜趁朝旨未发,先行联电续陈较有效力,尊稿指陈国会迟速理由,发言痛切,足为前奏之后劲,跂盼纶音,尤深祷祝。"① 山西巡抚丁宝铨说:"联奏精警透辟,洞中窾要,言人之所不能言,此全球有价值之伟论,中外无不同钦。下午又接简帅电再言此事须坚持到底,既已发端,必当至再至三,方不虚此一举。其言最有见地,缘今日世界无事不讲团体,我辈既联衔十数人定此政见,若云政见不是,宁可自讲斥退,岂能忽彼忽此,与反对者强同,公有此一电,日人之在东者亦将曰国有人焉,其气必为稍慑。"② 湖广总督瑞澂说:"大稿痛切透辟,足以间执新旧派议者之言,极为钦佩。闻政务处本来正在会议,倘能得请,大局幸甚。"③ 浙江巡抚增韫说:"大稿痛快,诚恐附骥极荣,一发千钧,视此后劲,当额手代待恩命。"④ 察哈尔都统诚勋说:"承示大稿持论确当,立意精切,际此时迫势促,自不能不变通画利,以缓目前之急,若俟既奉成命措词较觉为难。"⑤ 贵州巡抚庞鸿书说:"内阁国会势须同时并举,有相辅之益而无偏重之弊。当此间不容发,得公主持联合电争,必能感动宸衷,速定大计,大稿穷极利弊,然挚昌明,极所服膺,更荷挈衔为感幸。"⑥ 如此等等。可知,锡良的电奏赢得了多数督抚的欣赏与赞同。

此后,锡良又从其他方面获得了清政府内部对阁会意见的最新动向。他于十月初二日再次电致军机处,阐述东三省大局"危如累卵,不能待久",倡言"欲图挽救只有速开国会一法","务请朝廷乾纲独断,毅然决定即于明年召集国会,幸勿轻信莠言,再行游移,以至贻误"。⑦ 可知,他在做最后的努力,试图以此扭转清政府的决定。

对于锡良的电稿,清政府并不为所动,而是一意孤行。十月初三日,清政府即颁布谕旨:"召集议院以前,应行筹备各大端,事体重要,头绪纷繁,

---

① 《程雪帅来电》(宣统二年十月初三日),《锡良任东三省总督时外省来电》,档号:甲374-18。

② 《丁衡帅来电》(宣统二年十月初三日),《锡良任东三省总督时外省来电》,档号:甲374-18。

③ 《瑞莘帅来电》(宣统二年十月初四日),《锡良任东三省总督时外省来电》,档号:甲374-18。

④ 《增固帅来电》(宣统二年十月初四日),《锡良任东三省总督时外省来电》,档号:甲374-18。

⑤ 《诚都护来电》(宣统二年十月初四日),《锡良任东三省总督时外省来电》,档号:甲374-18。

⑥ 《庞劬帅来电》(宣统二年十月初八日),《锡良任东三省总督时外省来电》,档号:甲374-18。

⑦ 《锡制军又有电奏之述闻》,《大公报》1910年11月7日,"要闻"。

计非一二年所能藏事。着缩改于宣统五年实行开设议院，先将官制厘定，提前颁布试办。"或许是担心各督抚再次续陈，因此谕旨中还特别指出："此次缩定期限，系采取各督抚等奏章，又由王大臣等悉心谋议，请旨定夺，洵属斟酌妥协，折衷至当。缓之固无可缓，急亦无可再急，应即作为确定年限，一经宣布，万不能再议更张。"并要求各督抚"凡地方应行筹备各事宜，更当淬厉精神，督饬所属，妥速筹办，勿再有名无实，空言搪塞"。[①] 这一谕旨提及各省督抚、资政院、各省咨议局及各省人民代表不断陈请，以及内阁与会议政务处王大臣的多次讨论，似乎照顾了多方面的意见，一方面表明采用督抚言论而行，试图阻止各督抚再次奏请，并有意借此追加督抚责任；另一方面则表明此次上谕乃政府中人的讨论，表现出"大权在朝"的表象。但这显然并非事实。就督抚的奏请而言，这一谕旨仅仅是按照陈夔龙的提议所做出的决定。时过境迁后，陈夔龙仍非常自得地指出："疏即上，荷蒙俞允，分别晓谕，群情极为帖服。"[②] 而早在宣统二年五月间，清政府即有拟在宣统五年或六年成立阁会之议。[③] 至于为何是宣统五年，这或许与清廷在实行新政时视日本模式为不二法门、"事事步趋日本"有关。[④] 不管怎样，清廷否定了督抚速立阁会的要求，虽然不知其做出此决定的内在原因，但可以肯定的是其背后显然有维护中央权威的考量。

面对清廷这一看似退让、实际并未顾及多数督抚请愿要求的结果，锡良并不甘心，再次致电军机处，请其设法转圜。这引起了军机处大臣的极度反感。某军机大臣在看过原电之后，勃然色变，谓"大权操之君主，该督抚

---

① 《光绪宣统两朝上谕档》第 36 册，第 376—377 页。

② 参见陈夔龙《梦蕉亭杂记》，北京：中华书局，2007 年，第 113 页。关于此问题，还可参见李细珠《立宪派、地方督抚与清廷之间的互动关系——围绕国会请愿与责任内阁制问题的探讨》，《晚清国家与社会》，第 307—323 页。

③ 《某军机之变通国会谈》，《盛京时报》宣统二年五月初十日，"中外要闻"。

④ 李育民：《试论清末的宪政改革》，中华书局编辑部编：《辛亥革命与近代中国：纪念辛亥革命八十周年国际学术讨论会文集》（上册），北京：中华书局，1994 年，第 632 页。据时人的记载，日本维新运动是用了十五年的时间方才完成，此时清廷定于宣统五年，其新政恰亦有十三四年之久，时间上颇为接近。因此可知清政府显然有这一方面的考虑。（《泰晤士报纸之中国革命论》，《盛京时报》宣统三年十月二十六日，"革命大乱汇报"）当然，以往的研究亦对载沣等人为何确定于宣统五年召开国会做过研究，只是文章仅叙述了过程，并未对其背后的因素进行探讨。（参见侯宜杰《二十世纪初中国政治改革风潮——清末立宪运动史》，第 316—317 页）

宜如何仰体圣意，保全大局，乃竟敢于朝廷已决之政，犹复一再续请，殊属希图沽誉，不知大体"，并拟请载沣发布电旨予以申饬。载沣则以该督抚等志愿堪嘉，惟于进行缓急尚欠了了，因饬将原电置毋庸议，并谕以不须申饬。[①] 情况似乎并不算严重。但是，各督抚继续要求速开国会的活动，引起了清政府进一步的行动。清政府部分人士认为各督抚"惟知俯顺民情，冀邀时誉"，未能体谅清廷经营筹画之苦心，因此请求摄政王载沣颁布谕旨，"以提其耳而杜其口"。[②] 随后，清廷又针对督抚发布了关于宪政的谕旨：

> 前据各省督抚先后电奏请开国会，业经降旨俯如所请，缩改于宣统五年开设议院。其地方应行筹备事宜，并饬令各督抚准厉精神，督饬所属，妥速筹办。年来财力竭蹶，办事艰难。朝廷素所深悉。既经该督抚等联衔奏请，必于地方情形，确有体验，当不至徒托空言。第恐论事有奋勉勇往之诚，而任事有审顾迟回之虑。且奉行官吏，或因事体繁重，费钜期迫，又存一畏难之心，借词延宕。用特再申诰诫，举凡开设议院以前，地方应行提前赶办事项，着即懔遵前旨，切实进行，毋再因循推诿，致误限期。……该督抚等受恩深重，务当殚竭血诚，勉为其难，毋负委任。倘或乞请于前，而敷衍塞责于后，以致名不副实，贻误事机，定惟该督抚等是问。钦此。[③]

结合初三日之谕旨，这一谕旨在督抚们看来显然怀有深深的敌意。与锡良联络颇为密切的李经羲直接向其指出：

> 十一日谕旨意见已深，方针更错。今日请先遽设立国会，实望先谋补救，再议进行。补救主脑既惮而不为，又不能推翻宪政宪主，开明

---

① 《各督抚幸免申饬》，《大公报》1910 年 11 月 9 日，"要闻"。关于载沣赞成阁会一事，可以参见李细珠《立宪派、地方督抚与清廷之间的互动关系——围绕国会请愿与责任内阁制问题的探讨》，《晚清国家与社会》，第 307—323 页。

② 《十一日上谕之由来》，《大公报》1910 年 11 月 15 日，"要闻"。

③ 《光绪宣统两朝上谕档》第 36 册，第 393—394 页。

专制，国权替民权，淹贤愚同归一烬，大局从何收拾？宪政强国其功本缓，宪政亡国其祸转速，劫运至此，何胜疾愤！①

其他督抚，如程德全亦有类似的说法。他向李经羲等人说："十一日谕旨，政府似别有意见，遂将不负责任之意，直为宣布。种种理论与阁会原理抵牾，似于前此电奏，尚未了然。前奏谓国会既开事事待举，政府似谓百事就理，则国会早开。前电谓国会早开则财政就理，政府似谓财政就理则国会可开，万一提前事项不克就理，政府将援今日之谕以相诘难，或因此推缓国会期限，拟申前意再奏。"对此，李经羲甚为赞同，认为"剀切精透，实获我心"，要求锡良、瑞澂"熟计深筹，一为裁决"，"总期无负于臣节，有补于危时"。②随即，锡良密电军机处，谓"国会成立之迟速，与东三省时局大有关系"，现在东三省情形日益岌岌，要求赴京向清廷面陈。但清廷深恐锡良有种种要请，不准其来京。③至此，督抚请愿的活动方才结束。但是，地方督抚与清廷的斗争也为其他群体的活动大开空间。地方士绅得到了鼓舞，湖北、江苏、东三省等地士绅此后仍不断地向清廷要求速立国会，其中就包括了锡良"被迫"参与的代奏东三省士绅速立国会的事件。

三、国会请愿的余音：东三省士绅速立国会事件

宣统年间，锡良非常认真地筹备立宪事宜，这培养和激发了奉天人民的立宪意愿。侯宜杰就指出，奉天咨议局在发动人民参与国会请愿方面的成绩，"居全国之冠"。④在国会请愿过程中，东三省的请愿代表显然属于最为积极的群体。陈夔龙就曾言：宪政开始后，"东三省新学家首先入京，乘机煽

---

① 《李仲帅来电》（宣统二年十月十九日），《锡良任东三省总督时外省来电》，档号：甲374–18。
② 《李仲帅来电》（宣统二年十月十二日），《锡良任东三省总督时外省来电》，档号：甲374–18。
③ 《锡督又有恳请陛见之急电》，《盛京时报》宣统二年十月廿三日，"东三省新闻·奉天"。
④ 《二十世纪初中国政治改革风潮——清末立宪运动史》，第241页。

动，革党一唱百和，伏阙上书，请立时开国会"。^① 可知东三省国会请愿代表之积极，东三省民气之奋发，这在一定程度上反映了锡良筹备宪政的影响。

在四次国会请愿中，东三省的请愿代表不断向锡良请求代为奏呈稿件，以增强其请愿的效力。按照清代定制，人民陈请，除由都察院代奏外，督抚也有代奏之责。^② 所以，早在第二次国会请愿时，奉天咨议局副议长袁金凯就向锡良提议请愿开国会之事，锡良"甚为赞成"，欣然应允代为呈递《三省咨议局合请奏陈速开国会呈稿》。^③ 稿件呈上后，不知何故，锡良"忽中悔，欲缓议"，最终不了了之。^④ 这无疑表明他虽认同国会，但仍有所顾忌。到了第三次国会请愿时，各省代表均有请所在地督抚代奏请愿呈稿之举动，东三省的代表也不例外，曾有《奉天咨议局呈请督宪代奏即开国会文》在《盛京时报》上连载。^⑤ 对此，锡良认为督抚已有联合请开国会之举，则人民请愿代表的呈稿应咨送都察院代奏，故将东三省代表的呈稿咨送给了都察院。^⑥

当清政府宣布国会提前至宣统五年举办后，各省主张速设国会的请愿代表仍不满意。^⑦ 清廷已察觉此种现象，向各督抚表示，国会缩短至宣统五年的上谕，无论如何，断不能再有更改，要求各督抚遵照该谕旨，对结党立会之事，立即劝令解散。^⑧

然而，在东三省总督的省份，奉天的绅民仍继续请愿且表现非常激烈，有人甚至用断指割股的方式表明其强烈要求速开国会的心愿。这使奉天咨议

---

① 《梦蕉亭杂记》，第 112 页。

② 《松鹤帅来电》（宣统二年九月廿五日），《锡良任东三省总督时外省来电》，档号：甲 374-18。

③ 《请开国会之赞成》，《盛京时报》宣统二年二月十三日，"东三省新闻·奉天"。

④ 《郑孝胥日记》第 3 册，宣统二年三月初八日，第 1250 页；《奉天人之国会哭》，《民呼·民吁·民立报选辑》，第 585 页。

⑤ 《奉天咨议局呈请督宪代奏即开国会文》，《盛京时报》宣统二年九月二十日，"东三省新闻·奉天"；《奉天全省咨议局呈请代奏即开国会奏稿（续昨）》，《盛京时报》宣统二年九月二十一日，"代论"。

⑥ 《复松鹤帅电》（宣统二年九月廿五日），《锡良任东三省总督时外省来电》，档号：甲 374-18；《复丁衡帅电》（宣统二年九月廿七日），《锡良任东三省总督时外省来电》，档号：甲 374-18；《奉天咨议局呈请督宪代奏即开国会文》，《盛京时报》宣统二年九月二十日，"东三省新闻·奉天"。

⑦ 《各督抚之密电述闻》，《大公报》1910 年 11 月 10 日，"要闻"。

⑧ 《电饬各省钦遵国会谕旨》，《大公报》1910 年 10 月 12 日，"要闻"。

局全体议员颇为感动，表示"誓不达目的不止"。^①此后，东三省咨议局之间函电往来，商议再次联络各省进行请愿活动的事宜。^②到了十一月初三日，奉省士绅刘文焕等人率领千余人赴总督署请求代奏速开国会之愿。刚开始，锡良以人数过多，担心酿成他变，请民政使、提学使出面接待。后来在请愿代表的一再坚持下，锡良方才出来亲自劝导，表示愿即代奏，随即代表们解散。^③然而，锡良并未兑现其诺言。随即，奉天的士绅又一次联络奉省各地士绅和各类团体，筹画向锡良请愿。十一月初五日，由奉天咨议局议长吴景廉等人率领的一万多代表前往总督署请求代奏速开国会。^④与前次相比，这次请愿不仅在人数上更为壮大，几乎为奉省全省动员，且更有计划性，代表们是抱着"督部堂如不承允，即不退散"之心前往的。^⑤这次请愿活动受到了极大的关注，各大报刊均做了详细报道。

据报道，这次请愿最初由民政提学使出来接受请愿呈稿，但被请愿代表们所拒绝。随后，锡良请议长吴景廉等部分代表进入督署内商议。对于代表们的代奏请求，锡良明确表示反对，并要求代表们实力做事来挽救危亡。但吴景廉等人以锡良刚领衔督抚国会请愿的活动，且重申开国会之重要性，希望锡良能予以代奏。对此，锡良似无词以对，只得表示，"吾不代奏，你们如吾何"。于是，吴景廉等人向锡良哭诉东三省危局，而中央无人主持国会，若督抚也不支持国会请愿，则中国有必亡之势。此时，锡良仍有意推托，但在各代表的坚决请求下，他"权词允许代奏"。吴景廉以锡良有允准代奏而最终反悔之前例，坚决要求他当面画诺。锡良认为各代表有要挟之意，大怒入署，而奉天的请愿民众仍滞留于督署外，不肯解散离去。无奈之下，锡良最终同意立即代奏，并拿出了盖印的封简回批给各代表。随即，锡良出总督署，下阶与代表们见面，并与他们席地而谈，表示：在东三省未做一事，愧

① 《速开国会问题之复活》，《大公报》1910 年 12 月 7 日，"要闻"。
② 《东三省之国会热》，《盛京时报》宣统二年十月十六日，"东三省新闻·奉天"。
③ 《吁请督宪代达渴望国会下忱》，《盛京时报》宣统二年十一月初五日，"东三省新闻·奉天"。
④ 该数据乃依据《奉天全省人民请锡督代奏明年即开国会呈稿》附列人数统计而得出，有 10889 名。（参见《奉天全省人民请锡督代奏明年即开国会呈稿》，《盛京时报》宣统二年十一月初七日，"代论"）以往的研究，多直接将此人数定为两万余人，这一数字应当为两次请愿人数的总和。
⑤ 《本日请开国会之计画》，《盛京时报》宣统二年十一月初五日，"东三省新闻·奉天"。

对东三省人民，对于国会并非反对，亦欲设法维持，奈只有此一副心，而无此能力；何况处东三省时局，你们的心即我们之心，表示理解东三省代表之举动。最后他表示，要在三天内代奏，决不咨送他处。^①从这些报道来看，这次请愿并不顺利，其过程颇为曲折。锡良内心似不愿为民众代奏，但在民众的压力之下被迫代奏。这是因为当时清廷已发布谕旨，确立五年立宪的规划，不准各地再有速行立宪的奏请，所以他不愿违反这一谕旨。后来，锡良在上奏问题上仍踌躇不已，恐触怒清廷，沉思良久后，方才表示"与其难对国民，宁触政府之怒"。^②

十一月初六日，锡良正式将东三省人民的意愿上奏清廷，称："臣莅东以来，默察今日大势，欲求所以捍三省之危亡者，一无所恃，所恃者民心不死，皆知崇戴朝廷耳"，并言"如以臣言为欺饰，请先褫臣职，另简贤能大员，以纾边祸"。^③显然，他以维护国家主权和固结民心为由，试图淡化对抗中央的痕迹。然而，清廷对锡良的行为有不同的解读。清廷在朱批上谕里指责锡良有意借转达民意而达到开缺的目的，重申"已降旨明白宣示，不应再奏"，并称"该督有治事安民之责，值此时艰，尤应力任其难，毋许借词诿卸，致负委任"。^④而军机处则认为国会问题"非疆臣所议"，故对锡良的举动非常不满。鉴于此前锡良领衔各省督抚一再请愿速开国会，军机大臣一度对此次代奏是否真实为东三省民众请愿存有怀疑，他们认为是锡良借词要挟，甚至有意派人前往东三省调查实情，若有不符，即定处分。^⑤这说明在政出多门的时代，清廷难以形成统一的决策，给了地方督抚要挟中央或表达不满的空间。

---

① 《全省人民之国会热》，《大公报》1910年12月12日，"奉天"；《各界人民请愿即开国会之伟观》，《盛京时报》宣统二年十一月初六日，"东三省新闻·奉天"；《奉天全省人民为请明年即开国会齐赴总督公署呈请代表之实纪》，《盛京时报》宣统二年十一月初七日"东三省新闻·奉天"；《奉天人之国会哭》，《民呼·民吁·民立报选辑》，第584—586页。

② 《督宪对于请开国会之预闻》，《盛京时报》宣统二年十一月初八日，"东三省新闻·奉天"。

③ 《奉天全省各界绅民因时局迫不及待呈请代奏明年即开国会以救危亡折》，《锡良遗稿：奏稿》，第1262—1263页。

④ 《清实录》第60册，《附宣统政纪》卷44，宣统二年十一月庚戌，第797页。

⑤ 《密派章京赴东调查》，《大公报》1910年12月16日，"北京"；《密派章京赴东调查》，《盛京时报》宣统二年十一月十九日，"东三省新闻·奉天"。

无论如何，锡良的态度和行为使东三省士绅看到了请愿成功的希望。奉天士绅率先赴吉江两省展开联络活动，准备再次向清廷请愿。[①]对此，锡良采取了默许的态度。十一月初八日，由奉天学界组织的东三省代表再度前往北京，展开第四次国会请愿活动。[②]锡良致函给北京的友人称，奉省人民的举动，乃东省人心未死之表现，建议清廷借此时机，速谋完全之策。他表示，此次请愿不准，"良决意乞骸骨归，实不敢久处于累卵之局，坐观成败，使祖宗发祥之地，终落他人掌握之中，致受天下后世之唾骂"。[③]与此同时，他向清廷表达了再次进京的愿望，希望能备陈东三省时局及人心之所趋向，但清廷不予准许。[④]以此观之，锡良之所以支持奉省人民国会请愿，有着他在无法推动东三省救亡之策实施的情况下，不得已试图借助民间力量以实现其救亡的目的。而从后来的效果看，这在客观上促进了清末宪政运动的发展。

此时，受到奉天代表入京请愿的影响，各地士绅再度活跃起来，第四次全国性的国会请愿运动正在酝酿之中。[⑤]当时，受到东三省直接影响的就是直隶地区。据直隶总督陈夔龙回忆，奉天请愿代表在北京请愿，"事未果行，乃勾串来津请愿，唆使各学堂各派代表，登时聚集千余人，断指喋血，群向督署陈恳人奏，早开国会"。[⑥]当时舆论也指明，直隶士绅乃为奉省代表的热诚所感染而投身于此次请愿运动。[⑦]奉天和直隶成为这次请愿活动中最为突出的区域。[⑧]

锡良和东三省代表一再请求国会的举动，引起了清廷的不满。当发现第四次请愿活动有再起之势时，清廷为了抑制这一趋势，于十一月二十三日再

① 《孙议长之赴吉江盖以此》，《盛京时报》宣统二年十一月初七日，"东三省新闻·奉天"。

② 《学界遴选代表赴京请开国会》，《盛京时报》宣统二年十一月初九日，"东三省新闻·奉天"；《同志会公举请愿代表之后劲》，《盛京时报》宣统二年十一月十三日，"东三省新闻·奉天"。

③ 《锡制军之声泪俱下》，《大公报》1910 年 12 月 18 日，"要闻"。

④ 《政府不愿见锡督》，《民呼·民吁·民立报选辑》，第 553 页；《锡督又请陛见》，《大公报》1910 年12 月 15 日，"要闻"。

⑤ 《政府又有国会问题之烦心》，《大公报》1910 年 12 月 15 日，"要闻"。

⑥ 《梦蕉亭杂记》，第 112—113 页。

⑦ 梦幻：《论东三省人民请愿国会之激烈》，《大公报》1910 年 12 月 19 日，"言论"。

⑧ 参见李巧玲、梁景和《国会请愿与国人参政意识的觉醒》，《通化师范学院学报》2003 年第 3 期。

次发布谕旨，重申国会"一经宣示，万不能再议更张"，要求各督抚"懔遵十月初三日谕旨"，查拿严办国会请愿人士。[1] 可知清廷希望通过高压措施阻止第四次国会请愿运动的展开。

对于赴京的东三省代表，清政府则强令解散，并押解回奉天。清廷还饬令锡良对奉省代表严加管束，并要求其发布严缔国会请愿之谕旨。[2] 锡良以人民请愿系出爱国行动，并未对代表加以处分。[3] 而对于清廷要求管束的谕旨，锡良认为，现在东三省情势危急万状，人民受其激刺，自必群情奋发，"若遵照谕旨实行惩办，诚恐内讧一起，外患齐来"，不仅民心涣散，且有大局糜烂至不可收拾之忧。因此，他明确地向清廷表示不能遵旨发布谕旨，并恳请开缺。[4] 郑孝胥在看过锡良亲自拿来的清廷回复代奏东三省士绅要求的谕旨后，写道："人心去矣！初无以维系之，而遽绝之，可乎？"[5] 郑孝胥的反应在某种程度上正是东三省官员的直接写照，而他作为锡良的政治顾问，显然代表了锡良的某些态度和倾向。

随即，清廷又向锡良等督抚发布谕旨，除严饬钦遵已定国会召开日期外，并嘱密派干员侦查所属不得稍有违背。锡良终究未能抵抗住清廷的压力，于十一月廿五日开始，劝告参与国会请愿的学生，并对倡议以罢课来要求国会的为首造事学生做出革退的处罚。[6] 基于清廷的不满，锡良又向清廷请求开缺，只是告罢未能。[7]

观锡良在东三省国会请愿运动中的表现，再联系其在督抚请愿中的表现，可知，他极有可能确如清廷所言，借代为请愿之名向清廷施压，意图以此让清廷转变初衷。

锡良在请愿运动中的表现赢得了东三省人民的认同，所以当他此后一再

---

① 《清实录》第 60 册，《附宣统政纪》卷 45，宣统二年十一月癸亥，第 809—810 页。

② 《枢垣电致东督纪闻》，《大公报》1910 年 12 月 28 日，"要闻"；《锡督有决计乞退志耗》，《大公报》1910 年 12 月 28 日，"要闻"。

③ 《吴景廉自述年谱》（上），《近代史资料》（总 106 号），第 30 页。

④ 《锡督有决计乞退志耗》，《大公报》1910 年 12 月 28 日，"要闻"；《锡督真热心国会者》，《大公报》1910 年 12 月 31 日，"要闻"。

⑤ 《郑孝胥日记》第 3 册，宣统二年十一月廿四日，第 1296—1297 页。

⑥ 《复学部电》（宣统二年十一月廿五日），《锡良任东三省总督时京师来电》，档号：甲 374-46。

⑦ 《清史稿》卷 449，第 12533—12534 页。

向清廷要求开缺时，东三省士绅联合各界人士，通过各种形式向清廷和锡良本人要求其继续留任。[①]当锡良最终离开东三省总督任时，东三省士绅为其举行了热情的送行活动。[②]

第三节　触角的延伸：试图主导外官制的探讨

清廷在内外压力下，早于光绪三十二年七月十三日宣布了要实行预备立宪，并拟从官制改革入手。随后，锡良即被派为讨论官制的六督抚之一。于是，锡良派遣四川候补道徐樾前往北京参议官制。[③]光绪三十二年九月十九日，厘定官制大臣电致各督抚发布了清中央对外官制的设想，对各省官制提出了两层方法：第一层办法为同署办公，重新设立官制，以便"行政、司法各有专职，文牍简一，机关灵通，与立宪官制最为相近"；第二层办法则以现行官制量为变通，重新划清各官之间的职权。[④]于是，清末官制改革由此展开。虽然在该电中提出了两层外官制办法，实际上清廷有意通过改革地方行政制度，"裁抑督抚权限"，推行中央集权，以巩固君上大权。[⑤]当时，锡良颇为反对，认为第一层办法最为简易灵通，惟以川省政治之繁，"必先将旧日各署局档案从头清理，乃能裁旧谋新，重立规制，有非旦夕所能举办

---

① 《东省士民二次公电挽留锡督》，《盛京时报》宣统三年三月初十日，"东三省新闻·奉天"；《岑云阶劝锡督留奉》，《盛京时报》宣统三年三月初十日，"东三省新闻·奉天"；《留东学界电留锡督》，《盛京时报》宣统三年二月初八日，"东三省新闻·奉天"；《奉省学界对于锡督之去思》，《大公报》1911年5月26日，"东三省"；《东省咨议局挽留东督之无效》，《大公报》1911年4月23日，"要闻"；《商民又议挽留锡督》，《大公报》1911年4月19日，"要闻"，等等。

② 《东省商民挽留锡督之近闻》，《盛京时报》宣统三年三月二十五日，"东三省新闻·奉天"。

③ 《派徐樾赴京随同参议官制片》，《锡良遗稿：奏稿》，第598—599页。

④ 《厘定官制大臣致各省督抚通电》（光绪三十二年九月初九日），侯宜杰：《清末督抚答复厘定地方官制电稿》，《近代史资料》（总76号），北京：中国社会科学出版社，1989年，第52—53页。

⑤ 《近代中国社会的新陈代谢》，第240页。

者";第二层办法"自较易行,但范围太广","似应仍留各局所,以司道依衔切领,而督抚总其成,似觉有条不紊"。①细绎其意,锡良希望在既有政治体制之下,由地方督抚主导官制改革,而非由清中央一力推进。从当时各督抚的复电来看,这种观点为多数。②此后,因慈禧太后和光绪帝的过世,这一讨论暂行搁置。

此时,在清廷定调国会的情况下,宪政编查馆有意修订地方官制。李经羲率先提议转向官制问题的探讨。他指出,国会原以监督内阁为责任,而内阁又无成立期限,朝廷意谓官制与内阁有关,官制一日不定,内阁一日难设,因此他指出,"能早定官制,内阁或不惮设"。他认为,中国政俗差异较大,不能采用联邦制或日本府县直接体制,应体察国情,"我定我法"。他对中国行政组织提出了三级之法,其言曰:

> 第一级为内阁与各部,其责任在计划国务,统一政策;第二级为督抚,其权责在于秉承内阁计划,主决本省行政事务;第三级为府厅州县各治一邑,不相统辖,其权责在于秉承督抚命令,整理本属行政,省制略为部制,司道如部中各司之长,补助督抚,同署办公,不宜特设衙门。府厅州县仍为各省司属官,并受考核,而公牍均直接督抚。一省行政得失,督抚对于内阁完全负责,各司对于督抚分事负责,各司由督抚酌荐,用舍决于内阁,溺职者,内阁督抚均得劾退,惟另选必由督抚;府厅州县进退决于督抚,各就事之繁简,酌设佐治员缺,由府厅州县自酌,如此办法方能监察而无侵越,有统系而无推诿,边省于僻远地方酌设巡道,受督抚指挥考核,府厅州县务期权责分明,行政敏活,一扫从前疲痿隔阂、牵制延宕之弊。

他更言"羲之言此者,以外官制关系甚重,若筑室道谋,朝无折衷,全

---

① 《四川总督来电》(十月初八日到),《清末督抚答复厘定地方官制电稿》,《近代史资料》(总76号),第64页。
② 《立宪纪闻·编改外省官制办法及各疆臣之意见》,《东方杂志》(临时增刊)第三年第十三期,第9—10页。

由内阁，又恐不明外情，统理想而悖事实，则事更难办"，因此希望各督抚仍能主推锡良、瑞澂领衔联电献议。①

就李经羲所提三级行政而言，其意在划分中央与地方的权力和职责。内阁与各部，其职责在计划国务；督抚则秉承内阁计划，管理本省行政事务；而府厅州县则不相统辖，其权责在秉承督抚命令。这样形成了相对垂直的权力结构，其权力和职责似简单明了。在这一权力结构中，督抚的权力对上而言，在于秉承内阁，但并不隶属于内阁，具有相对独立的地位；对下而言，府厅州县秉承于督抚，进退权力均决于督抚，直接成为督抚的属吏，而司道人选也可由督抚酌选，这样无疑进一步增强了督抚的权力。

对此，瑞澂最先表示赞同，并致电锡良"仲帅文电深虑改定官制全由内议不达外情，拟再联衔献议，所论极是"，请锡良挈衔通电各省"以决异同"。② 随即，锡良"极表同情"，推李经羲主稿，并通电各省。③

这一主张先后得到闽浙总督松寿、两江总督张人骏、两广总督张鸣岐、江苏巡抚程德全、安徽巡抚朱家宝、山西巡抚丁宝铨、山东巡抚孙宝琦、浙江巡抚增韫、河南巡抚宝棻、江西巡抚冯汝骙、广西巡抚沈秉堃、贵州巡抚庞鸿书、吉林巡抚陈昭常、黑龙江巡抚周树模等人的积极回应。自十月十五日至十二月初八日，他们进行了反复论证。随着讨论的深入，他们将问题的焦点集中在以下十五个问题上：督抚应否为国务大臣、司法独立问题、外交权问题、军事权问题、各司主管事务应否直接京部问题、各司应否由督抚酌荐问题、府厅州县佐治员聘用问题、加重知府责任问题、僻远地方设巡道问题、同署办公问题、内厅问题、改清理财政局为审计局问题、差缺合并问题和评职分离问题。经过如此长时间的讨论，各督抚的意见虽渐渐趋向一致，但仍有不少争议处。对此，锡良认为时日已促，不及再商，于宣统二年十二月初八日致电清廷。

对此，清廷回应："奉旨。锡良等电奏，厘定官制宜内外统筹分为三级

① 《滇督来电》(宣统二年十月十五日)，《锡良任东三省总督时外省来电》，档号：甲374-18。
② 《瑞莘帅来电》(宣统二年十月十五日)，《锡良任东三省总督时外省来电》，档号：甲374-18。
③ 《复滇督电》(宣统二年十月十五日)、《通电各省》(宣统二年十月十五日)，《锡良任东三省总督时外省来电》，档号：甲374-18。

及现有巡防军队断难裁减等语，着该衙门知道。钦此。"① 十二月十三日，清廷正式发布谕旨，称："现在厘定外省官制，必须详慎。着派锡良、陈夔龙、张人骏、瑞澂，会同宪政编查馆王大臣悉心参酌。遇有紧要节目，随时电商。"② 对此，督抚们较为兴奋，瑞澂来电称，这次联电已为清廷"嘉纳"，愿继续联衔电奏。③

锡良随后以"商订外官制事宜与国家宪政前途关系至为重大，而商订之督抚必须精通宪法者方不致遗误"，向清政府力荐"精通宪政"的李经羲参与讨论外省官制改革。与此同时，瑞澂也向清政府推荐了李经羲，最终得到清政府的认可。④ 这使三人的关系进一步密切，李经羲甚至向锡良、瑞澂建议形成"三友团体"，公诚相结，以"清帅任主决、莘帅任主谋"，自己则任"旁赞"，知无不言，希望通过这一团体影响甚至主导外省官制讨论的走向。⑤

除了外官制改革问题的讨论，锡良等人还探讨内阁制度、外交官制等一些中央的政治制度。这引起了清廷的极度反感，军机处大臣认为"建官设职为君主大权，非臣下所能干预，其地方用人新政，俟颁布新官制，自必详为划分，此时应毋庸议"。⑥ 有报道称，军机大臣对锡良一再电请的行为颇为反感，认为锡良"只知己所处地位之困难而不识中央地位之困难尤甚"，将锡良一再要求开缺的行为解读为"志在要挟，拟将来如再乞退，当即奏请允准"。⑦ 这一说法未必确实，但亦可反映出清廷的某种态度。此后，锡良因吉林知府万绳武吸烟未尽一事有失察之罪，清廷于宣统二年十月二十六日准许了由吏部奏请的对其罚俸一年的处分。⑧ 这恰是督抚为向清廷请求速立阁会做

① 《通致各省电》（宣统二年十二月初十日），《锡良任东三省总督时外省来电》，档号：甲 374-18。
② 《清实录》第 60 册，《附宣统政纪》卷 46，宣统二年十二月癸未，第 828 页。
③ 《武昌瑞莘帅来电》（宣统二年十二月十九日），《锡良任东三省总督时外省来电》，档号：甲 374-18。
④ 《添派李制军商订外官制原因》，《盛京时报》（宣统二年十二月廿一日），"紧要新闻"；《致云南李仲帅电》（宣统二年十二月十六日）、《武昌瑞莘帅来电》（宣统二年十二月十九日），《锡良任东三省总督时外省来电》，档号：甲 374-18。
⑤ 《云南李仲帅来电》（宣统二年十月廿二日），《锡良任东三省总督时外省来电》，档号：甲 374-18。
⑥ 《枢臣中央集权之政见》，《盛京时报》宣统二年十二月十七日，"紧要新闻"。
⑦ 《锡督与枢臣又结恶感》，《大公报》1910 年 12 月 11 日，"要闻"。
⑧ 《奉旨抵销处分谢恩折》，《锡良遗稿：奏稿》，第 1256—1257 页。

最后努力的时间，虽然此事乃按照清廷规定做出的决定，但此时发布这一命令不免令人浮想。此时，政界更有传言清廷因锡良一再以乞休为要挟，拟简派东省督催宪政大臣，以便监察锡良推行宪政。[①] 可知，清廷对锡良的不信任。

而真正让锡良感到清廷对其产生不信任的是，清廷在宣统三年对黑龙江布政司使赵渊做出降四级处分的决定一事。当时，赵渊因黑龙江巡抚周树模在东三省防疫中并不积极，与周相处时"遇有不合，稍加诘问，辄敢肆口谩骂"，为此周以赵渊"刚狠狂性，喜怒无常，遇事把持，奴隶属吏"而加以参奏。[②] 赵渊因此遭到清廷以"私罪"降四级处分的决定。[③] 对此，时人评论认为，赵渊"以防疫事为巡抚周树模所劾罢，非其罪也"。[④] 至于为何为"非其罪"，作者并未细加说明。赵渊乃锡良极为得力的属僚，长期追随锡良左右。在四川总督任时，锡良对时为泸州直隶州知州的赵渊赞誉有加，称其"沉毅廉明，朴诚果敢，实为州县中第一出色之员"。[⑤] 此后，赵渊追随锡良至云贵总督、东三省总督任，锡良一再对他进行保奖。宣统元年七月，在锡良的力保下，赵渊得以试署黑龙江民政使司缺。[⑥] 可知赵渊与锡良关系之密切。虽然未知周树模是否受到了清中央的指示，有意利用该事件，[⑦] 但从赵渊受到降四级的处分看，清廷显然有意对锡良进行敲打，隐存有派系政争之因素。当事件发生后，锡良一度不愿派员接署，要求周树模"自行办理"，

---

① 《政府不信任锡督》，《大公报》1910 年 11 月 23 日，"要闻"。

② 《北京》，《盛京时报》宣统三年二月初十日，"专电"。

③ 《赵民政使之处分》，《大公报》1911 年 3 月 23 日，"要闻"。

④ 陈灏一：《新语林》卷二政事。

⑤ 《密保高增爵赵渊折》，《锡良遗稿：奏稿》，第 446 页。

⑥ 《密保赵渊韩国钧试署补授司道员缺折》，《锡良遗稿：奏稿》，第 944—945 页。

⑦ 据笔者所知，周树模与载泽有着密切的联系。周树模曾跟随载泽出洋考察（《载泽奏为掌江西道监察御史周树模等志趣正大才识诚恳准随同出洋考察事》，中国第一历史档案馆藏，录副奏片，档号：03-9280-005），载泽亦曾对周树模进行过保举。（《镇国公载泽等奏为保举道员周树模给事中刘彭年博学广闻请备朝廷驱策事》，中国第一历史档案馆藏，录副奏片，档号：03-5618-050）而当时，锡良因与载泽在财政问题上矛盾颇多，载沣还一度居中调停。（《东督与度尚之龃龉》，《大公报》1910 年 9 月 5 日，"要闻"；《谕饬锡督泽尚之述闻》，《大公报》1910 年 9 月 7 日，"要闻"；《调和泽锡两大臣之意见》，《大公报》1910 年 9 月 7 日，"要闻"；《监国调剂泽锡两大臣之再志》，《大公报》1910 年 9 月 10 日，"要闻"）只是此时，清廷是以赵渊对官长不敬的私罪对其予以惩处，因此其背后或有其他因素，亦未可知。

同时，仍与赵渊保持着密切的联系。① 由此可知，锡良在某种程度上对赵渊受到处分抱有极大的同情。但从各方面的舆论和清廷的动向来看，锡良已意识到自己在政府方面处境日益艰难，加上东三省财政困境仍未改善，或许为了避免陷入被动局面，他随即再向清廷奏请开缺，这一次获得了清廷的允准。②

锡良在地方与中央的博弈中往往以领衔者的姿态出现，他为什么要这样做呢？其原因与时局和锡良本人的思想有关。

第一，东三省的处境和满汉畛域。在选择外官制人选时，庆亲王奕劻表示："向例外省督抚以南北两洋大臣为领袖，现在东三省既改行省，固当列入领袖。"③ 可知东三省总督的地位作用。至于为什么总是锡良作为领衔人，这与当时的满汉畛域观念有关。当时政治氛围中的满汉畛域相当明显，这从载沣等高层不断释放化除满汉畛域的言论中可见一斑。当时外省九总督中，锡良总督东三省，长庚总督陕甘，瑞澂督湖广，赵尔巽督四川，松寿督闽浙，旗人占其五。而两江总督虽由张人骏担任其职，但铁良为江宁将军，掌控军权；陈夔龙虽为直隶总督，但近在京师，此前那桐、端方先后督直。④故此可知，九省总督实则有七督在旗人的控制下，且皆为要害区域。（案，锡良为蒙古旗人，赵尔巽乃汉军旗人，松寿、长庚、瑞澂均为满族旗人。）后来，恽毓鼎在清王朝土崩瓦解之际不无痛苦地指出："中央集权，其祸如此！泽为首恶，洵、涛、朗次之。"⑤ 可见，少壮派满蒙亲贵为了推行中央集权政策，有意以旗人总督地方，急切地收拢地方权力，从而掌控局势。作为地方督抚，他们不可能没有这种政治意识，因此，作为较有资历的旗人总

① 《赵渊奉旨开缺》，《大公报》1911 年 3 月 22 日，"东三省"。据锡良的信函显示，赵渊是待锡良卸东三省总督任之后方才离开他，回到山西家乡的，可知锡良仍非常器重赵渊。（《与张抚台电》[宣统三年十二月初九日]，《北京往来电 [第二次任热河都统时]》，中国社会科学院近代史研究所图书馆藏，档号：甲 374–7）再结合报章报道，这亦在某种程度上反映出锡良为赵渊蒙此处分抱不平。

② 据《大公报》刊出的报道显示，赵渊受到惩处的报道是在 1911 年 3 月 23 日正式刊出的，翌日，《大公报》即刊出了锡良要求开缺的报道。至于二者是否有直接的联系，笔者限于材料不能确定。（《赵民政使之处分》，《大公报》1911 年 3 月 23 日，"要闻"；《有允准锡督请退之耗》，《大公报》1911 年 3 月 24 日，"要闻"）

③ 《简派督抚参议外官制之原因》，《盛京时报》宣统二年十二月十九日，"紧要新闻"。

④ 参见钱实甫《清季重要职官年表》，第 160—161 页。

⑤ 史晓风整理：《恽毓鼎澄斋日记》第 2 册，宣统三年九月十六日，杭州：浙江古籍出版社，2004 年，第 557 页。

督，锡良成为领衔人正是当时这一政治氛围的某种体现。

第二，这与锡良等督抚自身的利益有着密切关系。以盐政改革为例，由于盐政改革涉及用人行政等人事权力与盐款挪拨等财政权力，与督抚及其所代表的地方官绅的利益密切相关。一旦实行中央集权，势必会损害他们的利益。对此，《盛京时报》就评论道：

> 夫昔日之食盐利者，而工于作弊者，官为首，而商次之。商有时且受挤于私，而官则无处不沾余润焉。下而州县，上而大吏，凡与盐为缘者，无不倍护。一旦改制，集权于中央，骤夺其应得之利，而归之国，则有意反对，而希冀此制之不成立也，殆居多数。就令规画井井，不授人以可乘之隙，亦别行设法，以摇撼之，而况所颁布之章程，果有未尽妥善者耶！台陈掎齕于前，而疆吏又合力而持其后，势非逼令主持是议者，不知难而退不止，是亦至可唏之事矣！①

可知，督抚之反对盐政中央集权有着自身利益的驱动，并非单单由于盐政处所规划的制度有问题而已。从这三次联衔电奏，参与督抚人数基本维持稳定，甚至还有增加之势，可知，在反对盐政集权中央这一问题上存在着暂时的"督抚联盟"。因此，从督抚角度看，锡良显然反对这种集权行为。此外，东三省糟糕的财政状况亦是锡良坚决反对此事的重要原因。锡良自到东以来不断地向其同僚及友人抱怨东省财政之困难。宣统元年五月初八日，锡良在致韩国钧的信中抱怨财政困难，以致其筹议之新政各端难以实施。其言曰："何如受事以来，因念库款艰难，从前耗费颇巨，虑有不支，力从撙节入手，虽经清理裁汰，已不免怨谤纷滋。"②而在致其重要幕友兼同僚陶葆廉的信中，锡良则称东省"财政困难已极，未免力不从心"。③随着度支部监理财政举措的实施，锡良向内务总管奎俊大吐苦水，称度支部"几于无缝不

---

① 《论盐政之前途》，《盛京时报》宣统二年三月十二日，"论说"。
② 《复广东候补道韩国钧》（宣统元年五月初八日），《锡良任东三省总督时信函》，档号：甲374-75。
③ 《复陆军部郎中陶葆廉》（宣统元年七月初三日），《锡良任东三省总督时信函》，档号：甲374-75。

入"，财政益加窘困。^①就在盐政处推出盐政集权章程的前夕，锡良还向友人抱怨："弟忝膺边局，竭蹶万状，财政之穷已达极点。"^②当时的东三省政府，既不能从清廷获得财力支持，而各省的协款亦未能接济，与此同时，锡良试图借用外债的努力又为清中央所阻止，日俄两国在东三省的势力日张，这使他深感坐视危局之慨。保住并开拓财源成为锡良的重要课题，因此切身利益无疑是锡良等人反对中央集权政策的重要出发点。

第三，思想层面上，锡良从中央与地方的关系出发对"中央集权"政策极力反对。在他看来，所谓"中央集权"，即集权于中央各部，而非集权于君主之手。他曾说："我朝立法最善，黜陟大柄操之君上，纵有奸慝，朝旨旦发，冠带夕褫，庸足为患？必欲以数部臣之心思才力，统辖二十二行省之事，则疆吏成赘旒矣。"从制度角度揭示了"地方督抚权重危害中央"的说法是错误的。同时，他从中国历史和地理角度论证了中央集权之不可行。他以汉代重封建而存，宋代削藩镇而弱为例，认为"重内轻外，强干弱枝，亦视时代何如耳"，即应站在具体的历史环境中来看待中央集权，而不应刻板地强调中央集权。他又以太平天国时期的曾国藩、义和团时期东南互保的张之洞等督抚为例，认为正因为地方督抚"枝柱其间，不致危及社稷"。^③从地理方面而言，他指出，川、陇、滇、黔等省份远离中央有数千里之遥，若事事仰承部臣意旨，必至拘系痿废，坐误时机。而部臣即使"智周藻密，算无遗策，难以遥制"，"况二三新进者流，挟其偏见，怂恿当局"。他又说："朝廷分寄事权于督抚，犹督抚分寄事权于州县；无州县，虽有督抚不能治一省；无督抚，虽有部臣不能治一国，督抚无权是无督抚也。"若"风气所趋，属寮解体，设有缓急，中央既耳目不及，外省又呼应不灵，为祸实大"。^④言外之意，当给予地方督抚以重权，而不是如当时权贵们提出的集权中央，削弱督抚权力。显然，他认为，当前的中央集权政策乃是"二三新进者流"躁

---

① 《复总管内务府大臣奎俊》（宣统元年八月廿六日），《锡良任东三省总督时信函》，档号：甲374-75。

② 《复总办河南营务处候补道马开玉》（宣统元年腊月廿二日），《锡良任东三省总督时信函》，档号：甲374-75。

③ 显然，他所谓的救亡图存，乃是以清室为内核的救亡，这也正是清亡之后，他在天津做寓公而不愿出任民国政府职务的原因。

④ 《时局危急密陈管见折》，《锡良遗稿：奏稿》，第1126页。

进所为，而在这个时代大变局中加强督抚的权力反而有助于应对更为复杂多变的政局。

当然，锡良敢于"仗义执言"显然也与清廷"政出多门"有关。关于这一问题，学界已有定论，兹不赘述。正是因为清廷政出多门，没有一个有力的中心，才使地方督抚有了操纵政策和舆论探讨的空间。需要指出的是，锡良的努力中除了现实的利益之外也有忠君等思想情感的投射。1910 年 3 月，在与政治顾问郑孝胥的一次谈话中，锡良就对清廷的用人政策发表了不同的看法，他认为"国会及责任内阁看来不能不速立，政府用人，一个不如一个"。[①] 可知他对当时的清廷不信任，对时局充满担忧，已有意于清廷的政治改革。为此，他还选用或接触了当时以预备立宪思想知名的人物，如郑孝胥、杨度、汤寿潜、林长民等。而在清王朝的统治土崩瓦解之际，时任热河都统的锡良试图以所练的热河军队参与镇压革命起义军队。在退位诏书颁布后，他与清室共进退，寓居京津间，以遗老之资，谋清室复兴之望。由此可知，锡良参与这些行动有着对清王朝的真挚而恳切的情感因素。他仍希望能维持清王朝的统治，故而积极地参与阁会运动，试图以外在的督抚力量影响中央的政策。

不管怎样，随着清廷推行中央集权政策，加上满汉畛域问题，地方督抚逐渐有联合的趋向，在地方财权、军事权力等方面与清廷进行抗争。与此同时，以锡良为代表的一部分满蒙旗人督抚积极参与这种抗争，主动领衔国家大政方针的讨论，甚至试图利用外省官制改革的契机，影响朝廷政策的走向，进而挽救清王朝的危局。当然，正因为官制改革的探讨，清末政局变得更为诡谲，进一步激化了中央与地方之间的矛盾，为其他社会阶层大开了政治活动的空间，引爆了其他潜在的社会矛盾，在武昌起义的炮声响起时，督抚"非降即走"，大局土崩瓦解。这显然是锡良所不曾预料的。

[①] 《郑孝胥日记》第 3 册，宣统二年正月廿三日，第 1239 页。

结语

 时代是一个人的生命底色。作为一个时代重要的参与者，政治人物特别是政治精英更是有着浓重的时代特质。自 1860 年代的洋务运动以来，清政府虽展开了"师夷长技以制夷"的学习西方文明的活动，但仍局限于器物方面。最终，中国在西方列强坚船利炮的进攻下一次又一次地败北，陷入了半殖民地半封建社会的深渊，被动地卷入了世界体系的浪潮之中。

 作为一个经历了同光宣三朝的政治人物，锡良身上即带有这一时代的明显特质。他先是以进士分发山西出任知县，按照传统方式，逐步进入清代的官僚体系。后来，他因中日甲午战争而奏调参与山东防御事宜，此后在山东任职时遇上巨野教案而目睹德国人蛮横地强占胶州，为此他还被处分，再度回到山西，这使他一度相当愤懑，慨国事之艰。在戊戌维新运动中，他对康有为等人的学说不满，坚定地认同慈禧等人的作为，这使他迅速升官，并获得了保守的名声。在担任湖南布政使期间，即戊戌政变之后，锡良以中外报章诋毁宫闱，指斥国事，因此出示晓谕，要求将报章之说荒唐者一概不准购阅，并"将在湘售报之某甲发县严惩"，引起各国领事的不满，使他有了保守、仇视西人的名声。[①] 在抗击八国联军的过程中，他担任山西巡抚，因采取以战促和的姿态而为列强所忌讳，且因处理传教士问题不周，故仕途一度顿挫。在卸任山西巡抚后，清政府已谕令锡良调补湖北巡抚一职，然因英法两国领事目锡良为李秉衡之党，且以他仇视西人、牵涉衡州教案为名，阻止他赴任。在英法的强烈要求下，锡良最终未能赴任，改由端方前往。[②] 但清

① 《请弛报禁》，《申报》1900 年 4 月 25 日。

② 《湖广总督张之洞电报》《又电报》（光绪二十七年三月十四日），《义和团档案史料》，第 1083—1084 页。

政府显然认可他的所作所为，对他进行了保护，暂将其调任河东河道总督一职。此后，在处理河南泌阳教案时，锡良因处置得当，受到河南南阳主教安西满的赞誉，得知他即将卸任、调赴热河都统，安西满向湖广总督张之洞、湖北巡抚端方要求保留锡良在河南，得到后者转电军机处、外务部的回应。这使锡良大为愤怒，他认为，"权柄不可外移，用人尤宜自主"，"外人欺我势弱，竟至干预内政，并操纵我行政之人"。他指出，主教仅为僧道主持之类，若主教可留巡抚，也可留司道、府厅州县官，对中国主权的危害极大。并且，在当时危局之下，清廷之所以仍能自立在于掌握着进退人才，因此，他认为应坚持用人之权，"使群知黜陟之柄，仍操之朝廷"，如此方能"尊主极而正人心"。^① 由此可见，他对外来势力的影响不断加深有着极大的忧虑。但从履历可以看出，锡良的政治生涯还是逐渐受到外来势力的干涉，可见外国势力已日渐介入清末政治的运作。而这一过程，正是中国社会危机逐渐加深，最终陷入半殖民地半封建社会，即被动地卷入世界体系之中这一至暗时代的反映。

对此，锡良并未气馁，他逐渐意识到自己所在的时代是一个大竞争的时代，反而以积极进取的态度去应对这一挑战。锡良尝道："古云：猛虎迫于后，弱者越涧而过；泰山颓于前，尫者崛起而驰；天下事固气为之也。"^② 又自言："臣自知才绌，平日亦以谨慎保守为本，然当此时艰，日受刺激，非沉舟破釜，有进无退，断无可以倖存之望。"^③ 可见，他深刻地认识到中国社会面临着巨大的危机，而非机遇，因此一改平日谨慎保守的态度，以破釜沉舟、有进无退的积极进取精神，投入这大竞争的时代之中。为了能更好地应对大时代的挑战，他认为"非通知时务、才可应变者，不足以任国事而济艰难"。^④ 因此，他大量地启用具有近代意识和掌握近代技术的人才参与到这一大浪潮之中，力图重建山河。

---

① 《密陈自重主权折》，《锡良遗稿：奏稿》，第 231—232 页。
② 锡良：《为实行禁烟拟请改缩期限力图进步折》，《锡良遗稿：奏稿》，第 770 页。
③ 《请设制造厂并先借款购枪开办所得税片》《遵旨密陈东三省大局应行分别筹办情形折》，《锡良遗稿：奏稿》，第 1235、1242 页。
④ 《遵旨保荐人才备应特科折》，《锡良遗稿：奏稿》，第 264 页。

伴随着中国社会被动地卷入世界体系之中，清政府又处在封建王朝固有的衰弱周期中，中国的政治经济等方面正处于极度虚弱的时刻，所谓千年未有之变局，就是这一时代的特征。在这样的大时代中，中国社会面临着巨大的危机，特别是治理的危机。为了能有效地因应这一大时代，锡良积极地重建边疆藩篱、构建地方社会新的政治框架和参与国家政治讨论。

在重建边疆藩篱方面，锡良对热河政制进行了改革，既有重构当地失序的政治秩序的原因，也有巩固北部边疆的根本目的。在四川总督和云贵总督任时，他谋定而后动，以凤全之死为契机，进军瞻对和乡城，恢复当地正常的社会治理，并谋求川边建设，增强对西藏边疆的控制力，以阻止英国势力的进一步侵入，从而维护国家主权。在云贵总督任时，他希望赎回滇越铁路，重整军队，编练新军，以阻遏英法势力的进一步渗透，巩固云南边防。在东三省，他以锦瑷铁路计划为核心，重塑东三省的治理，极力维护东三省国权，力图打破日俄势力瓜分东三省的野心。

在构建地方社会新的政治框架方面，锡良在所任职的省份均积极推行新政。他以巨大的勇气对河东河道总督一职进行了裁汰，开启了清末新政地方改革的大幕。然而，由于改革常常伴随着既得利益集团的损失，因此他也承受着较大的压力。此后，他对地方官制改革多以适度调整为主，同时，积极引入新的治理模式。为了营造良好的官僚体制，他通过建立课吏馆，改革官吏任用方式、奏调制度，改革旗制等方式对吏治进行革新。他引入西式管理制度，在各地陆续建立新式教育体系、现代警察制度和司法制度、地方自治机构，并开展禁烟等社会改造活动，重建地方管理制度。这些活动对重塑清末政治生态环境无疑有着重要的价值和积极的意义。

随着地方改革的不断深入，清政府在满汉畛域、地方势力尾大不掉和西方自由民主思想观念影响等国内外诸多因素的作用下有意进行更深入的政治体制变革。在宣统年间，清政府推出了"中央集权"的政策，试图以收拢地方财政和军事权力等为突破口，重塑中央威权，不断地与地方督抚进行权力斗争，这遭到了以锡良为代表的地方督抚的强烈反抗。而锡良之所以反对，除了地方督抚的利益受到影响的因素之外，也有自身对时局和国家体制的认知的原因。

随着改革的展开，锡良逐渐认识到单靠地方的变革难以改变这种局面。他说："臣等窃观今日各省办法，名谓百事俱举，实则一事无成，耗财失时，至为可惜。"① 事实上，这不是他一个人的想法，当时大部分督抚都因清政府推行中央集权和政出多门等问题，认识到亟须推进中央的改革，锡良也意识到了这一点。因此，他又言：

> 是在统筹全国政务，研究时势，预定宗旨，内外协力，切实进行，庶可巩固邦本。否则政府无主张全局之人，各省有不能统一之患，所谓筑室道谋，于立宪之大计不啻南辕北辙者也。②

可见，随着行政改革的深入展开，锡良等人认为有必要进行统一的谋划，方能巩固邦本。否则，行政改革将难有成效。与此同时，他见清末危亡之象并未有转机，反而变得愈发严峻。在清末之初，锡良常用"时艰殷迫""时艰孔亟"等词形容所处的社会状况，③ 到了宣统年间，他则常用"危亡之祸""时局艰危"等词来形容社会状态。④ 他对清末危机日渐加剧有着真切的感受，这促使他由一个相对注重辖区行政建设的督抚，一变成为领衔盐政改革和国会请愿的督抚。面对边疆危机日重的局面，锡良变采用自身力量保守国权为借用外债以制衡日俄势力，其行为愈来愈激进，这也与"朝局日非"以及边疆治理"一无可恃"的局面有关。

宣统年间，清廷推行中央集权政策，在锡良看来，无疑极大地破坏和制约了地方督抚的权力。锡良因东三省长期得不到财政和政策上的支持而陷入焦虑，尤其是在日韩合邦后，这种危局感进一步增强。他意识到单靠既有的中央领导体制不足以有效推进新政的展开，进而联合各省督抚共同对抗中央，甚至有意推动中央体制的变革，转而要求速立国会。当时，东三省已成为立宪运动的重要策源地，杨度、郑孝胥、汤寿潜、吴景濂等立宪运动的积

---

① 《密陈筹借外债以裕财政而弱敌势折》，《锡良遗稿：奏稿》，第 1205 页。
② 《遵旨并案议复陈明奉省行政经费折》，《锡良遗稿：奏稿》，第 1250—1251 页。
③ 《调补河南巡抚谢恩折》《请拣贤能抚豫片》，《锡良遗稿：奏稿》，第 176、201 页。
④ 《部议禁烟年限太宽恳请缩期禁种折》，《锡良遗稿：奏稿》，第 930 页。

极分子聚集于此,锡良隐然成为督抚中立宪运动的非常重要的推动者。在速立国会运动难以得到满意回应的情况下,他又参与到部分督抚联合要求早日完成外省官制改革,进而实现早立国会的活动中。这些活动在清末社会日益焦躁的状态下无疑起到了火上浇油的作用,进一步增加了社会各阶层的不安感,引起社会更大的动荡。当然,这些活动客观上也为其他各阶层进一步参与国家治理打开了活动的空间。但若将时间线拉长,我们可以看到,东三省的危机并不如锡良所设想的那样迫在眉睫。如此看来,锡良的作为似有短视之嫌,见"危"而不知"机",过于聚焦危险,缺少战略的定力,这无疑反映出他自身视野与知识的局限性。而他的这些作为为辛亥革命的爆发埋下了伏笔,成为辛亥革命的重要推手。这显然并不是锡良所期望的。然而,在当时清廷政出多门、效率低下的状况下,锡良的要求似乎也是合理的。

而锡良的有些改革举措也属于传统"新政"的范畴,难免存在党同伐异之传统政治斗争痕迹,增加了新政实施的成本。如锡良裁撤东三省左右参赞职务,据其幕僚回忆,一个很重要的原因是,该职位非常重要,掌管着东三省总督的机密核心。当时左右参赞分别由徐世昌奏保之梁如浩、钱能训担任。对此,锡良如芒在背,但又不愿得罪徐世昌,于是借着当时东三省裁汰冗员的改革举措,提议裁撤。至于设立东三省帮办大臣,锡良以奉省边垦、军政、外交事务极为纷繁,实非总督一人精力所及为由,建议清廷设立该职务,由裁撤巡抚程德全担任。据当时幕僚回忆,该职务乃是锡良为了安抚程德全而奏设的。[①] 锡良在奏保人员问题上也不乏滥用私人之嫌。如锡良对赵尔丰、赵渊、沈秉堃等人的任用,又如在镇压革命党人河口起义后锡良奏保军功人员达二千余人,足见其滥。由此亦可知,当时官场运作的逻辑及其常态,足以说明身处清末这一时代大潮中,无论是锡良,还是其他人,终难脱离困境。与此同时,锡良的某些举措虽在一定程度上也推进了改革,但最终却起到了更大的破坏作用,如奏调制度。在急剧转变的大时代中,奏调制度显然有其存在的价值和意义。利用亲情、友情和官爵等有形和无形的制度,锡良能掌控所奏调人员的能力、忠诚度,能在最短的时间内使地方督抚

---

① 参见沃丘仲子《近代名人小传》,第54—55页。

形成强有力的团队，对其迅速在陌生而短暂的地方任职中高效地推进工作创造了有利的条件。但奏调制度也存在明显的隐患，它在一定程度上对其旧任区域的政治生态造成了极大的破坏。时人胡思敬就称："辛丑款夷后，非特旨升调，终身不出本省。近岁以来，督抚量移之际，既掣乱其财政，又牵动其私人，累然如幕客官亲，相率尾之而去。锡良赴四川，调蔡乃煌等十余员。……自是习为故事，疆臣援案以请，辄降中旨允之"，"各视交谊之厚薄，随地位置"。[①] 锡良所奏调的人员多为推行当地新政举措的掌权者。这不仅带来官常的失范，也使旧任区域的政治出现了短暂的真空状态，而新任督抚则利用这一真空状态重构政治生态，因而无法保持旧有政治举措的连贯性，势必造成行政资源的浪费和耗损。与此同时，这种奏调制度还进一步侵蚀清政府的权力和威信，以致出现某些官员此罚彼调的情况，加剧了清末官场的混乱。此外，它也为某些失意的政客大开"奔竞"之门，成为高级官吏间政治请托的重要途径，进一步加剧了官场浮躁的氛围，并阻塞了新进人才的上升途径，极大地破坏了地方政治秩序，以致清末政治生态呈现出持续恶化的状态。

总的说来，锡良是一个成熟的政治人物，能较好地掌控政局、整合当地的政治资源，暂时缓解了西藏、云南、东三省等地的边疆危机，在一定程度上推进了当地社会的近代化进程，对解决当时某些重大问题起到了很大的促进作用，对捍卫中国的固有领土和主权做出了重大的贡献。但他毕竟是一个由传统政治体制中成长起来的政治人物，虽然他提出了一系列西式的改革举措，如建立工厂、开矿、建设铁路、编练新军和创建新式学堂等，目的不过是为了重塑地方秩序，解决当地某些政治困局。他并未意识到，从世界潮流的角度看，工业化、现代化是这一时代非常重要的特质之一。其实，就当时中国社会而言，大多数督抚都未能意识到这一点。即便以趋新著称的端方、瑞澂等人，他们推行西式近代化的举措，也不过是为了自身的政治前途、迎合当地社会的开明士绅，抑或受到西方人士的直接影响，更何况以"守旧"著称的锡良？因此，与其说锡良等人是主动投入这场西方现代化的浪潮，毋

---

① 《国闻备乘》，"疆吏调员"条，第60页。

宁说他们是被裹胁着进入了这一新的历史进程中。这无疑体现了他们知识和视野的巨大缺陷，深刻地影响着清末政局。若从这一角度来看，中国旧的制度因素有着无法克服的缺陷，需要有新的思想资源、新的制度因素以及接受了这些新因素的群体加以改造。最终，由新的制度因素构建的新军和以挽救国家危亡著称的立宪派或革命派等新的思想和现实力量，加上清政府内部的政争，迫使中国社会走上了新的道路，但这条道路并非一帆风顺。辛亥革命后，中国社会陷入一片混乱，动荡不安的政局，焦躁不安的社会各阶层，洪宪帝制、丁巳复辟、护法运动、南北分裂、府院政潮、联省自治运动等政治事件的不断出现，这些都表明，自清末以来构建这一新道路的中国社会各阶层并未能达成一致的政治共识，加上外来势力的介入，造成了民国时期政治纷争不断，各方势力"你方唱罢我登场"的态势，中国社会陷入一盘散沙的局面。等到以毛泽东同志为核心的中国共产党人带领着中国人民经历艰苦卓绝的革命斗争洗礼后，方才形成新的理论、制度、方针等方面的共识，中国社会才真正走上新的时代进程。需要指出的是，这些新因素，正是通过锡良等人的改革而不断累积起来的。

因此，放宽视野看，锡良的行政改革举措虽然是被动的，但他毕竟是在自己力所能及的范围内对时代做出了回应。作为满蒙权贵，锡良进行的救亡活动，其根本目的在于救清廷，但他无疑认为救清廷就是救中国，其举措客观上有助于国家的建设和民族危机的解决。可知，锡良试图以其勤勉努力重构清末行政体制，但最终难以在时代浪潮下阻止清朝的衰亡。清亡后，锡良自言"辛亥以来，臣心不死，臣力已衰，废疾邅膺，于兹六载"，只能伏枕哀鸣，竭尽愚忠。① 尽管如此，锡良以其巨大的勇气，试图重构边疆藩篱，重塑中国地方政治的架构，努力捍卫祖国的大好河山，其拳拳殷盼国家富强之心仍值得我们钦佩。而他在清末所做的行政改革，体现了以他为代表的群体对大时代所做的回答，代表了在这一巨变中有所作为的努力和精神志向。

---

① 《遗折》，《锡良遗稿：奏稿》，第 1344 页。

参考文献

（一）档案与官方文书

甲、中国社会科学院近代史研究所图书馆馆藏档案和未刊稿本

［1］锡良档案，包括札牍、电稿和奏折，档号：甲374：0~203。

［2］锡文诚公尺牍，档号：甲250。

［3］黑龙江提学司张愉谷致张亮清家书，档号：户101。

乙、其他档案和官方文书

［1］中国第一历史档案馆藏未刊档案：军机处录副档，学部、度支部、宪政编查馆、资政院、会议政务处、外务部、赵尔巽档案等卷宗。

［2］故宫博物院明清档案部编：《清末筹备立宪档案史料》，北京：中华书局，1979年。

［3］故宫博物院明清档案部编：《义和团档案史料》，北京：中华书局，1959年。

［4］朱寿朋编：《光绪朝东华录》，北京：中华书局，1958年。

［5］《清实录》（同治、光绪朝），北京：中华书局，1987年影印。

［6］中国第一历史档案馆编辑部编：《义和团档案史料续编》，北京：中华书局，1990年。

［7］中国第一历史档案馆编：《光绪宣统两朝上谕档》，桂林：广西师范大学出版社，1996年。

［8］秦国经主编：《清代官员履历档案全编》，上海：华东师范大学出版社，1997年。

［9］中国第一历史档案馆主编：《清代军机处电报档汇编》，北京：中国人民

大学出版社，2005 年。

［10］云南省档案馆编：《清末民初的云南社会》，昆明：云南人民出版社，
　　　2005 年。

［11］中国第一历史档案馆、青岛博物馆、青岛市社会科学研究所编：《德国侵
　　　占胶州湾史料选编，1897—1898》，济南：山东人民出版社，1987 年。

［12］"中央研究院"近代史研究所编：《矿务档》，台北："中央研究院"近代
　　　史研究所，1960 年。

［13］"中央研究院"近代史研究所编：《清季中日韩关系史料》，台北："中央
　　　研究院"近代史研究所，1972 年。

（二）报纸杂志

［1］《东方杂志》

［2］《政治官报》

［3］《盛京时报》

［4］《大公报》

［5］《申报》

［6］《国风报》

［7］《四川教育官报》

［8］《民立报》

［9］《四川官报》

［10］《外交报》

（三）一般性文献

［1］［清］柳堂：《宰惠纪略》，笔谏堂 1901 年刻本。

［2］［清］奉天旗务司编：《奉天旗制变通案甲乙二类》，宣统年间铅印本。

［3］于荫霖:《悚斋日记》，1923 年都门刻本。

［4］王彦威辑:《清宣统朝外交史料》，北平:外交史料编纂处，1933 年。

［5］徐继孺:《徐悔斋集》，1935 年大梁刻本。

［6］中国科学院历史研究所第三所主编:《锡良遗稿:奏稿》，北京:中华书局，1959 年。

［7］《德国外交文件有关中国交涉史料选译》，孙瑞芹译，北京:商务印书馆，1960 年。

［8］施肇基:《施肇基早年回忆录》，台北:传记文学出版社，1962 年。

［9］周询:《蜀海丛谈》，沈云龙主编:《近代中国史料丛刊》第 7 册，台北:文海出版社，1966 年。

［10］邮传部编:《邮传部奏议类编、续编》，沈云龙主编:《近代中国史料丛刊》第 140 册，台北:文海出版社，1967 年。

［11］戚其章辑校:《李秉衡集》，北京:中华书局，2013 年。

［12］金兆丰:《镇安晏海澄（安澜）先生年谱》，沈云龙主编:《近代中国史料丛刊》第 491 册，台北:文海出版社，1969 年。

［13］［清］军机处原藏:《清宣统朝中日交涉史料》，沈云龙主编:《近代中国史料丛刊》第 618 册，台北:文海出版社，1971 年。

［14］盛宣怀:《愚斋存稿》，沈云龙主编:《近代中国史料丛刊续编》第 122—125 册，台北:文海出版社，1975 年。

［15］赵尔巽等撰:《清史稿》，北京:中华书局，1977 年。

［16］高枬:《高枬日记》，中国社会科学院近代史研究所主编:《庚子记事》，北京:中华书局，1978 年。

［17］吉林省社会科学院编:《满铁史资料》，北京:中华书局，1979—1987 年。

［18］乔志强编:《义和团在山西地区史料》，太原:山西人民出版社，1980 年。

［19］胡滨译:《英国蓝皮书有关义和团运动资料选译》，北京:中华书局，1980 年。

［20］马鸿谟编:《民呼·民吁·民立报选辑》，开封:河南人民出版社，1982 年。

［21］中国社会科学院近代史研究所《近代史资料》编辑组编:《义和团史

料》，北京：中国社会科学出版社，1982 年。

［22］蔡冠洛编著：《清代七百名人传》，北京：中国书店，1984 年。

［23］荣孟源、章伯锋主编：《近代稗海》，成都：四川人民出版社，1985 年。

［24］杜春和等整理：《荣禄存札》，济南：齐鲁书社，1986 年。

［25］谢兴尧整理：《荣庆日记：一个晚清重臣的生活实录》，西安：西北大学出版社，1986 年。

［26］黄鸿寿：《清史纪事本末》，上海：上海书店，1986 年。

［27］［英］爱德华兹：《义和团运动时期的山西传教士》，李喜所等译，天津：南开大学出版社，1986 年。

［28］奎斌撰：《杭阿坦都统奏议》，沈云龙主编：《近代中国史料丛刊三编》第 314 册，台北：文海出版社，1987 年。

［29］沃丘仲子：《近代名人小传》，北京：中国书店，1988 年。

［30］袁英光、胡逢祥整理：《王文韶日记》，北京：中华书局，1989 年。

［31］刘大鹏：《退想斋日记》，太原：山西人民出版社，1990 年。

［32］国家博物馆编：《郑孝胥日记》，劳祖德整理，北京：中华书局，1993 年。

［33］中国第一历史档案馆编：《清末筹备立宪档案史料补遗》，《历史档案》1993 年第 3 期。

［34］上海市禁毒工作领导小组办公室、上海市档案馆主编：《清末民初的禁烟运动和万国禁烟会》，上海：上海科学技术文献出版社，1996 年。

［35］张一麐：《古红梅阁笔记》，上海：上海书店出版社，1998 年。

［36］中国史学会编：《义和团》，上海：上海人民出版社、上海书店出版社，2000 年。

［37］陈旭麓等主编：《辛亥革命前后——盛宣怀档案资料选辑之一》，上海：上海人民出版社，2000 年。

［38］陈旭麓等主编：《义和团运动——盛宣怀档案资料选辑之七》，上海：上海人民出版社，2001 年。

［39］史晓风整理：《恽毓鼎澄斋日记》，杭州：浙江古籍出版社，2004 年。

［40］张正明、科大卫编：《明清山西碑刻资料选》，太原：山西人民出版社，2005 年。

［41］杨成彪主编：《楚雄彝族自治州旧方志全书·楚雄卷》，昆明：云南人
　　　民出版社，2005 年。

［42］［英］李提摩太：《亲历晚清四十五年——李提摩太在华回忆录》，李宪
　　　堂等译，天津：天津人民出版社，2005 年。

［43］陈义杰整理：《翁同龢日记》，北京：中华书局，2006 年。

［44］郑逸梅编著：《南社丛谈：历史与人物》，北京：中华书局，2006 年。

［45］［美］马士：《中华帝国对外关系史》，上海：上海书店出版社，2006 年。

［46］章开沅主编：《辛亥革命史料新编》，武汉：湖北人民出版社，2006 年。

［47］邓瑞整理：《邓之诚日记》，北京：北京图书馆出版社，2007 年。

［48］陈夔龙：《梦蕉亭杂记》，北京：中华书局，2007 年。

［49］胡思敬：《国闻备乘》，北京：中华书局，2007 年。

［50］岑春煊：《乐斋漫笔》，北京：中华书局，2007 年。

［51］金梁：《近世人物志》，北京：北京图书馆出版社，2007 年。

［52］周秋光编：《熊希龄集》，长沙：湖南人民出版社，2008 年。

［53］顾廷龙、戴逸主编：《李鸿章全集》，合肥：安徽教育出版社，2008 年。

［54］赵德馨等编：《张之洞全集》，武汉：武汉出版社，2008 年。

［55］黄濬：《花随人圣庵摭忆》，北京：中华书局，2008 年。

［56］梁小进整理：《曾国荃全集》，长沙：岳麓书社，2008 年。

［57］［清］吴大澂：《愙斋诗存》，上海：华东师范大学出版社，2009 年。

［58］岳超：《庚子随行简记》，庄建平：《近代史资料文库》第 6 卷，上海：
　　　上海书店出版社，2009 年。

［59］张剑整理：《绍英日记》，北京：中华书局，2018 年。

（四）志书

［1］恩端、王舒萼、武达材等：《光绪平遥县志》，光绪八年续修张大中丞鉴
　　　定、县署藏版。

［2］锡良、贾执钧、周凤翔等纂修：《续修汾西县志》，汾西县署光绪八年刻本。

［3］曾国荃等编纂:《山西通志》,山西省署光绪十八年线装版。

［4］郑植昌、郑裕孚编修:《归绥县志》,民国二十三年（1934）线装版。

［5］杨虎城、邵力子、吴廷锡等纂修:《续修陕西通志》,陕西省署民国二十三年（1934）线装版。

［6］张明祥:《东西湖区专志·艺文志》,武汉:武汉出版社,2007年。

（五）网络资料

［1］锡良:《新制东三省全图序》,http://manbuzhe784.blog.sohu.com/78641290.html。

［2］邓之诚:《锡良与东三省》,http://auction.artxun.com/paimai-14-69928.shtml。

（六）研究论著

甲、著述

［1］沃丘仲子:《徐世昌》,上海:崇文书局,民国八年（1919）。

［2］李剑农:《最近三十年中国政治史》,上海:太平洋书店,1930年。

［3］［英］肯德:《中国铁路发展史》,李抱宏等译,北京:生活·读书·新知三联书店,1958年。

［4］钱实甫:《清季重要职官年表》,北京:中华书局,1959年。

［5］中国科学院吉林省分院历史研究所、吉林师范大学历史系等编纂:《近代东北人民革命运动史》,长春:吉林人民出版社,1960年。

［6］张朋园:《立宪派与辛亥革命》,《"中央研究院"近代史研究所专刊》（24）,台北:"中央研究院"近代史研究所,1969年。

［7］《满族简史》编写组编写:《满族简史》,北京:中华书局,1979年。

［8］朱保炯、谢沛霖编:《明清进士题名碑录索引》,上海:上海古籍出版

社，1980 年。

［9］宓汝成:《帝国主义与中国铁路，1847—1949》，上海：上海人民出版社，1980 年。

［10］王芸生:《六十年来中国与日本》，北京：生活·读书·新知三联书店，1980 年。

［11］张玉法:《清季的立宪团体》，《"中央研究院"近代史研究所专刊》(28)，台北:"中央研究院"近代史研究所，1971 年。

［12］陈旭麓等编:《中国近代史词典》，上海：上海辞书出版社，1982 年。

［13］李鹏年等编著:《清代中央国家机关概述》，哈尔滨：黑龙江人民出版社，1983 年。

［14］王魁喜等编:《近代东北史》，哈尔滨：黑龙江人民出版社，1984 年。

［15］复旦大学历史系:《沙俄侵华史》，上海：上海人民出版社，1986 年。

［16］李喜所:《近代中国的留学生》，北京：人民出版社，1987 年。

［17］郭廷以:《近代中国史事日志》，北京：中华书局，1987 年。

［18］常城主编:《东北近现代史纲》，沈阳：东北师范大学出版社，1987 年。

［19］刘子扬:《清代地方官制考》，北京：紫禁城出版社，1988 年。

［20］中国社会科学院近代史研究所编:《沙俄侵华史》第 4 卷下，北京：人民出版社，1990 年。

［21］李德征、苏位智、刘天路:《八国联军侵华史》，济南：山东大学出版社，1990 年。

［22］陈旭麓:《近代中国社会的新陈代谢》，上海：上海人民出版社，1992 年。

［23］王奇生:《中国留学生的历史轨迹，1827—1949》，武汉：湖北教育出版社，1992 年。

［24］清史编委会编:《清代人物传稿》，沈阳：辽宁人民出版社，1993 年。

［25］侯宜杰:《二十世纪初中国政治改革风潮——清末立宪运动史》，北京：人民出版社，1993 年。

［26］［美］韩德:《一种特殊关系的形成——1914 年前的美国与中国》，项立岭、林勇军译，上海：复旦大学出版社，1993 年。

［27］李文海等:《中国近代十大灾荒》，上海：上海人民出版社，1994 年。

［28］中华书局编辑部编：《辛亥革命与近代中国：纪念辛亥革命八十周年国际学术讨论会文集》，北京：中华书局，1994 年。

［29］张守真：《清季东三省的铁路开放政策（1905—1911）》，高雄：复文图书出版社，1995 年。

［30］吴心伯：《金元外交与列强在中国，1909—1913》，上海：复旦大学出版社，1997 年。

［31］丁长清、唐仁粤：《中国盐业史》（近代当代编），北京：人民出版社，1997 年。

［32］秦和平：《云南鸦片问题与禁烟运动（1840—1940）》，成都：四川民族出版社，1998 年。

［33］侯伍杰编：《山西历代纪事本末》，北京：商务印书馆，1999 年。

［34］［日］山根幸夫主编：《中国史研究入门》（增订本·下册），北京：社会科学文献出版社，2000 年第 2 版。

［35］李剑农：《中国近百年政治史，1840—1926 年》，上海：复旦大学出版社，2002 年。

［36］中国史学会编：《辛亥革命与二十世纪的中国》，北京：中央文献出版社，2002 年。

［37］瞿同祖：《清代地方政府》，范忠信、晏锋译，北京：法律出版社，2003 年。

［38］李细珠：《张之洞与清末新政》，上海：上海书店出版社，2003 年。

［39］韦庆远、高放、刘文源：《清末宪政史》，北京：中国人民大学出版社，1993 年。

［40］倪玉平：《清代漕粮海运与社会变迁》，上海：上海书店出版社，2005 年。

［41］刘增合：《鸦片税收与清末新政》，北京：生活·读书·新知三联书店，2005 年。

［42］中国社会科学院近代史研究所政治史研究室、苏州大学社会学院编：《晚清国家与社会》，北京：社会科学文献出版社，2007 年。

［43］［日］佐藤公彦：《义和团的起源及其运动：中国民众民族主义的诞生》，宋军等译，北京：中国社会科学出版社，2007 年。

[44] 郑师渠等编:《文化视野下的近代中国》,北京:中国传媒大学出版社,2009 年。

[45] 张秋雯:《赵尔丰与瞻对改流》,台北:蒙藏委员会,2009 年。

[46] 连振斌:《锡良与清末新政研究》,北京:中国社会科学出版社,2014 年。

乙、硕博论文

[1] 王光磊:《晚清重臣锡良述评》,吉林大学硕士学位论文,2009 年。

[2] 许焕芳:《清末西南四省禁烟运动研究》,河北师范大学硕士学位论文,2007 年。

[3] 马陵合:《清末民初铁路外债观研究》,复旦大学博士学位论文,2003 年。

丙、其他论文

[1] 张虹:《清末奉天八旗女工传习所兴办始末及评价》,《满族研究》1996 年第 2 期。

[2] 徐建平:《锡良东北经济改革方略述论》,《河北师范大学学报》2000 年第 3 期。

[3] 迟云飞:《清末最后十年的平满汉畛域问题》,《近代史研究》2001 年第 5 期。

[4] 刘薇:《"曹州教案"新议》,《辽宁师范大学学报(社会科学版)》2001 年第 5 期。

[5] 徐建平:《总督锡良与东北边疆的开发》,《北方论丛》2001 年第 3 期。

[6] 席萍安:《锡良与二十世纪初年的四川》,《成都大学学报》2002 年第 2 期。

[7] 李振武:《李经羲与国会请愿运动》,《学术研究》2003 年第 3 期。

[8] 刘增合:《度支部与清末鸦片禁政》,《中国社会经济史研究》2004 年第 1 期。

[9] 李绍先、陈渝:《锡良与近代四川教育》,《文史杂志》2004 年第 3 期。

[10] 黄百灵:《清朝云南的罂粟种植及其对农村经济的影响》,《四川大学学报(哲学社会科学版)》2004 年增刊。

[11] 王开玺:《清末满汉官僚与满汉民族意识简论》,《社会科学辑刊》2006 年第 6 期。

[12] 王香:《晚清奉省禁烟运动探微》,《世纪桥》2007 年第 2 期。

［13］王军青:《论锡良处理泌阳教案的措施》,《南都学坛》2008 年第 3 期。

［14］岳程楠:《留日学生与清末四川教育近代化》,《日本问题研究》2009 年第 4 期。

［15］林明德:《安奉铁路改筑与抵制日货运动》,《"中央研究院" 近代史研究所集刊》第 2 期。

［16］赵中孚:《清末东三省改制的背景》,《"中央研究院" 近代史研究所集刊》第 5 期。

［17］赵中孚:《辛亥革命前后的东三省》,《"中央研究院" 近代史研究所集刊》第 11 期。

［18］张秋雯:《清季鹿传霖力主收回瞻对始末》,《"中央研究院" 近代史研究所集刊》第 29 期。

［19］张秋雯:《赵尔丰与乡城之役（1905—1906）》,《"中央研究院" 近代史研究所集刊》第 33 期。

［20］连振斌:《戊申河口起义与清末云南社会》,《云南社会科学》2010 年第 6 期。

（七）外文论著

Roger V. Des Forges. *Hsi-Liang and the Chinese National Revolution.* New Haven and London Yale University Press，1973.

后记

在此书即将完稿之际，我颇有点如释重负，也充满了感激之情。选择锡良这一人物作为研究对象，完全得益于导师孙燕京教授的指导，在我看来，这应该是一种莫名的机缘。当时，我对该人物可以说是一无所知。现在有关锡良的研究资料大量出版和电子化，查找起来相对简单，但是在当时，光是查找和整理资料这项工作，对我而言就是个大问题。

幸而，孙老师对我进行了悉心指导，忍耐着我的种种缺点。渐渐地，我对该人物从陌生到熟悉，杂乱无章的资料也变得有序起来。当时对老师的付出感受不深，工作多年后，回想当年，满满的都是感激和感动。孙老师在学业上的悉心指导，亲切教诲，以严谨的学风和质朴的师德无声地影响着我，使愚钝的我受益匪浅。在生活中，孙老师平易近人，寓言教于欢乐的餐桌和故事之中，悄然地传达着睿智，这都给我留下了深刻的印象。如今书稿能够出版，仍离不开孙老师的帮助。要不是她的鼓励和支持，我可能没有这么足的动力去完成这一工作。

北京师范大学历史学院，特别是近代史教研室诸位老师的讲授春风化雨，他们踏实严谨的学风也深深地影响着我。在求学过程中，我有幸聆听了龚书铎先生、史革新教授、王开玺教授、李帆教授、张昭君教授和李志英研究员等诸师的教诲，偶然的闲谈，"激烈"的开题会、答辩会，都播下了智慧的种子。

在查找资料的过程中，我受到了诸多帮助。中国社会科学院近代史研究所图书馆的茹静老师不仅非常周到地提供了各项服务，而且热情地为我解决了用餐、午休等问题，为了让我能尽快查档，她还放弃了自己宝贵的休息时间。至今想来，我仍充满感激。非常感谢北京师范大学历史学院影像中心的曾淑元老师，北京师范大学图书馆各库室、中国第一历史档案馆、国家图书馆、国家清史编纂委员会及图书馆的工作人员，为我查阅资料提供了诸多便利，许多珍贵的史料和档案都成为支撑本书的有力论据。此外，周福振、王学斌、闫长丽、朱淑君、朱文哲、周增光、贾琳等诸师友的帮助和砥砺，也为我提供了充足的动力。

感谢北京师范大学史学探索丛书项目的资助与支持。在导师孙燕京教授的组织和推动、同事朋友的鼓励及华夏出版社编辑杜晓宇、王敏诸君的建议下，本书得以顺利出版。最后，我要感谢我的家人，没有他们在情感和经济上的理解与支持，我可能没法顺利完成学业，也无法完成并出版这样一本书。

这本书是本人对锡良这一人物研究的浅见，限于学识，难免会有欠缺或不足之处，敬请读者不吝赐教。

连振斌

2020 年 6 月 24 日于南昌红谷滩新区

图书在版编目（CIP）数据

锡良与清末新政 / 连振斌著 . —— 北京：华夏出版社有限公司，2022.4

（满蒙权贵与20世纪初的政治生态研究书系 / 孙燕京主编）

ISBN 978-7-5222-0253-2

Ⅰ.①锡… Ⅱ.①连… Ⅲ.①锡良（1853～1917）－人物研究 ②政治制度史－研究－中国－清后期 Ⅳ.①K827=52 ②D691.2

中国版本图书馆 CIP 数据核字（2021）第 275898 号

锡良与清末新政

作　者	连振斌	
责任编辑	王　敏	
责任印制	周　然	

出版发行	华夏出版社有限公司	
经　销	新华书店	
印　装	三河市少明印务有限公司	
版　次	2022 年 4 月北京第 1 版	
	2022 年 4 月北京第 1 次印刷	
开　本	720×1030　1/16	
印　张	16.5	
字　数	270 千字	
定　价	69.00 元	

华夏出版社有限公司　地址：北京市东直门外香河园北里 4 号　邮编：100028

网址：www.hxph.com.cn　电话：(010) 64663331（转）

若发现本版图书有印装质量问题，请与我社营销中心联系调换。